Bettina Tietjen

TIETJEN auf Tour

WARUM CAMPING MICH *glücklich* MACHT

Mit 31 Abbildungen

PIPER

Mehr über unsere Autoren und Bücher:
www.piper.de

Von Bettina Tietjen liegen im Piper Verlag vor:
Tietjen auf Tour
Unter Tränen gelacht

Fast alles, was ich in diesem Buch erzähle, habe ich selbst erlebt – bis auf die eine oder andere Geschichte, die mir Campingfreunde »geschenkt« haben. Ähnlichkeiten mit lebenden Personen sind nicht zufällig, auch wenn ich bis auf die Mitglieder meiner Familie niemanden bei seinem richtigen Namen nenne. Mein Mann, hier auch »der Ingenieur«, behauptet allerdings, ich hätte seine Person betreffend an manchen Stellen ganz schön übertrieben.

MIX
Papier aus verantwor-
tungsvollen Quellen
FSC
www.fsc.org FSC® C083411

ISBN 978-3-492-06100-1
© Piper Verlag GmbH, München, 2019
Satz: Kösel Media GmbH, Krugzell
Gesetzt aus der Sabon LT
Litho: Lorenz & Zeller, Inning am Ammersee
Druck und Bindung: CPI books GmbH, Moravia
Printed in the EU

Für Udo, Theo und Pia

Inhalt

Ich bin es wirklich 9

Das erste Mal 12

Der Ingenieur 18

Unter Surfern 26

Schön stehen 30

Just Married 36

Die Mücken kommen 45

Baby an Bord 60

Der Bus ist voll 72

Bin ich jetzt ein Womo? 84

Oh, wie schön ist Korsika 92

Ein Kahn Namens Olli 107

Aktivurlaub für Anfänger 119

Azurblauer Herbst   135

Schwesternliebe   147

Berge in Sicht   156

Links und rechts der Autobahn   167

Nackedeis und andere Herausforderungen   182

Auf Bärenjagd   194

Riesenbabys an Bord   213

Die Entdeckung der Vorsaison   225

Frau am Steuer   242

Italienische Reise   254

Nach dem Spiel ist vor dem Spiel   270

Ich bin es wirklich

»Können Sie mal die Sonnenbrille abnehmen?« Der Mann steht so dicht vor mir, dass sein Bauch mich beinahe berührt. Er trägt nur eine Badehose, hat den Kopf in den Nacken gelegt und sieht mich herausfordernd von unten an.

»Sie sind doch Bettina Tietjen, oder? Wir kommen aus Cuxhaven und sehen Sie immer im Fernsehen.«

Wir befinden uns auf einem Campingplatz im Süden Korsikas. Es ist zwölf Uhr mittags, 35 Grad im Schatten. Ich bin total verschwitzt. Nach stundenlanger Fahrt wollen wir uns erst einmal ein schönes Plätzchen im Schatten suchen. Das Allerletzte, auf das ich jetzt Lust habe, ist Small Talk mit Zuschauern.

»Äh, ja, ich bin's«, sage ich und bemühe mich, halbwegs freundlich zu bleiben, »wir möchten jetzt erst mal unser Wohnmobil abstellen, ist ja sehr heiß heute …« Der Cuxhavener Bauch rückt ungerührt noch einen Zentimeter näher.

»Ist ganz normal, die Hitze, wir kommen jedes Jahr hierher.« Neugierig späht er unter meiner Achsel hindurch in unser Auto.

»Sind das Ihre Kinder? Unsere sind früher auch immer mitgefahren, aber jetzt sind sie aus dem Haus.« Krampfhaft überlege ich, wie ich ihn abwimmeln kann, ohne ihn vor den Kopf zu stoßen. Schließlich ist er ein Zuschauer, und der Zuschauer ist König, vor allem, wenn er aus Norddeutschland kommt.

»Mama, wer ist der Mann?«, ruft meine Tochter, »können wir jetzt zum Strand?«

Mein Mann lässt den Motor wieder an und versucht, sich der Situation im Rückwärtsgang zu entziehen. Mir läuft der Schweiß den Rücken runter, mein Kleid klebt an mir. Mein Fan macht noch einen Schritt auf mich zu.

»Nun nehmen Sie doch endlich mal die Brille ab, ich will mal sehen, ob Sie's auch wirklich sind!«

Ist das zu fassen? Da fährt man mehr als tausend Kilometer, um in einem abgelegenen Winkel Korsikas seine Ruhe zu haben, und dann wird man in die Zange genommen, als stünde man an einem Samstag am Currywurst-Stand in der Hamburger Mönckebergstraße.

Jetzt nicht ausrasten, sagt mir meine innere Stimme. Verbindlich und gelassen bleiben. Du hast es nicht anders gewollt. Das hier ist ein Campingplatz, du weißt, was das bedeutet. Na gut. Ich atme tief durch.

»Ich bin es wirklich«, sage ich, nehme meine Sonnenbrille ab und lasse mein bestmögliches 35-Grad-Lächeln auf die pelzige Kugelbarke hinunterrieseln. »Könnten Sie uns bitte den Weg zur Rezeption zeigen?«

»Na klar«, ruft mein neuer Freund strahlend, »da vorne links. Und zum Bäcker geht's gegenüber den Berg rauf, sind nur fünf Minuten zu Fuß!«

Ich bedanke mich, setze die Brille wieder auf und entferne mich ganz vorsichtig mit kleinen Schritten.

»Dafür nicht« (norddeutsch: »nix zu danken«), ruft der Badehosenzwerg. »Wir Camper müssen doch zusammenhalten! Und jetzt muss ich erst mal meiner Frau erzählen, dass ich Sie getroffen habe. Wetten, dass die mir das nicht glaubt?«

Erleichtert sehe ich ihm hinterher, wie er beglückt von dannen watschelt. Gefahr vorüber, Krise gemeistert.

Situationen wie diese gibt's immer mal wieder. Je südlicher, desto seltener. Aber mal ehrlich, was ist schlimmer? Im Fünfsternehotel am Frühstücksbüffett von hinten angeraunzt zu werden, weil man zu lange am Lachs herumfuhrwerkt (»Ach Sie sind's, Frau Tietjen, lassense sich ruhig Zeit«) oder dieser freundliche kleine Fan-Überfall?

Ich steh auf Camping. Direkt. Bodenständig. Einfach.

Urlaub mit dem Wohnmobil – das bedeutet für mich Freiheit. Ich brauche nichts langfristig zu planen, kann jeden Morgen neu entscheiden, wohin die Reise geht. Der Wind, die Wolken, das Sonnenlicht, der Regen – alles trifft mich unmittelbar, genau wie die Menschen, die mir begegnen. Ich lasse mich darauf ein, immer wieder aufs Neue, das tut mir gut.

Campingglück ist ein dehnbarer Begriff. Es kann der Platz auf Lebenszeit mit Vorzelt und Gartenzwergen an der Ostsee sein. Der nostalgische VW-Bus mit Surfbrettern auf dem Dach am Strand von Tarifa. Das Zwei-Zimmer-Küche-Bad-Wohnmobil in der kanadischen Wildnis oder das Survival-Zelt irgendwo in der Wüste. Hauptsache draußen. Immer hart am Wind und dicht dran an Sonne, Mond und Sternen.

So sind wir Camper. Und falls Sie jetzt noch mit dem Kopf schütteln, lesen Sie weiter. Am Ende werden Sie selbst noch einer. Und sollten Sie mir dann irgendwo zwischen Sanitäranlagen, Rezeption und Strandsauna über den Weg laufen, sprechen Sie mich ruhig an. Ich bin es wirklich.

Das erste Mal

Reisetagebuch, Juli 1978
Ich sitze hier in der Sonne und lasse mir's wohlergehen. Schön ...
Wir sind in Bias bei Mimizan, sehr ruhig, nicht weit zum Meer.
Das Meer – hohe Wellen, blaugrün, sauber, riesiger Strand. Man
kann sich wohlfühlen, jawohl, das kann man. Es gefällt mir sehr
gut hier, ich bin braun wie noch nie. Aber jetzt ist es mir zu heiß,
um weiterzuschreiben.

Bei meinem ersten Mal war ich 18. Er war auch nicht viel älter als ich, hatte aber schon eine Kur nötig. Trotzdem fand ich ihn gleich attraktiv. Schick, irgendwie cool. Ich wollte mit ihm nach Südfrankreich, aber meine Eltern waren dagegen, er war ihnen nicht seriös genug.

»Der ist doch unzuverlässig, schimpfte mein Vater, »mit dem lasse ich dich nicht fahren.«

»Aber ich liebe ihn! Er ist genau der Richtige.« Wütend kämpfte ich für meinen ersten Urlaub mit Freunden nach dem Abi, ich hatte mich so darauf gefreut. Doch ohne IHN ging gar nichts, er musste fit sein, sonst konnten wir die Reise abblasen. Also legten wir uns alle ins Zeug, um ihn auf Vordermann zu bringen. Wochenlang wurde geschmirgelt, geschraubt und gepinselt – bis er endlich so weit war. Strahlend und blitzeblank stand er da, oben weiß, unten orange, formschön und startbereit: unser VW-Bus.

»Und?« Erwartungsvoll sahen wir unsere Eltern an. Wir: sechs Jugendliche zwischen 17 und 20 Jahren, drei Mädchen, drei Jungen, lebenshungrig, abenteuerlustig, die Schule hinter uns, die Atlantikküste im Visier.

»Na gut. Aber immer schön vorsichtig fahren.« Der Rest der Ermahnungen ging in unserem Jubel unter.

Zwei Wochen später war der Bus bis obenhin vollgepackt und wir starteten in den ersten Campingurlaub unseres Lebens.

Ein VW-Bus, zwei Zelte. 6 Luftmatratzen, 6 Schlafsäcke, ein Kochtopf, ein Grill, 6 Teller, 6 Tassen, 6 Gläser, Besteck. Ein paar Klamotten. Und natürlich ein Kassettenrekorder. Mehr brauchten wir nicht zu unserem Glück. Lautstark begleitet von Neil Young, Lou Reed und den Dire Straits düsten wir in bester Stimmung so schnell es ging Richtung Süden.

Der erste Stopp, an den ich mich erinnere, war eine Wiese irgendwo an der Loire. Wildromantisch, sehr einsam. Nur wir, unser Lagerfeuer und die Gitarre. Und am nächsten Morgen um sechs Uhr die französische Polizei.

»Reveillez-vous! Camping interdit ici!« (»Aufwachen! Camping ist hier verboten!«) Verschlafen blinzelten wir durch den Fensterspalt. Draußen standen drei Uniformierte, die nicht aussahen, als hätten sie Lust, zum Frühstück zu bleiben.

»D'accord messieurs, on va partir, excusez-nous.« (»Na klar meine Herren, wir hauen ab, Tschuldigung.«) Wer hätte gedacht, dass meine Eins im Französisch-Leistungskurs sich schon am ersten Tag unserer Reise bezahlt machen würde. Unter den strengen Blicken der Gendarme rafften wir unser Zeug zusammen und starteten durch.

Tipp für Neucamper: Wenn Sie außerhalb der ausgewiesenen Campingplätze übernachten, sei es um Geld zu sparen oder einfach nur, um romantisch zu sein, rechnen Sie damit, erwischt zu werden. Auch im Süden Europas mag die Polizei es nicht, wenn Naturfreunde ihre Hängematten im Wald aufhängen und ihre Zelte neben den Stromschnellen aufbauen. Keine Ahnung, warum das Wildcampen als ein so schlimmes Vergehen geahndet wird – wahrscheinlich wurden schon zu viele unerfreuliche Spuren hinterlassen. Wenn man es dennoch wagen will, sollte man sich gut tarnen. Oder allzeit bereit zum Aufbruch sein.

Unserer Urlaubslaune tat dieses Erlebnis keinen Abbruch. Bretagne, Île de Ré, Mimizan, Biarritz – ganz egal, wo wir Station machten, es erschien uns alles groß, weit, wild und abenteuerlich. Wir hielten an, wenn wir Lust dazu hatten, schlugen die Zelte auf, machten Ravioli auf dem Gaskocher heiß, tranken Bier und billigen Rotwein. Tisch und Stühle brauchten wir nicht, wir aßen auf Bastmatten im Schneidersitz. Mit den Schlafplätzen wechselten wir uns ab, zwei durften im Bus schlafen, die anderen vier in den Zelten. Wenn es nachts zu heiß war, lagen wir nebeneinander im Sand, guckten in den Sternenhimmel und stellten uns die Zukunft vor.

Einmal gerieten wir in ein ausgelassenes Trinkgelage in irgendeiner bretonischen Kneipe. Wir hatten unseren Bus vor der Tür geparkt und wollten eigentlich nur ein Bier trinken und dann weiterfahren. Drei Stunden und 30 Biere später überlegten wir es uns anders. Wir tanzten mit den Einheimischen auf den Tischen und sangen lauthals bretonische Volkslieder bis die Kneipe um drei Uhr morgens dichtmachte. Während wir zum Auto torkelten, wurde uns klar, dass wir in der schmalen kopfsteingepflasterten Gasse beim besten Willen keine Zelte aufbauen konnten. Also quetschten wir uns zu sechst in den Bus und schliefen unseren Rausch aus.

Als wir am nächsten Morgen losfahren wollten, suchten wir vergeblich nach unseren Schuhen, die wir vor dem Auto abgestellt hatten. Alle weg. Entweder hatte sich jemand einen Scherz mit den deutschen Jugendlichen erlaubt, oder eine sechsköpfige bretonische Familie hatte richtig kalte Füße bekommen.

Irgendwo südlich von Bordeaux machten wir nachts ein Lagerfeuer am Strand, es war so warm und sternenklar, dass wir unsere Schlafsäcke holten und draußen schliefen. Tief und fest und traumlos – bis zu dem Moment, als ich das Kribbeln spürte. Es war überall, an meinen Füßen, den Beinen, unter den Armen, am Bauch, am Hals.

»Jörg, wo ist die Taschenlampe?« Ängstlich rüttelte ich meinen Nachbarn wach, »da kitzelt mich irgendwas.« Verschlafen kramte Jörg die Lampe aus seinem Rucksack und leuchtete gähnend in meinen Schlafsack hinein.

Mein Schrei war höchstwahrscheinlich bis Paris zu hören. Käfer. Überall kleine schwarze Käfer. Hysterisch riss ich mir den Schlafsack und die Klamotten vom Leib und führte einen wilden Tanz auf, um die Tierchen, die noch auf mir saßen, abzuschütteln.

»Was ist denn hier los, bist du verrückt geworden?« Mürrisch wälzten sich die anderen aus ihren Schlafsäcken und starrten mich verwirrt an.

»Hilfe! Ich bin angegriffen worden!«, schrie ich, »ein Käfer-Überfall, alles juckt, die sind dabei, mich aufzufressen.« Was ich bis heute nicht begreife: Keiner der anderen hatte auch nur einen einzigen Käfer in den Klamotten oder im Schlafsack. Die Krabbeltiere waren nur bei mir zu Besuch. An Schlaf war nach diesem Erlebnis nicht mehr zu denken, fluchtartig verließen wir den Strand. Als ich mich im Waschhaus des Campingplatzes bei Licht begutachtete, waren keine Spuren zu sehen, keine Flecken, keine Stich- oder Bissspuren, nichts. Mysteriös.

Dieses Erlebnis hat mir gezeigt, dass ich mich weder für Afrika-Safaris noch Dschungelexpeditionen eigne. Camping ja, Überlebenscamps nein. Ich habe danach nie wieder Lust verspürt, am Strand zu übernachten.

Meine beste Freundin behauptet ja bis heute, ich sei die Einzige von uns gewesen, die immer aussah »wie aus dem Ei gepellt«. Mag sein. Als Neucamperin legte ich damals noch Wert auf gepflegtes Aussehen, ich schminkte mich, föhnte mir die Haare, lackierte mir die Fingernägel und zauberte immer noch strahlend weiße Hosen und T-Shirts aus meinem Rucksack. Diese Marotte habe ich lange abgelegt. Denn schon Konfuzius wusste: »Camping ist, wenn man die eigene Verwahrlosung als Erholung empfindet.« Den Spruch habe ich erst neulich wieder als Aufkleber auf einem Wohnmobil gesehen.

Vieles erlebte ich damals zum ersten Mal. Nacktbaden im schäumenden Atlantik, Baguette und Käse unter Pinien. Vor dem Zelt hocken und bis weit nach Mitternacht »Blowing in the wind« zur Gitarre grölen, bis die Nachbarn sich beschweren. Lachen, Knutschen, ab mittags Bier trinken. Sorglosigkeit.

Und manchmal auch Streit. Zum Beispiel in einem Wäldchen bei Rouen. Wir waren auf der Rückfahrt und hatten alle Hunger, aber kein Geld mehr. Was uns blieb, war eine Packung Spaghetti und Ketchup. Pech, dass mir beim Abgießen des Wassers das Sieb aus der Hand rutschte und die Überlebens-Nudeln im Dreck landeten.

»Schminken kannst du dich, aber zum Nudeln kochen bist du zu blöd!« Weinend und hungrig verkroch ich mich im Bus und hörte, wie die anderen sich draußen ein steinhartes Baguette teilten und über die »Tussi« schimpften. Am nächsten Morgen ließen wir die letzten beiden Zigaretten herumgehen und vertrugen uns wieder.

Was mir bis heute von diesen vier Wochen Roadtrip unter südlicher Sonne geblieben ist? Das Gefühl, frei zu sein und jederzeit aufbrechen zu können. Das Glück, kein Dach überm

Kopf zu haben. Die Gewissheit, weder Geld noch Komfort zu brauchen, um einen Traumurlaub zu verbringen. Wären wir damals nicht losgefahren, wäre ich wahrscheinlich heute keine Camperin.

Deshalb danke ich an dieser Stelle meinen Eltern für viele erfüllte Campingjahre. Ja, meinen Eltern. Denn wären sie 1978 nicht so entschieden dagegen gewesen, hätte ich vielleicht nie diese Leidenschaft für Wohnmobilreisen ins Blaue entwickelt. Manchmal erwächst ja aus dem Protest ganz ungeplant ein Glücksrezept.

Der Ingenieur

Reisetagebuch, Mai 1991
Bin mit ihm und seinem Bus zum ersten Mal campen. Sehr idyllisch hier in Dänemark, Steilküste, Blick auf's Meer, der Platz liegt direkt am Strand. Er hat 'ne Riesenclique, alle sehr nett. Nur das Toilettenproblem müssen wir irgendwie lösen ...

Wieder ein VW-Bus. Dieses Mal ein T3, Baujahr 1980. Weiß mit Hochdach, links und rechts und obendrauf beladen mit coolen Surfbrettern. Er gehörte dem braun gebrannten Hamburger namens Udo, der zum Mann meines Lebens werden sollte.

Als ich zusagte, mit ihm Pfingsten in Dänemark zu campen, kannten wir uns noch nicht lange und ich hatte seit jenem legendären Atlantik-Trip keinen Fuß mehr auf einen Campingplatz gesetzt. Keine Zeit, kein Geld, keine Lust. Wenn ich während meiner aufregenden Lehr-, Wander- und Workaholic-Jahre von Wuppertal über Paris (Au-pair), Münster (Studium) und New York (Praktikum) bis nach Berlin (Volontariat) überhaupt mal »Urlaub« machte, dann als Betreuerin bei Ferienfreizeiten mit körperlich und geistig behinderten Kindern. Das reichte mir in diesem Alter als Auszeit, natürlich gegen Kost und Logis. Auch aus gesellschaftlich-moralischen Gründen. Während andere durch Indien trampten oder in Nicaragua aus Solidarität die Felder beackerten, lernte ich mit Rollstühlen umzugehen, Windeln zu wechseln und mich auf kleine Menschen einzulassen, die anders ticken als die meisten von uns. Eine Erfahrung, von der ich bis heute genauso zehre wie andere von ihren Abenteuerreisen.

Aber zurück zu Udo. Pfingsten in Dänemark also. Ich war sehr verliebt und wäre mit ihm auch in eine Jugendherberge in Castrop-Rauxel gefahren, also sagte ich zu. Ich lebte damals noch in Berlin, den Norden von Deutschland kannte ich kaum. Umso begeisterter war ich von der Weitsicht über die rapsblühenden Landschaften, durch die wir fuhren.

»Du wirst es mögen«, sagte er, »wir fahren da seit Jahren hin und stehen immer auf derselben Parzelle direkt an der Steilküste. Von da hat man einen tollen Blick auf die Ostsee.« Ich ließ meinen Blick durch den Bus schweifen. Blaue Polster, blau-weiße Vorhänge an den Fenstern, Sperrholzschränke, ein kleiner Herd mit zwei Flammen, ein Minikühlschrank. Richtig gemütlich.

»Sieht ja aus wie in der Camping-Werbung. Hast du das alles selbst ausgebaut?«, fragte ich bewundernd.

»Klar, als Flugzeugbau-Ingenieur muss man so was ja wohl können«, grinste mein neuer Freund, »nur die Vorhänge hab ich nicht selbst genäht, das hat meine Mutter gemacht.« Ich liebte ihn noch ein bisschen mehr und stellte mir vor, wie wir schon bald romantisch in den blauen Polstern kuscheln und am nächsten Morgen idyllisch zu zweit mit Meerblick frühstücken würden.

Das mit dem Kuscheln klappte auch, nachdem wir in dänischer Finsternis den Bus auf der Wiese abgestellt hatten. Nur mit der Romantik war es vorbei, als ich mitten in der Nacht wach wurde und pinkeln musste. Ich sah auf die Uhr. Halb vier. Vorsichtig weckte ich meinen Liebsten.

»Wo ist eigentlich das Klo?«, flüsterte ich ihm ins Ohr, »das hab ich hier drinnen noch gar nicht entdeckt.«

»Klo?«, gähnte er, »da musst du am Ende der Wiese links und dann immer geradeaus, dann kommst du zum Waschhaus.«

»Waschhaus? Ich soll hier im Dunkeln ganz alleine über den Campingplatz wandern? Nee, da musst du schon mitkommen.« Empört rüttelte ich an meinem Bettnachbarn, der schon wieder in leises Wohlfühl-Schnarchen abgetaucht war. Ich versuchte mich daran zu erinnern, wie ich mit achtzehn dieses Problem gelöst hatte. Entweder musste ich nachts gar nicht hoch oder ich hatte mich einfach neben den Bulli ins Gras gehockt.

»Kann ich nicht einfach neben den Bus pinkeln?«, zischte ich. Plötzlich saß er kerzengerade im Bett. Zugegeben, wenn ich sehr unter … na ja … Druck stehe, klingt meine Stimme nicht mehr ganz so liebevoll.

»Das geht auf keinen Fall. Die anderen stehen ja auch alle hier, stell dir mal vor, wie das riechen würde, wenn das jeder …« Genervt zog ich mir was über, schob die Schiebetür auf, die mir in der nächtlichen Stille entsetzlich laut vorkam, und machte mich auf den Weg. Es war stockdunkel, eine Taschenlampe hatte ich natürlich nicht dabei. Zu diesem Zeitpunkt wusste ich noch nicht, dass ein Leuchtkörper in der Tasche oder noch besser am Kopf nach Einbruch der Dunkelheit zur Grundausstattung eines zünftigen Campers gehört. Schon nach wenigen Schritten stolperte ich und landete unsanft auf den Knien. Verdammt – überall Zeltschnüre! Logisch, es war ja nicht jeder mit so einem Luxusgefährt wie wir unterwegs. Mit schmerzendem Knie und wachsendem Druck auf der Blase humpelte ich weiter, tastete mich an Autos, Zelten und Hecken entlang, bis ich in der Ferne ein Licht schimmern sah. Endlich, das rettende Waschhaus. Kein Mensch weit und breit. Dachte ich – bis ich dieses Geräusch aus einer der Nebenkabinen hörte. Wasser. Da lief eine Dusche. Und dem leisen Schnaufen nach zu urteilen, stand auch jemand drunter. Aber wer um alles in der Welt duscht nachts um halb vier, fragte ich mich. Hier machten doch alle Urlaub und keiner musste um sechs auf der Baustelle antreten. Als ich mir die Hände wusch, öffnete sich plötzlich die Tür neben mir. Heraus wankte ein junger Mann. Er war vollständig angezogen, aber klatschnass. Mit glasigen Augen starrte er mich an. Er hatte mit mir wohl genauso wenig gerechnet wie ich mit ihm.

»Schulligung«, murmelte er, »brauchtema ne Ab... Aaabkühlung ...«

»Ja, nee, is klar«, hörte ich mich hauchen.

Fassungslos sah ich ihm hinterher, wie er davontorkelte und ein schlangenlinienförmiges Rinnsal auf dem Boden zurückließ. Es gibt Momente, die man nicht unbedingt erleben möchte. Schon gar nicht nachts um halb vier in einem dänischen Sanitärgebäude.

Nachdem ich mich ohne weitere Begegnungen der dritten Art und auch so gut wie unverletzt zurück zu unserem Platz durchgekämpft hatte, konnte ich natürlich nicht wieder einschlafen. Ich wälzte mich hin und her und fasste einen Entschluss. Wie auch immer der Rest dieses Pfingstwochenendes verlaufen, wie sehr meine Liebe zu diesem leidenschaftlichen Camping-Boy auch wachsen würde – eins stand von jener Nacht an fest: nie wieder ohne eigene Campingtoilette. Dass es so etwas gab, wusste ich. Das Ding hatte den absurden Namen »Porta Potti«, das hatte ich irgendwo mal gelesen. Aufgewühlt tippte ich dem Ingenieur auf die Schulter.

»Wenn du willst, dass ich mit dir weiter zum Campen fahre, musst du eine Porta Potti anschaffen. Sonst kannst du's vergessen!« Er blinzelte mich mit seinen grünen Augen an, mit einem Blick, der nicht unbedingt auf weitere 27 Jahre gemeinsames Campingglück hindeutete. »Lass uns morgen darüber sprechen, okay?«, murmelte er und drehte sich seufzend auf die andere Seite.

Porta Potti. Schon mal davon gehört? Es handelt sich um eine Chemietoilette – quadratisch, praktisch, gut. Sie lässt sich auf jedem Campingplatz in einer eigens dafür vorgesehenen Entsorgungsstation ausleeren. In meinen Augen eine segensreiche Erfindung, auch wenn die Begriffe »Chemie« und »Segen« zugegebenermaßen in diesem Zusammenhang in einem gewissen Widerspruch zueinander stehen. Man sollte das Behelfsklo eigentlich nur im Notfall benutzen oder Bio-WC-Flüssigkeit verwenden. Dann stinkt es nur schneller. Aber für empfindliche Nasen ist ein Campingurlaub ohnehin nicht ideal. Ich habe mir schnell angewöhnt, ausschließlich durch den Mund zu atmen, sobald unangenehme Gerüche zu befürchten sind.

Wir reisen jedenfalls seitdem nie mehr ohne unsere Porta Potti. Benutzung, Betankung und Entleerung funktionieren reibungslos, auch wenn wir nicht im Besitz einer Transportkarre sind, mit der viele andere Wohnmobilbesitzer ihren randvollen Toilettentank über den Platz rollen, um ihn nicht schleppen zu müssen.

Nur einmal, ein einziges Mal habe ich es bereut, nicht auch so ein albernes Handwägelchen mein Eigen zu nennen. Das war an diesem Julitag auf Korsika, als ausnahmsweise mal ich den schwarzen Peter gezogen hatte. Normalerweise ist dieser Job Männersache, alte Campingtradition. Es war mir einfach zu heiß, die Toilette über den ganzen Platz zu schleppen, und ich beschloss, sie auf dem Gepäckträger meines Hollandrads zu transportieren. Das ging gut, bis zu dem verhängnisvollen Moment, als mir direkt vor der Rezeption des Campingplatzes ein großer Hund entgegenlief. Ich kam ins Schlingern, wollte ausweichen, bremste scharf ... und sah, wie meine Potti im hohen Bogen rechts an mir vorbeiflog, mit einem krachenden Geräusch auf den Boden knallte und zerbarst. Zur Salzsäule erstarrt sah ich zu, wie sich eine widerliche graublaue, mit durchtränkten Klopapierfetzen vermischte Flüssigkeit über den blumengeschmückten Vorplatz ergoss.

»Iiiihgitt, Mama, was stinkt hier so?«, rief ein kleiner Junge, der mit seinen Eltern aus einem gerade angekommenen Wohnmobil mit Rendsburger Kennzeichen kletterte.

»Tja, da ist wohl jemandem ein Missgeschick ... oh! Frau Tietjen, das ist ja eine Überraschung! Was machen Sie denn hier?«, rief die Mutter und sah mich mit einer Mischung aus Ekel, Mitleid und Begeisterung an.

»Äh, ja, also ... Urlaub?«, stotterte ich, stieg vom Rad und versuchte hilflos, den Schlamassel mit den Füßen irgendwie zusammenzuschieben.

»Ah non, Madame, arrêtez, on va vous aider« (»Lassen Sie das, Madame, wir helfen Ihnen«), rief die freundliche Dame, die jetzt aus der Rezeption auf mich zugelaufen kam. Ein paar Meter vor mir blieb sie stehen, sie schien Angst um ihr schickes Kostüm zu haben. Gott sei Dank kam kurz darauf ein patenter korsischer Mitarbeiter dazu und brachte das peinliche Malheur mit einem Wasserschlauch wieder in Ordnung. Du meine Güte, was habe ich mich in diesem Moment geschämt!

Tipp für Neucamper: Wenn Sie gelegentlich nachts rausmüssen und sich lange Nachtwanderungen zum Waschhaus ersparen möchten, schaffen Sie sich eine eigene Campingtoilette an. Vergessen Sie niemals, Sanitärflüssigkeit hineinzukippen. Warten Sie mit der Entleerung nicht, bis das Ding randvoll ist, sonst wird es zu schwer. Und transportieren Sie niemals einen Porta-Potti-Abwassertank auf einem fahrbaren Untersatz, ohne ihn vorher unverrutschbar festzuzurren.

Zurück zu unserem Pfingstwochenende in Dänemark. Am Morgen nach meinem nächtlichen Ausflug wurde ich von der Sonne und überraschend lauten Geräuschen geweckt: Stimmen, Gelächter, Geklirr und Geklapper. Es klang nach einer Menge Menschen direkt vor unserer Tür. Ganz vorsichtig schob ich den Vorhang beiseite. Was ich sah, machte mir Angst. Und es zerstörte auf einen Schlag meine Vorstellung von einem Liebesfrühstück in trauter Zweisamkeit. Da saßen mindestens 30 schnatternde junge Leute an einer unendlich langen Tafel aus aneinandergestellten Campingtischen beim fröhlichen Outdoor-Frühstück. Ringsherum hatten sie ihre Busse und Wohnmobile im Halbkreis aufgestellt, es sah aus wie eine mittelalterliche Wagenburg. Ich traute meinen Augen nicht. Er hatte von »ein paar Freunden« gesprochen, nicht von einem Massenausflug. Schnell zog ich den Vorhang wieder zu und überlegte angestrengt, wie ich in dieser Situation wohl unerkannt und unbemerkt an einen Kaffee gelangen könnte.

Ich bin eigentlich ein sehr geselliger und meistens gut gelaunter Mensch. Es gibt nur eins, was mir als bekennendem Morgenmuffel die Laune verderben kann. Wenn ich direkt nach dem Aufstehen und noch vor dem ersten Kaffee das tun muss, wofür ich abends bei Scheinwerferlicht bezahlt werde: interessiert Fragen stellen, lachen und aufgeräumt über dies und das plappern. Die erste Viertelstunde des Tages möchte ich in mich gekehrt verbringen, gähnend ganz allmählich zu mir kommen und warten, bis das Koffein seine Wirkung entfaltet hat.

All das wusste ich natürlich Pfingsten 1991 schon. Mein zukünftiger Mann ahnte davon aber zu diesem Zeitpunkt noch nichts. Und die Happening-Frühstücker draußen vor der Tür erst recht nicht. Also machte ich gute Miene zum bösen Spiel. Ich weckte den Ingenieur, der ohnehin noch am nächtlichen Porta-Potti-Trauma zu knacken hatte, setzte meine Sonnenbrille auf und beschloss, mich auf alles einzulassen, was dieser Udo, seine Freunde und der dänische Campingplatz mir zu bieten hatten. Heute weiß ich: Es hat sich gelohnt.

»Hey, du bist Bettina, stimmt's? Schön, dass wir dich endlich kennenlernen!« Die Hamburger Camper-Community nahm mich sofort sehr herzlich auf. »Käffchen? Hier ist leckeres pappiges dänisches Weißbrot, lasst es euch schmecken!« Ganz unkompliziert wurden zwei Plätze für uns frei gemacht. Und während der Kaffee meine Lebensgeister freisetzte, ließ ich meinen Blick schweifen und entdeckte erst jetzt, wie schön es hier war. Blauer Himmel, leichte Brise aus Südwest, lauter freundliche Gesichter und gleich hinter der Wagenburg der weite Blick auf das glitzernde Meer.

Nach dem Frühstück brach plötzlich Aktionismus aus. »So, jetzt wird angebadet«, rief Marie und klatschte in die Hände.

»Was? Ihr wollt ins Meer? Wir haben doch erst Mai!«, sagte ich verdutzt.

»Na klar, das ist Tradition. Pfingsten wird angebadet. Einmal rein, untertauchen und wieder raus. Macht Spaß und härtet ab.« Ich seufzte. Eigentlich hatte ich nicht vorgehabt, diese sportliche Clique schon bei der ersten Begegnung mit meinem weißen Wackelfleisch im Bikini zu konfrontieren, aber es blieb mir wohl nicht erspart.

»Kommst du mit?«, fragte ich den Ingenieur.

»Nee, ich bin doch nicht verrückt!«, sagte er lachend, »viel zu kalt. Bin Warmduscher. Ich geh surfen.« Er gab mir einen Kuss und zog sich seinen Neoprenanzug an.

Und so rannte ich kreischend Hand in Hand mit den Hartgesottenen ins eiskalte Meer, ein erfrischendes Ritual, auf das ich Pfingsten seitdem nie wieder verzichtet habe.

Viele Sonnenstunden und gefühlte 100 Grillwürstchen später war's schon vorbei, mein erstes Pfingst-Camping in Dänemark. Mit einem wohligen Gefühl fuhr ich nach Hamburg zurück, denn ich spürte, dass ich nicht nur viele neue Freunde, sondern auch einen neuen Lieblingsplatz gefunden hatte.

Unter Surfern

Reisetagebuch, August 1991
Windsurfen sieht ja echt cool aus. Und so einfach. Jedenfalls bei denen, die's können. Vor allem bei ihm natürlich ... Mist, dass ich so unsportlich bin, ich traue mich nicht auf's Brett, will mich ja nicht vor seinen Freunden blamieren. Na ja, vielleicht morgen, mal sehen.

Kennen Sie Fehmarn? Die kleine Ostseeinsel ist ein Windsurf- und Campingparadies. Genau deshalb habe ich dort sehr viele Wochenenden verbracht. Nach der Initialzündung in Dänemark hatte ich mich nämlich sehr schnell entschieden, in Zukunft weniger zu arbeiten und den Rest meines Lebens mit Udo und seinem VW-Bus zu verbringen.

Anfang der 90er-Jahre bedeutete das vor allem, von Freitag bis Sonntag nach Wulfener Hals auf Fehmarn zu fahren. Wir campten auf einer Wiese direkt am Burger Binnensee, die Busse und Zelte standen kreuz und quer verstreut, dazwischen eine unüberschaubare Menge an Surfbrettern, Masten und Segeln.

»Das ist hier ein ideales Stehrevier«, klärte Udo mich auf, »fast immer guter Wind und überall flaches Wasser.«

Fast immer. Als damals noch unerfahrene Surferbraut wusste ich noch nicht, was das bedeuten kann, lernte es aber schnell. Windsurfen, das heißt vor allem Warten. Warten auf den richtigen Wind. Man sitzt mit einem Bier in der Hand auf Campingstühlen, blickt mit zusammengekniffenen Augen aufs Wasser und fachsimpelt.

»Also bei der Brise geh ich noch nicht raus, lohnt sich nicht.« Gähnen. Schluck aus der Flens-Pulle.

»Na ja, vielleicht mit 'nem Achter und dem großen Brett ...« Noch'n Schlückchen.

»Aber dann frischt es auf und wir müssen direkt wieder wechseln, bringt doch nix.«

Ich begriff: Der Wind im Norden macht selten, was der Surfer will. Deshalb hat der Surfer immer eine Auswahl an Brettern und Segeln dabei. Schwacher Wind: großes Segel, großes Brett. Starker Wind: kleines Segel, kleines Brett. Zu wenig Wind: gar kein Segel, gar kein Brett. Warten.

Also lagen wir auf der Wiese, sonnten uns, tranken abwechselnd Kaffee und Bier und gingen im flachen warmen Wasser schwimmen. Eine verträumte Idylle – stunden-, manchmal tagelang. Bis zu dem Moment, in dem der Wind ganz plötzlich auffrischte. Unglaublich, wie rasend schnell die Szenerie sich dann veränderte. Alle sprangen hektisch auf, stürzten sich in ihre Neoprenanzüge und zerrten das Equipment zum Wasser. Ratzfatz wurde aufgeriggt und losgesurft. Im Nu war der ganze See voll mit einem fröhlichen, bunten Gewirr von hin und her flitzenden Segeln.

Und ich? Meine Aufgabe bestand in der ersten Zeit vor allem darin, meinen Udo mit einer kleinen Kamera beim Surfen zu filmen. Stundenlang stand ich manchmal am Ufer und verfolgte seine Bahnen, hin und her und her und hin, bis meine Arme lahm wurden. Abends dann die Videokontrolle. Kritisch sah er sich den Film an und überprüfte seine Fortschritte.

»Sieht doch toll aus!«, meinte ich.

»Nee, die Halse da, guck doch mal«, sagte er kopfschüttelnd, »total wackelig. Das muss besser werden. Warum versuchst du es eigentlich nicht auch mal?«

Was er damals noch nicht wusste: Ich bin sehr unsportlich. Meine gesamte Schulzeit über bin ich nie über ein »ausreichend« in Sport hinausgekommen. Lange Zeit traute ich mich folglich nicht, aber eines Tages beschloss ich, mich auch aufs Brett zu wagen. Ein kurzer, aber aufschlussreicher Selbstversuch.

»Erst mal Gleichgewichtsübungen«, sagte der Ingenieur. Vom Ufer aus sah er mir dabei zu, wie ich verzweifelt versuchte, in einem viel zu engen Neoprenanzug auf einem Anfängerbrett zu balancieren. Mehr als ein paar Sekunden konnte ich mich nicht darauf halten. Kreischend fiel ich immer wieder ins hüfthohe Wasser.

»Das Ding ist doch viel zu schmal«, jammerte ich, »wie soll ein Mensch denn darauf stehen können?« Mein Lehrer brach vor Lachen mit seinem Klappstuhl zusammen. »Schmal? Das ist 'ne Kellertür!«, japste er.

»Deine Freundin ist ja ein echtes Naturtalent«, frotzelte einer seiner Freunde. Na wartet, dachte ich, euch werde ich's zeigen. Nach stundenlangem Üben war ich endlich so weit, mit einem Riesensegel an den Start zu gehen. Und siehe da, es funktionierte. Ich glitt dahin, den Wind in den Haaren, das glitzernde Wasser im Blick und fühlte mich wie das weibliche Pendant zu Surf-Star Robby Naish. Bis ich merkte, dass ich schon sehr weit draußen war und dringend umdrehen musste. Leider hatte ich während der Fahrt alles vergessen, was Udo mir über das Wendemanöver eingeschärft hatte, also ließ ich das Segel einfach los und sprang ins Wasser. Überflüssig zu erwähnen, dass ich es natürlich nicht zurück aufs Brett schaffte, sondern den ganzen Weg zurück mühsam zu Fuß durchs Wasser pflügen musste, Brett und Segel im Schlepptau. Ich versuchte, die Kommentare der feixenden Surfer zu ignorieren, die an mir vorbeiglitten und fluchte leise vor mich hin. Zum Glück handelte es sich um ein Stehrevier, sonst hätte ich den Rückweg mitsamt Ausrüstung schwimmend bewältigen und wahrscheinlich auf halber Strecke völlig entkräftet gerettet werden müssen.

»Nicht mein Sport«, keuchte ich, als ich nach einer halben Stunde endlich das rettende Ufer erreichte. Erschöpft schälte ich mich aus der engen Neoprenzwangsjacke. Dabei schaute ich verstohlen auf meine Hände und sah, dass von meinem neuen roten Lieblingsnagellack kaum noch was zu sehen war. Stattdessen hatte ich Schwielen an den Fingern und alles tat mir weh. Ich arbeite nun mal lieber mit dem Kopf als mit Muskelkraft.

»Ach was, das wird schon. Du musst nur …« Es folgte ein sehr ausführlicher Vortrag über fachgerechte Wendemanöver, von dem nur noch Wortfetzen bei mir ankamen. Ich hatte schon entschieden, dass dies mein erster und letzter Versuch gewesen sein sollte, mich aktiv in die Welt des Windsurfens zu integrieren. Dann lieber Udos Selbstoptimierung mit der Kamera verfolgen.

Es war eine wunderbar unbeschwerte Zeit, die wir mit unserem VW-Bus zu zweit oder zusammen mit der Surferclique verbrachten. Allein die Stimmung abends auf der Wiese, wenn alle sich vom Wassersport (oder vom Warten auf den Wassersport) erholten. Laue Sommerluft, dazu der Duft von frisch gemähtem Gras und das leise Plätschern des Sees. Der Himmel über uns verfärbte sich ganz langsam rot und irgendjemand spielte immer Gitarre. Nachts im Bus ließen wir die Klappe hinten offen, um den Sternenhimmel sehen zu können, der sich im Wasser spiegelte. Den zauberhaften Blick auf das still ruhende Stehrevier muss ich in meinem Herzen bewahren, denn man darf schon lange nicht mehr auf dieser Wiese übernachten, die idyllischen Zeiten sind vorbei. Es mag vielleicht sentimental klingen, aber ich bin mir sicher, dass auf Fehmarn meine Leidenschaft für das »Schön stehen« entfacht wurde.

Schön stehen

Reisetagebuch, September 1991
Gestern habe ich kurz drüber nachgedacht, ob er wirklich der richtige Mann für mich ist. Er hat sich furchtbar aufgeregt, nur weil beim Rangieren dieses kleine Malheur passiert ist. Dabei hatten wir so einen tollen Blick! Na ja, sein Bus ist ihm eben heilig. Genauso wie mir meine Hängematte ...

Schön stehen – für mich eine der wichtigsten Voraussetzungen überhaupt für einen gelungenen Campingurlaub. Ganz egal, wo wir uns befinden, jeder Aufenthalt auf einem Campingplatz beginnt mit demselben Ritual. Noch bevor wir uns an der Rezeption anmelden, besichtigen wir das Terrain. »Wir« bedeutet: Der Ingenieur und ich gehen getrennte Wege, denn wir haben sehr unterschiedliche Vorstellungen davon, was ein perfekter Standort ist. Ich bin erst dann zufrieden, wenn unser Wohnmobil so steht, dass wir einen großartigen Blick haben, sei es auf das Meer, die Berge, Wald und Wiesen oder sonst irgendetwas Ansehnliches. Wenn möglich, Sonnenuntergang inklusive, aber Morgensonne ist auch okay – Hauptsache es ist nicht Bernd am Grill auf der Nachbarparzelle, den ich als Erstes sehe. Außerdem sollten zwei stabile Bäume in unmittelbarer Nähe stehen, genau im richtigen Abstand, um meine Hängematte aufzuhängen. Nicht zu viel Wind, nicht zu viel Schatten und bitte kein

Sanitärgebäude in Riechweite. Das ist doch wohl nicht zu viel verlangt, oder?

Mein Mann hingegen (ja, natürlich liebe ich noch immer jenen Udo, nur mittlerweile mit Bauchansatz und fernab jeglicher Surf-Ambitionen) wählt ganz anders aus. Für ihn muss der ideale Platz leicht erreichbar sein, er möchte problemlos rangieren können, ohne dass Bäume und Büsche dran glauben müssen, und der Fluchtweg muss frei sein. Wind und Sonne sind zweitrangig, Hauptsache, die Nachbarn sind nicht nervig (er erkennt das an für mich rätselhaften Details wie Autokennzeichen, Campingmöbeln, Haustieren oder Kinderspielzeug) und die Bodenbeschaffenheit stimmt. Der Untergrund ist das A und O. Akribisch begutachtet er das Stückchen Land, auf dem wir möglicherweise parken werden, ganz gleich, ob für eine Nacht oder eine Woche. Es darf nicht matschig sein, nicht wurzelig und vor allem nicht sandig, denn auf all diesen unberechenbaren Böden fährt man sich fest. Will heißen, die Räder drehen durch, der Fahrer auch und nichts geht mehr.

Sie können sich auch als Nicht-Camper ausmalen, dass diese unterschiedlichen Ansätze hier und da zu ... nennen wir es ... Auseinandersetzungen führen.

Zum ersten Mal passierte es auf einem kleinen Campingplatz irgendwo am Mittelmeer. Ich hatte im hintersten Winkel des Geländes eine verlockende kleine Nische entdeckt, versteckt hinter Bäumen, wie geschaffen für einen VW-Bus, ein Liebespaar und eine Hängematte. Mit Blick auf mediterrane Hügel und ein ausgetrocknetes Flussbett, durch das ein paar Kühe der Abendsonne entgegentrotteten.

»Guck mal, Schatz«, flötete ich und gab mir größte Mühe, einen liebevoll überzeugenden Ton anzuschlagen, denn ich sah schon, dass er dieses Fleckchen für ganz und gar ungeeignet hielt. »Ist das nicht herrlich hier? Man steht ganz alleine, kein Nachbar weit und breit in Sicht!«

Widerwillig ließ er sich darauf ein und bugsierte den Bus geschickt zwischen knorrigen Tamarisken und Oleandern hindurch zu meinem auserwählten Standort. Ich jubelte und knotete schnell die Hängematte fest, bevor er es sich noch mal anders überlegen konnte.

»Hoffentlich kommen wir hier jemals wieder raus«, grummelte Udo und fügte sich in sein Schicksal.

Eine ganze Woche lang blieben wir in unserem Versteck hinter den Bäumen, chillten und grillten, spielten Boule, tranken Rosé und hörten Édith Piaf. In der Abenddämmerung sahen wir den Kühen zu, wie sie gemächlich durch das Flussbett Richtung Strand spazierten. Schon von fern waren ihre Kuhglocken zu hören – ein Sound, den ich eigentlich mit meiner frühesten Kindheit und unseren Familienurlauben in den bayerischen Bergen verbinde. Eines Abends kam allerdings ein unerwartetes neues Geräusch dazu. Wir saßen bei Kerzenlicht vor unserem Bus und lauschten der Stille. Plötzlich schreckte mich ein Rascheln, ein Wühlen, ein … Grunzen in unmittelbarer Nähe auf.

»Hilfe!«, flüsterte ich und versuchte, meine aufsteigende Panik unter Kontrolle zu halten, »was ist das? Etwa Wildschweine? Die sind doch gefährlich!« Ein Seitenblick auf Udo zeigte mir, dass er eingenickt war. Ich starrte angestrengt in die Dunkelheit und sah gar nichts. Stattdessen wurde das Grunzen immer lauter. Kurzerhand beschloss ich, zunächst mal mein Leben zu retten und flüchtete mich mit einem medaillenverdächtigen Weitsprung ins Wohnmobil. Natürlich überließ ich den Mann meines Lebens nicht skrupellos den wilden Tieren zum Fraß, sondern beobachtete aus sicherer Entfernung, wie die Situation sich entwickelte.

»Was hast du denn?«, rief der Ingenieur mir über die Schulter nach hinten zu.

»Wildschweine!«, hyperventilierte ich. »Die können sehr gefährlich werden, bring dich bloß in Sicherheit!« Vorsichtshalber kroch ich in den Hohlraum zwischen Fahrersitz und Gaspedal, man weiß ja nie, wozu diese Tiere in der Lage sind, wenn sie gereizt werden.

»So ein Quatsch«, lachte Udo, »das sind nur ein paar Nachzügler von den Kühen, die sich hier in den Büschen verirrt haben. Komm wieder raus, du Angsthase.« Ich traute dem Braten zwar noch nicht so ganz, tastete mich aber vorsichtig zurück zu meinem Klappstuhl. Erwähnte ich schon, dass Überlebenscamps nichts für mich wären?

So schön es auch war, es kam der Tag der Weiterreise. Und damit auch der Moment, vor dem sich mein umsichtiger Mitcamper am meisten gefürchtet hatte. Wie rauskommen aus dem Dickicht, ohne den Bus zu beschädigen?

»Du stellst dich hinter das Auto, so, dass ich dich im Außenspiegel sehen kann und winkst mich raus.« Er wusste genauso gut wie ich, dass diese Arbeitsteilung ein Risiko bedeutete. Mit Ein- und Ausparken habe ich keine Probleme, solange ich selbst am Steuer sitze. Aber jemand anderen einweisen? Schwierig. Nervös schnappte ich mir meinen Kaffeebecher und platzierte mich zwischen den Bus und die kleine Mauer, die das Rangieren etwas komplizierter machte.

»Weiter, weiter«, rief ich und winkte mit der Hand.

»Wo bist du denn?«, rief er gereizt. »Ich hab doch gesagt, du sollst dich dahin stellen, wo ich dich sehen kann!«

»Ich sehe dich doch, mein Schatz, leicht nach links einschlagen jetzt, weiter, weiter, weiter …« Es kam, wie es kommen musste. Das knirschende, splitternde Geräusch, das das Rücklicht von sich gab, als es mit der Mauer zusammenprallte, habe ich noch heute im Ohr. Genauso wie den Aufschrei und den darauffolgenden Streit. Ich dachte ganz kurz über eine Trennung nach, beschloss dann aber, um ihn zu beschwichtigen, ihm einfach bei den nächsten beiden Campingplätzen bei der Stellplatzwahl den Vortritt zu lassen.

Tipp für Neucamper: Wenn Sie starke Nerven haben und gerne schön stehen wollen, versuchen Sie immer wieder aufs Neue, alles unter einen Hut zu bekommen, den Blick, den Boden, die Bäume für die Hängematte und die Nachbarn. Wenn Sie ungeduldig sind und im Urlaub keinen Streit wollen, stellen Sie sich einfach irgendwohin. Aber wenn dann der Camper nebenan auf den Sonnenuntergang guckt und Sie auf das Sanitärgebäude ... selbst schuld.

Die nächste Krisensituation kam, als wir ein Wochenende an der dänischen Nordseeküste verbrachten. Ein traumhafter Platz mitten in den Dünen. Ich bezirzte meinen Zukünftigen so lange, bis er wider besseres Wissen den Bus auf nicht ganz festem, sandigem Untergrund parkte. Ein befreundetes Paar stand gleich gegenüber, wir banden unsere Sonnensegel aneinander fest und erfreuten uns an unserer romantischen Sandburg. Man durfte dort zwar nicht grillen und es wehte ein eisiger Wind, aber Camping an der Nordsee ist nun mal nichts für Warmduscher.

Nachts wurde ich wach, zum einen, weil ich fror, zum anderen, weil unser ganzes Auto seltsam vibrierte.

»Wach auf«, ängstlich rüttelte ich an Udos Schulter, »ich glaube, die Erde bebt!« Er setzte sich auf und horchte in die Nacht.

»Komisch.« Es wackelte immer stärker. Ich dachte besorgt darüber nach, bis wohin sich das auf der Richterskala wohl noch entwickeln könnte und welche Sachen ich auf der Flucht am dringendsten brauchen würde. Da brach der Ingenieur plötzlich in lautes Lachen aus.

»Jetzt weiß ich, was das ist«, prustete er, »ist ja abgefahren!« Ich sah ihn verständnislos an. »Die haben Sex! Und unser Auto wackelt mit, weil wir doch die Sonnensegel zusammengebunden haben.« Tagelang haben wir uns noch zu viert über dieses nächtliche Intermezzo amüsiert.

Als wir allerdings aus unserem Liebesnest wieder aufbrechen wollten, war Schluss mit lustig. Beide Autos kamen nicht mehr vom Fleck. Festgefahren! Wir konnten so viel Gas geben, wie wir wollten, der Sand spritzte nur so durch die Gegend und die Reifen bohrten sich immer tiefer in den Boden. Was tun? Wir schwärmten aus und sammelten Äste, Bretter und Dünengras und stopften es vor und hinter die Autoräder. Aber bei jedem Versuch anzufahren, rutschte alles wieder weg. Es dauerte ewig, bis es uns irgendwann gelang, die Karren aus dem Dreck zu holen.

Bis zur deutschen Grenze lagen die Nerven noch blank, aber als wir kurz vor Hamburg waren, konnten wir schon wieder darüber lachen.

»Hotel kann jeder«, sagte mein Liebster grinsend und nahm meine Hand. Ich lächelte milde, wohl wissend, dass sich das Thema »schön stehen« wie ein roter Faden durch mein Camperleben ziehen würde – genauso wie durch dieses Buch.

Just Married

Reisetagebuch, September 1992
Das allerschönste Hochzeitsgeschenk war der Bus! Innen alles
neu und ganz in rot gehalten. So eine tolle Überraschung. Ich
musste fast noch mal weinen, als ich ihn gesehen habe ... Jetzt
geht alles erst richtig los – die Ehe und der Urlaub.

Wir hatten Ja gesagt. Ich ganz in Weiß, bodenlang mit Schleier, der Ingenieur im Smoking. Mit kirchlichem Segen, das volle Programm. Nach der Trauung wartete draußen vor der Kirche unsere Hochzeitskutsche auf uns. Nicht etwa so ein langweiliges Gespann mit Schimmeln, Girlanden und Glöckchen. Nein, als wir aus der Kirche heraustraten, war da ein roter Teppich ausgerollt, an dessen Ende ein strahlend weißer, auf Hochglanz polierter VW-Bus stand. »Just married!« stand in roten Buchstaben auf der Tür. Fassungslos sah ich meinen Bräutigam an.

»Die haben doch gesagt, sie bringen ihn nur zur Feier des Tages für uns durch den TÜV ...« Links und rechts vom Teppich standen unsere Freunde Spalier und applaudierten voller Freude über die gelungene Überraschung.

»Wahnsinn«, staunte Udo, »die haben das Ding komplett renoviert!« Innen leuchtete alles in frischem Rot, die Polster, die Vorhänge, sogar roten Teppichboden hatten sie verlegt. Mit Tränen in den Augen fielen wir uns alle um den Hals, voller Vorfreude auf die bevorstehenden Reisen in diesem liebevoll ausstaffierten Glücksmobil.

Durch den Tränenschleier hindurch nahm ich plötzlich in der lachenden, um uns herumwuselnden Menge einen Menschen wahr, der ganz und gar nicht amüsiert schien: meinen Vater. Mit unbeweglicher Miene und Abscheu im Blick starrte er auf eine Stelle irgendwo am rechten Vorderreifen. Ich folgte seinem Blick und musste einen Lachkrampf unterdrücken. Da stand ein Gartenzwerg, ein kleiner Türsteher mit roter Mütze und grünem Mäntelchen und grinste uns freundlich an. Nur dass er im Unterschied zu seinen Artgenossen den Mantel mit beiden Händchen weit geöffnet hielt und darunter nackt war, also bis auf das Feigenblatt, dass seine Blöße bedeckte.

»Ist doch nur ein Scherz«, beruhigte ich meinen konservativen Vater, hakte mich bei ihm unter und gab ihm einen Kuss.

»Aber ein geschmackloser«, brummte er und zog mich ein Stück zur Seite. »Ich will auf keinen Fall mit dem da aufs Hochzeitsfoto!« In der Tat tauchte der exhibitionistische Zwerg auf keinem offiziellen Foto auf, da hat sich mein Vater wohl durchgesetzt. Überlebt hat der kleine Kerl trotzdem, mittlerweile versteckt er sich zwischen unseren Heckenrosen und erschreckt die Wühlmäuse.

Ausgelassen ließen wir schließlich in dem rundum erneuerten Hochzeitsbus die Champagnerkorken knallen und uns von den Trauzeugen zur Feier chauffieren.

Als Hochzeitsreise ging es erst mal für zwei Wochen in die Karibik, aber danach musste natürlich unsere weiß-rote mobile Honeymoon-Suite eingeweiht werden.

»Lass uns doch für ein paar Tage nach Holland fahren«, schlug ich vor. Meine jüngere Schwester und ihr Mann hatten seit Jahren ihren Wohnwagen fest auf einem kleinen Bauernhof am IJsselmeer installiert. Ein unkonventioneller

Mini-Campingplatz direkt hinterm Deich. Die beiden hatten uns schon oft davon vorgeschwärmt. Also los, warum nicht mal ein holländisches Stehrevier ausprobieren?

»Der Bauer und seine Frau sind ein bisschen gewöhnungsbedürftig«, hatte meine Schwester mich gewarnt, »aber eigentlich sind sie ganz lieb. Alles sehr familiär da. Und die Lage ist unbezahlbar.«

Als wir nach fünfstündiger Fahrt endlich das Ziel erreicht hatten, wurden wir von der Verwandtschaft mit lautem Hallo begrüßt. Übermütig drehte der Ingenieur mit dem Hochzeitsmobil erst mal hupend eine Ehrenrunde über die Wiese. Das sollte er aber schon wenige Minuten später bereuen. Kaum waren wir nämlich aus dem Bus geklettert, stürzte eine ältere Frau auf uns zu und fing an uns zu beschimpfen.

»Was fällt euch denn ein? Seid ihr von allen guten Geistern verlassen? Guckt mal, was ihr mit unserer Wiese gemacht habt!« Verwirrt sahen wir meine Schwester an.

»Äh, das ist Lotte, ihr und ihrem Mann Willem gehört der Bauernhof, ich habe schon angekündigt, dass ihr kommt«, sagte sie. Bevor wir uns vorstellen konnten, zerrte Lotte den Ingenieur am Arm auf den Rasen und deutete auf die tiefen Furchen, die seine Autoreifen bei dem lustigen Begrüßungsparcours ins Erdreich gegraben hatten. Eine deutlich sichtbare saubere Acht aus braunem Matsch zierte jetzt die grüne Wiese.

»Es hat tagelang geregnet, der Boden ist ganz aufgeweicht«, zeterte Frau Lotte mit holländischem Akzent, »die Schweinerei könnt ihr gleich wegmachen! Der Baumarkt ist nur einen Kilometer weg, da fahrt ihr jetzt hin, holt Erde und dann füllt ihr die Spurrillen ordentlich wieder auf.« Der Ingenieur verdrehte die Augen und sah Hilfe suchend meinen Schwager an. Der zuckte nur mit den Schultern.

»Lotte hat hier das Kommando«, sagte er trocken, »ich komme mit und helfe dir.« Während die beiden sich auf den

Weg machten, erklärte meine Schwester mir, wie dieses Campingbiotop entstanden war. Ein Surfer-Freund ihres Mannes hatte vor Jahren Willem und Lotte kennengelernt, daraufhin hatten die beiden ihm und ein paar anderen Wassersportlern erlaubt, ihre Zelte und Wohnwagen bei ihnen abzustellen. Daraus hatte sich dann im Laufe der Zeit dieser familiäre Treffpunkt entwickelt, bis heute ein Geheimtipp, der in keinem Campingführer zu finden ist.

»Hier kennt jeder jeden«, sagte meine Schwester, während sie mich herumführte, »die meisten kommen aus dem Pott. Hart, aber herzlich.« Wie aufs Stichwort steckte ein grauhaariger Schlaks seinen Kopf aus einem Vorzelt.

»Na, habter Zuwachs bekommen aufe studierte Seite?«, rief er grinsend und stellte sich als »der Wolfi« aus »Gelsenkierchen« vor.

»Studierte Seite?«, fragte ich verblüfft.

»Ja, das hat sich irgendwie zufällig so ergeben«, lachte meine Schwester. »Hier auf unserer Seite der Wiese sind alle Akademiker und gegenüber nicht, deshalb nennen die uns immer die ›Studierten‹. Aber wir haben uns alle lieb.«

Die Führung dauerte nicht lange. Es gab eine Scheune mit drei Toiletten, ein paar Tische und Bierbänke und einen Billardtisch, zwei Abwaschbecken und eine Dusche.

»Nur kaltes Wasser«, kicherte meine Schwester, »wenn ihr heiß duschen wollt, müsst ihr zu Willem und Lotte rein, die haben im Flur ein Gästebad.« Ich schluckte. Bei dieser Furie im Badezimmer duschen? Nix da. Dann lieber Katzenwäsche im IJsselmeer.

»Täusch dich mal nicht, das IJsselmeer ist eisig kalt um diese Jahreszeit.« Sie kletterte mit mir auf den Deich. Eine Wiese voller Katamarane und Surfbretter und ein paar Schafe, dahinter Wasser bis zum Horizont. Was für ein Blick. Und hinterm Bauernhof nichts als endloses plattes Land, durchzogen von schnurgeraden Kanälen.

Während die Männer unter den strengen Anweisungen von Lotte säckeweise Erde auf der Wiese verteilten, kümmerten wir uns um den Grill.

»Udo grillt total ungern«, sagte ich, »beim Campen bin ich dafür zuständig.«

»Was macht ihr denn da?«, rief mein Schwager und nahm mir die Hähnchenbrust aus der Hand. »Die muss doch erst mal eingelegt werden.« Eifrig würzte er das Fleisch und wälzte es in einer scharfen, öligen Marinade. Meine Schwester verdrehte die Augen.

»Bei uns läuft das anders«, murmelte sie, »darf ich vorstellen: der weltbeste Grillmeister, keiner grillt feiner …«

Nach dem Essen gesellten sich nach und nach die anderen Camper zu uns. Nach dem ein oder anderen Amstel Bier fühlte man sich schnell dazugehörig. Die dicke freundliche Elsa (»Hömma, dat is hier sowat von schön!«), der lustige Fritz (»Sachma, kann dat sein, dat ich dich schomma im Fernsehen gesehn hab'? Is ja geil.«) und natürlich Wolfi (»Kumma, gez hamwer hier sogar die Prominenz bei die Studierten …«). In großer, bestens gelaunter Runde wurde der Abend zunächst vor der Feuerschale, später dann im Vorzelt meiner Schwester fortgesetzt.

»Hömma, wisster noch, wie damals der Wolfi mit dem Katamaran beinahe abgesoffen wär? Und wie die Elsa total bekifft in den Kanal gefallen is …?« Dicht gedrängt saß man bis spät in die Nacht und lauschte den launigen Camping-Anekdoten, von denen jeder so einige zu erzählen hatte.

Als ich am nächsten Morgen den Kopf aus dem Fenster steckte, traute ich meinen Augen nicht. Ich weckte den Ingenieur. »Komm schnell und sag mir, dass das da keine Halluzination ist«, rief ich. Mitten auf der Wiese saß ein Elch. Größer als ein Mensch hockte er da, regungslos, auf einem viel zu kleinen Klappstuhl, an einem fürs Frühstück gedeckten Campingtisch. Er war aus Plüsch und trug Jeans und ein blau-weißes Ringel-T-Shirt. Ungläubig starrten wir beide das überdimensionale Kuscheltier an.

»Guten Morgen«, rief meine Schwester und reichte uns zwei Kaffeetassen durchs Fenster, »das ist Otto, der Elch. Er gehört zu unseren Nachbarn zur Linken, ein Spleen, die behandeln ihn wie einen Menschen.«

Auf unsere erste morgendliche Begegnung mit Otto folgte eine unangenehme Überraschung. Den Weg zur Toilette musste ich mir nämlich durch eine Menschenansammlung bahnen. Mindestens 20 Jugendliche saßen auf Bierbänken in der Scheune direkt vor den Klotüren und frühstückten. Da hockte ich nun stumm und lauschte dem Gelächter und Geschirrklappern. Überflüssig zu sagen, dass bei mir schlagartig gar nichts mehr ging, denn ich musste ja davon ausgehen, dass auf beiden Seiten der Tür jedes Geräusch deutlich hörbar war ...

»Wo kommen denn plötzlich all die Menschen her?«, fragte ich meine Schwester.

»Ach, das ist die Jugendgruppe, die im Sleep-in übernachtet, oben auf dem Dachboden der Scheune. Das bieten Willem und Lotte auch an, inklusive Frühstück. Das wird gern von Radgruppen aus Nordrhein-Westfalen genutzt.« Auf meine Frage, wie sich das auf ihre Verdauung auswirke, wenn in bester Hörweite Marmeladenbrötchen verzehrt würden, guckte sie mich mitleidig an. »Nun stell dich mal nicht so an, das stört hier nun wirklich keinen ...«

»Wo ist eigentlich dein Mann?«, fragte ich sie, »den habe ich ja seit gestern Abend nicht mehr gesehen.«

»Dem geht es nicht so gut, er hat sich die ganze Nacht lang übergeben, anscheinend Salmonellen«, sagte sie, »hat sich wohl die Hände nicht gewaschen, nachdem er in der Hähnchenmarinade gewühlt hat.« Du meine Güte! Hatte ich mir denn gestern nach dem Grillen die Hände ...? Sofort lief ich zum Waschbecken und schrubbte hektisch an mir herum, man weiß ja nie. Während ich noch zugange war, zupfte mich jemand am Ärmel. Ein weißhaariger älterer Mann im blauen Arbeitsanzug und mit riesigen gelben Holzpantinen an den Füßen stand neben mir und sah mich strafend an. Das musste Bauer Willem sein.

»Was ist das denn hier?«, fragte er mich streng und deutete mit dem Finger auf den Abfluss des Nachbarbeckens.

»Äh, ein … Salatblatt?«, sagte ich fragend. »Ich heiße übrigens Bettina und bin die Schwester von …«

»Weiß ich«, unterbrach er mich, »und ich bin der Willem und dulde es nicht, dass hier die Abwaschbecken dreckig zurückgelassen werden!« Meine Beteuerung, dass ich das nicht gewesen sein könne, weil ich ja gerade erst aufgestanden sei und überhaupt niemals zum Frühstück Salat essen würde, war völlig sinnlos.

»Das sagen sie alle«, grinste er und klopfte mir jovial auf die Schulter. »Ich schlage vor, du machst das jetzt weg und es kommt nicht wieder vor, sonst war das hier der letzte Besuch auf Onkel Willems Bauernhof.«

»Mein Gott«, sagte ich später zu meiner Schwester, die ihrem elend aussehenden Ehemann gerade die Stirn kühlte, »was ist denn das hier für ein tyrannisches Regime? Das würde ich auf Dauer nicht aushalten.«

»Man gewöhnt sich dran«, sagte sie wieder, »die beiden können auch ganz anders, wirst du schon noch sehen.«

Und tatsächlich – noch am selben Abend erlebten wir, welche Magie sich in dieser versteckten kleinen holländischen Enklave entfalten konnte. Bereits der Sundowner auf dem Deich mit Blick auf Schafe vor rot glühender Sonne stimmte mich gnädig. Als aber dann Bauer Willem in der Scheune die Bar eröffnete und die Musik aufdrehte, wurde ich für alles, was vorher passiert war, entschädigt. Angeheizt vom Bessen Genever (für die Jüngeren: Das ist ein holländischer Beerenschnaps, damals ein Kultgetränk), tanzten wir entfesselt zwischen Bierbänken und Billardtisch zu Led Zeppelin und Co. bis in die Morgenstunden.

»Hömma, verstehse gez wat dat hier so besonders macht, Frau Fernsehstar?«, schrie Wolfi mir zu, während wir unsere Mähnen um die Wette zu »Highway to Hell« von AC/DC schüttelten.

»Ja, Mann«, brüllte ich zurück, »und wenn du mich noch einmal Fernsehstar nennst, sag ich Willem, dass du das mit dem Salatblatt warst!«

Jahrelang sind wir immer mal wieder an diesen Ort zurückgekehrt, später dann mit eigener Familie. Zusammen mit ihren Cousinen ruderten unsere Kinder in einem wackeligen kleinen Holzboot emsig die Kanäle entlang und jagten Kühe, gern auch im Stockfinstern, um diesen Ausflügen den richtigen Kick zu geben. Sie streichelten Entenbabys, fütterten Schafe und fuhren morgens mit dem Fahrrad ins nächstgelegene Dorf, um Brötchen zu holen. Wir machten mit ihnen Ausflüge nach Amsterdam, zeigten ihnen das Anne-Frank-Haus, bummelten über Flohmärkte und mussten ihnen erklären, woher der bestechend süßliche Geruch kam, der immer über der ganzen Stadt schwebte.

Willem und Lotte sind mittlerweile beide tot, ihr Sohn ist wesentlich entspannter. Aber immer, wenn ich beim Abwaschen auf einem Campingplatz Essensreste im Spülbecken entdecke, muss ich schmunzeln und an meine erste Begegnung mit Bauer Gnadenlos denken.

Tipp für Neucamper: Wenn Sie ein Problem damit haben, auf Schritt und Tritt beobachtet und schon beim ersten Toilettengang des Tages vom Nachbarn freundlich und namentlich begrüßt zu werden, wenn Sie sich nicht gern vom Frühstück bis zum Abendbrot mit Kaffee oder Bierchen in der Hand mit den anderen Campern über den neuesten Klatsch und Tratsch austauschen – dann Finger weg vom familiären Dauercamping! Suchen Sie sich große, anonyme Viersterneplätze und

wechseln Sie häufiger den Standort. Dann haben Sie Ihre Ruhe, müssen aber damit leben, vom mürrischen Nebenmann keines Blickes gewürdigt zu werden. Und welches Ferkel wieder seine Spaghettireste im Abfluss liegen gelassen hat, werden Sie auch nie erfahren.

Die Mücken kommen

Reisetagebuch, Juni 1993
Schweden zur Mittsommerzeit ist ein echtes Erlebnis. Links steht die Sonne am Himmel, rechts der Mond. Man wird gar nicht müde, weil es ja die ganze Nacht über hell ist. Die Mücken werden allerdings auch nicht müde. Mein armer Mann, völlig zerstochen. Weiß nicht, ob er da so schnell wieder hinwill ...

Die Familie meiner besten Freundin Anna besitzt ein Haus auf einer Insel zwischen Schweden und Finnland. Wunderbar einsam gelegen, direkt am Meer, wohin das Auge blickt nur vom Wasser glatt gespülte rote Felsen und vom Wind krumm gewehte knorrige Kiefern.

»Kommt uns doch mal da oben besuchen«, hatte sie schon oft gesagt. »Ihr könnt den Bus hier irgendwo hinstellen, Platz gibt es genug. Du weißt ja, wie wunderschön es bei uns ist.«

Zum ersten Mal bin ich dort mit 15 Jahren gewesen, als ihre Eltern mich eingeladen hatten, zwei Wochen mitzukommen. Für mich eine willkommene Abwechslung vom immer ähnlichen Urlaub mit meiner Familie am Bodensee oder in den österreichischen Alpen, zumal meine Freundin vier Brüder und eine Schwester hatte, die jeweils auch Freunde mitnehmen durften – da kam Partyfeeling auf.

Das Haus lag, so kam es mir jedenfalls damals vor, am Ende der Welt. Kein Strom, kein fließendes Wasser, nur per

Boot oder zu Fuß zu erreichen. Als die Straße irgendwo im Wald endete, staunte ich nicht schlecht. Wir mussten unser Gepäck auf ein kleines Holzboot umladen, mit dem Annas Brüder dann quer über eine kleine Bucht bis zum Haus ruderten. Der Rest der Reisegruppe wanderte durch den Wald.

Diese beiden Wochen finnischer Lagerfeuer-Sauna-Plumpsklo-Romantik sind mir bis heute unvergesslich. Kein Wunder also, dass ich darauf brannte, dem Ingenieur die Spuren meiner Kindheit im hohen Norden zu zeigen.

»Um Mittsommer herum ist es am schönsten«, hatte meine Freundin gesagt, »da ist es die ganze Nacht lang hell. Kommt doch im Juni, dann feiern wir meinen Geburtstag zusammen.« Da wir nur eine knappe Woche Zeit hatten, musste der Trip gut durchgeplant werden.

»Wir können einmal auf halber Strecke übernachten und dann noch eine Nacht in Stockholm verbringen«, sagte ich zu meinem Mann. »Laut Reiseführer werden Busse und Wohnmobile in der Stadt geduldet. So können wir Stockholm besichtigen und am nächsten Morgen ganz früh die Fähre nach Finnland nehmen.« Er nickte, bestand aber darauf, vorher noch eine XXL-Flasche Mückenschutz und ein Moskitonetz zu besorgen.

»Da oben gibt's bestimmt Mücken ohne Ende«, sagte er und zeigte mir auf der Karte die vielen blauen Flecken entlang unserer Route. »Guck, ein See neben dem anderen, du ahnst ja, was das für mich bedeutet.« Der Körper des Ingenieurs ist ein Mücken-Eldorado. Das war schon bei unserem ersten Ostsee-Wochenende nicht zu übersehen. Wenn fünf Menschen in der Dämmerung beisammensitzen, sind vier von ihnen am nächsten Morgen völlig unversehrt. Nur einer ist übersät mit Mückenstichen: Mein armer Ehemann. Die kleinen Biester fühlen sich von ihm unwiderstehlich angezogen, im Gegensatz zu mir strömt er irgendwelche geheimnisvollen Lockstoffe aus.

Nach stundenlanger Fahrt auf schnurgerader Straße durch endlose schwedische Wälder machten wir also unseren ersten Abstecher ins skandinavische Campingleben.

»Das sieht ja hier aus wie in Bullerbü«, staunte ich. Überall rote Holzhäuser, gepflegte Gärten voller Blumen hinter weißen Holzzäunen. Und immer wieder Wald, Wald, Wald. Hier und da glitzerte zwischen den Bäumen das Wasser eines Sees. Irgendwann entdeckten wir ein Schild »Nationalpark« mit dem Hinweis auf einen Campingplatz. Nach einer holperigen Viertelstunde über einen kurvigen Waldweg tat sich wieder ein See auf. Spiegelglatt lag er da in der Nachmittagssonne, bis auf einen Steg mit ein paar Booten völlig einsam. Kein Mensch weit und breit, leider auch nicht in dem als Campingplatz-Rezeption ausgewiesenen Holzhäuschen.

»Abgeschlossen«, seufzte ich, »aber da steht eine Handynummer, die man anrufen soll.«

»Hey«, sagte eine freundliche Männerstimme am Telefon, »wartest du fünf Minuten. Ich nehme der Fahrrad und komme zu euch.« Während wir warteten, inspizierten wir schon mal das überschaubare Gelände. Eine hügelige Wiese oberhalb des Sees, verstreut ein paar Camper, ein Waschhaus, sonst nichts. Eine himmlische Ruhe.

»Brötchen?«, der blonde Mann im blauen Arbeitsanzug lachte schallend, nachdem er uns die Schranke geöffnet und ein paar Kronen für die Übernachtung kassiert hatte, »nee, nee, die musst du selber backen. Hier gibt's keine Laden, nur Wald, Wiese und Wasser.«

»Egal«, beruhigte mich mein Mann, »wir haben noch Schwarzbrot und 'ne Dose Hering in Tomatensoße unter der Sitzbank, ist doch lecker zum Frühstück.« Nachdem wir uns ein Plätzchen auf der Wiese gesucht hatten – schön zu stehen war hier ganz offensichtlich kein Problem –, machten wir uns auf in den urwaldähnlich dicht bewachsenen Nationalpark.

»Hier gibt es bestimmt Elche«, ich zeigte auf fußspurenartige Abdrücke im sandigen Waldboden.

»Kann gut sein«, grinste der Ingenieur, »aber das da war eindeutig keiner, oder laufen die neuerdings auf zwei Beinen und tragen Wanderschuhe?« Der Wald wurde immer dichter, nirgendwo andere Menschen, nur Vogelgezwitscher und gelegentlich das klatschende Geräusch, mit dem mein Mann mich jedes Mal wieder aufs Neue erschreckte, wenn er eine Mücke erledigte, die sich irgendwo an ihm festgesaugt hatte. Ich bekam ein bisschen Angst, dass wir nie wieder zurückfinden und nachts einem dieser psychopathischen Mörder zum Opfer fallen könnten, die sich laut Henning Mankell ja überall in Schweden herumtreiben, vor allem in den Wäldern.

Plötzlich öffnete sich der Wald vor uns zu einer Lichtung mit einem See. Traumhaft lag er da, unberührt und still, als hätte vor uns noch nie ein Mensch diesen Ort betreten. Nur einen Schönheitsfehler hatte er. Das Wasser war klar, aber bräunlich verfärbt. Meine Lust, baden zu gehen, hielt sich plötzlich trotz der Juni-Hitze in Grenzen.

»Du kannst ruhig schwimmen gehen«, sagte der Ingenieur. »Ich habe mal irgendwo gelesen, dass das organisches Material ist, also natürlicher Abfall von den Nadelbäumen und anderem Grünzeug. Wenn das verrottet, wird das Wasser davon braun.« Ich misstraute der Farbe trotzdem und ging nur bis zu den Knien rein. Wir setzten uns auf einen Baumstamm, nahmen einen köstlichen Imbiss aus aufgeweichten Schokoriegeln und lauwarmem Wasser zu uns und fühlten uns ein bisschen wie Adam und Eva.

»Reinhold Messner hat mal gesagt, am schönsten ist die Welt da, wo sie noch so aussieht, wie sie immer schon war«, flüsterte ich meinem Mann zu. »Man wird irgendwie ehrfürchtig angesichts dieser unberührten Natur.«

»Äh, ja«, raunte Udo, »wenn der Mülleimer da vorne

nicht wäre, würde ich mich noch mehr wie ein Urmensch fühlen.« Mannomann – manchmal ist er echt unromantisch, mein Ingenieur ...

Mithilfe unserer Karte fanden wir tatsächlich zum Campingplatz zurück. Während mein Mann sich um unser Sterne-Essen kümmerte (unser Standard unterwegs: Nudeln mit Pesto), wollte ich kurz duschen gehen. An der Tür des Waschhauses hing ein Schild mit durchgestrichenen Schuhen und der Aufschrift »Please leave your shoes here«. Darunter eine Fußmatte, auf der jemand ordentlich seine Turnschuhe abgestellt hatte. Drinnen war alles blitzblank, selbst barfuß traute ich mich kaum, diesen sauberen Fußboden zu betreten. Aus dem Wasserhahn kam allerdings nur eiskaltes Wasser.

»Dann eben nicht«, murmelte ich und zog mich wieder an.

»Heißes Wasser gibt es hier nur gegen Duschmarken«, sagte die junge Frau, die mir aus der Nachbarkabine entgegenkam, »aber an der Rezeption ist jetzt keiner mehr, ich glaube auch nicht, dass der Chef wegen einer Duschmarke noch mal herradelt ...« Na gut. »Ich habe hier noch einen Rest Trockenshampoo«, sagte sie freundlich, während sie sich die Schuhe wieder anzog. »Möchten Sie?«

»Och nö«, sagte ich. Trockenshampoo! So was Antiquiertes kannte ich nur von meiner Oma. Als ich mich gerade fragte, wieso eine höchstens 20-Jährige so was benutzt, lachte sie, als könne sie mein Gedanken lesen.

»Wissen Sie, mein Freund und ich wollen bis zum Nordkap und da oben sind manchmal warme Duschen rar. Und bevor ich mit fettigen Haaren durch die Gegend laufe, streue ich mir lieber mal das Puder auf den Kopf.« Irgendwie einleuchtend.

Zwei Stunden nach den Spaghetti, also ungefähr um 22 Uhr, kamen sie. Die Mücken. Es war immer noch fast taghell, aber für skandinavische Stechtiere brach um diese Zeit wohl die Dämmerung an. In riesigen Schwärmen kamen sie angeschwirrt, um über meinen Mann herzufallen.

»Das halte ich nicht aus«, rief er stöhnend, »ich ziehe mich in den Bus zurück.« Und so verbrachten wir den Rest dieses Abends wie noch einige bevorstehende Schäferstündchen auf dieser Reise: er drinnen, ich draußen. Zwischen uns das Moskitonetz, das er mithilfe einer selbst gebastelten Schiene in der Türöffnung aufgehängt hatte. Kaum war er hinterm Vorhang verschwunden, schwärmten die Mücken weiter zu unseren Nachbarn, einem tätowierten Motorradfahrer-Paar aus Göteborg. Offensichtlich waren sie als Opfer attraktiver als ich.

»66 Stiche«, jammerte mein Mann am nächsten Morgen, »nur an den Füßen! Und das, obwohl ich doch schon nach ein paar Minuten reingegangen bin. Scheißviecher. Schweden ist nicht mein Land.«

Unser Abend in Stockholm söhnte ihn wieder mit den nordischen Gefilden aus. Wir parkten relativ zentral unter einer großen Brücke, sodass wir bequem die Stadt zu Fuß erkunden konnten. Und Stockholm ist nicht nur relativ insektenfrei, sondern auch wunderschön. Jung, international und extrem entspannt.

Am nächsten Morgen standen wir sehr früh auf, da wir um sechs Uhr an der Fähre sein mussten. Wir hatten vorher gebucht, weil wir gehört hatten, dass die Route von Stockholm durch die Schärenlandschaft wunderschön und besonders beliebt sein soll. Um Punkt sechs standen wir also im Hafen und waren die Ersten in der Schlange. Ein Ordner kontrollierte unser Ticket und klemmte ein Schild mit einem großen »A« hinter unseren Scheibenwischer, andere wurden mit »H« oder »T« gekennzeichnet.

»Das sind bestimmt die unterschiedlichen Ziele«, sagte mein Mann. »A steht für unsere Insel Åland, T für Turku und H für Helsinki. Die Autos werden wahrscheinlich auf verschiedenen Decks eingeschifft.« Wurden sie auch. Alle um uns herum. Nur wir nicht. Ein Wagen nach dem anderen wurde aufs Schiff gewunken, Pkws, Wohnmobile und Lkws zogen an uns vorbei. Allmählich wurden wir nervös. Um sieben sollte das Schiff ablegen. Um viertel vor sieben waren alle Autos an Bord. Einsam und allein stand unser kleiner »Just-married-Bulli« vor der riesigen Fähre.

»Da stimmt doch was nicht«, rief der Ingenieur und wollte gerade aussteigen, als ein Mann in weißer Uniform auf unser Auto zukam.

»There is a problem with your car«, sagte er entschuldigend, »please move forward and go to the information desk. They will explain it to you.«

»Das glaube ich jetzt nicht«, entfuhr es mir, »sag dem mal, dass wir extra reserviert haben und dass wir 1000 Kilometer hier hochgefahren sind und dass Anna morgen auf Åland ihren Geburtstag feiert und ...« Ich war den Tränen nahe. Während mein Mann versuchte, auf Englisch zu verhandeln, winkte der Uniformierte uns ungerührt zur Seite. »Please go to the information desk«, rief er immer wieder.

Die Frau am Schalter sprach Deutsch. »Es tut uns sehr leid«, sagte sie, »auf dem Schiff ist kein Platz mehr für Ihr Auto, Sie bekommen selbstverständlich das Geld zurück, da ist offenbar irgendetwas schiefgelaufen.« Fassungslos sahen wir durch das Fenster des Terminals, wie draußen unsere Fähre ablegte. Überflüssig zu erwähnen, dass an diesem Tag keine weitere Richtung Åland ging.

»Wenn wir morgen erst die Fähre nehmen, lohnt es sich nicht mehr«, sagte mein Mann wütend, »dann sind wir erst abends da, können eine Nacht bleiben und müssen wieder los, sonst schaffen wir es nicht, rechtzeitig zurück in Hamburg zu sein.« Weinend rief ich meine Freundin an, um ihr die schlechte Nachricht zu überbringen.

»Das gibt's doch nicht«, sagte sie, »das haben wir ja in 30 Jahren noch nie erlebt, dass jemand von der Fähre nicht mitgenommen wurde! Auf keinen Fall feiern wir hier ohne euch. Es gibt noch eine andere Fähre eine Stunde von Stockholm entfernt, die fährt nur zwei Stunden. Die buche ich euch jetzt. Die Fahrt ist zwar nicht so schön wie durch die Schären, aber egal.«

Der Plan ging Gott sei Dank auf. Das andere Schiff nahm uns erfreulicherweise mit, gegen Abend fiel ich meiner Freundin um den Hals, erschöpft, aber glücklich. Das Haus sah noch genauso aus wie in meiner Jugend, auch der Blick aufs Meer war unverändert. Allerdings führte mittlerweile eine Schotterstraße bis zum Haus, auch Elektrizität und fließendes Wasser hatte der Fortschritt mit sich gebracht.

»Nur das Plumpsklo ist geblieben«, lachte Anna und zeigte auf ein Holzhäuschen zwischen den Kiefern, »immer schön Torf drauf und das Papier bitte in dem kleinen Blechgefäß verbrennen, Sickergrube oder Abwassersystem gibt's hier in der abgelegenen Ecke noch immer nicht.« Wir parkten unseren Bus mit fantastischem Blick auf das Wasser und die Schären und konnten uns endlich entspannen.

»Ich habe Schwedenhappen gemacht«, sagte Anna und holte Pumpernickel-Schnittchen mit köstlichem Fisch-Mayonnaise-Ei-Belag aus dem Kühlschrank, »gut, dass ihr Wein mitgebracht habt, der ist hier so teuer, dass wir unsere letzten Reste schon rationieren mussten.«

Am nächsten Morgen wollte ich früh schwimmen gehen. Vorher stattete ich aber dem Torf-Klo noch einen Besuch ab. Vorsichtig setzte ich mich auf die Brille, die in eine Holzplatte eingelassen war und schloss die Tür. Plötzlich war es in dem Häuschen stockfinster. Ich versuchte, die Tür wieder aufzumachen, aber so fest ich auch dagegendrückte, es tat sich nichts. Offenbar war der Riegel von außen durch einen Windstoß zugefallen. Von innen ließ sich die schwere Holztür jedenfalls nicht öffnen. Leicht panisch warf ich mich mit Wucht dagegen. Ich trat auf die Tür ein. Nichts.

»Komisch«, murmelte ich vor mich hin, »in Krimis gehen die Türen doch immer auf, wenn die Kommissare sich dagegenschmeißen. Bin wohl nicht schwer genug.« In der Dunkelheit konnte ich die Hand vor Augen nicht sehen, dazu kam der unangenehme Geruch, der unter mir aus der Torfgrube aufstieg. Ich hämmerte gegen die Wand und versuchte, die Tür einen winzigen Spalt aufzustemmen.

»Hiiiilfeeee!«, rief ich so laut ich konnte, denn sowohl das Haus als auch der Bulli mit dem schlafenden Ingenieur waren relativ weit entfernt. »Haaaallooo, hört mich denn keiner«, jammerte ich, voller Angst, mindestens die nächste Stunde in meinem miefigen finsteren Gefängnis verbringen zu müssen. »Helft mir doch bitte, ich bin hier eingesperrt!« Keine Reaktion. Draußen rauschten nur die Kiefern im finnischen Wind.

Eine gefühlte halbe Stunde später hörte ich eine Stimme.

»Tina?«, rief meine Freundin ungläubig, »bist du da drinnen?«

»Jaaaa«, antwortete ich erleichtert und bildete mir ein, ein bisschen nachvollziehen zu können, wie Verschüttete sich bei ihrer Rettung fühlen müssen. Die Tür öffnete sich. Draußen stand Anna im Schlafanzug und starrte mich an.

»Ich habe so ein leises Wimmern gehört«, sagte sie, »hörte sich wie eine Katze oder ein Kind an. Aber da es hier in der Nähe weder das eine noch das andere gibt, hab ich mich mal auf die Suche gemacht ...« Wir brachen beide in hysterisches Lachen aus. »Die Toilettentür bleibt immer offen, wenn jemand im Häuschen ist«, sagte Anna, »hier sieht einen ja niemand. Wenn die Tür zu ist, heißt das, sie ist frei. Ich dachte, das weißt du noch von damals.« Kopfschüttelnd machte sie sich auf den Rückweg zum Haus. »Erst werden sie von der Fähre stehen gelassen und dann steckt sie im Klohaus fest«, kicherte sie, »das ist beides wirklich in all den Jahren noch niemandem passiert!«

Ich konnte nicht mehr aufhören zu lachen, während ich im eiskalten Meer mein Morgenbad nahm. Das muss ich alles irgendwann mal aufschreiben, dachte ich.

Unser Urlaub im Inselparadies war kurz, aber intensiv. Wir gingen in die Sauna, badeten, fuhren raus zum Fischen und räucherten den Dorsch im selbst gebauten Ofen. Traumhaft diese Einsamkeit – kein einziger Nachbar in Sicht- oder Hörweite. Keine Mücken, wahrscheinlich war der Wind zu stark. Nachts tauchten Mond und Sonne zugleich die wilde Landschaft in ein merkwürdig graublaues Licht unter einem zartrosafarbenen Himmel. Mittsommernächte haben ihren ganz eigenen Zauber. Es sollte nicht unser einziger Besuch bei Anna und Johann bleiben, mittlerweile hat unser Bus schon einen Stammplatz auf den rosaroten Steinen.

Auf dem Rückweg nahm die Fähre uns freundlicherweise mit. Als Zwischenstopp hatte ich einen im Reiseführer als »Adventure-Camp« bezeichneten Ort ausgesucht, der in der Nähe eines Sees mitten in einem riesigen Waldgebiet lag. Leider war es so unbesiedelt, dass wir uns total verirrten und uns auch die Landkarte nicht mehr weiterhelfen konnte. (Ja, Landkarte. Damals gab es noch keine Navigationsgeräte und auch kein Google Maps.)

»Also hier an dieser Kreuzung waren wir jetzt schon drei Mal«, stöhnte der Ingenieur, »können wir nicht einfach wieder in die Zivilisation fahren? Anscheinend gehört die Suche nach dem Adventure-Camp ja schon mit zum Abenteuer …«

Doch ich wollte noch nicht aufgeben.

»Da vorne links, der schmale Waldweg müsste es eigentlich sein«, sagte ich aufgeregt, »los, man muss sich auch mal auf die nicht so ausgetretenen Pfade wagen!« Mein Mann verdrehte die Augen.

»Und wenn wir uns hier festfahren? Hier kommt kein Trecker und holt uns raus«, sagte er, fuhr aber trotzdem in den finsteren Wald hinein – mir zuliebe. Nach einem Kilometer kamen wir auf eine Lichtung mit einem verwitterten Holzschild: »Adventure Camp.« Na endlich. Ich stieg aus. Zwei Holzhütten, kein Mensch zu sehen. Ich klopfte an die Tür. Nichts regte sich.

»Haben die kaltes Bier?«, rief mein Mann mir hinterher. »Ich muss mich entspannen nach der Gurkerei durch den Märchenwald.« Ich spähte durchs Fenster: Holztische, Bänke, ein Kaminofen. Es sah nicht so aus, als sei hier noch vor Kurzem jemand gewesen. Beim zweiten Haus entdeckte ich einen kleinen Zettel an der Tür »OPEN July/August«. Na toll. Davon hatte nichts im Reiseführer gestanden.

»Vergiss es, Schatz«, rief ich und kletterte wieder auf den Beifahrersitz, »die haben noch gar nicht auf. Nix Adventure. Da müssen wir uns wohl was anderes suchen.«

Irgendwie fanden wir aus dem Tannen-Labyrinth wieder heraus und steuerten nach längerer Suche erschöpft und genervt einen großen, sehr gepflegt wirkenden Campingplatz in Südschweden an. Natürlich lag er an einem See. Beim Einchecken fiel uns auf, dass im Regal neben der Rezeption Mückenspray zum Verkauf angeboten wurde.

»Davon hätten wir gerne zwei Flaschen«, sagte mein Mann, bereits ahnend, was ihm bevorstand. (Seinen Vorrat hatten wir schon aufgebraucht.)

»Oh, gehen Sie lieber in den Supermarkt im Ort«, sagte die junge Dame am Empfang und lächelte entschuldigend, »die haben stärkere Mittel. Unsere Mücken sind extrem ... aggressiv.«

»Mir bleibt auch nichts erspart.« Seufzend startete der Ingenieur den Wagen wieder. Nachdem wir uns mit allen verfügbaren Produkten eingedeckt und von Kopf bis Fuß besprüht hatten, machten wir uns auf dem Campingplatz auf die Suche nach einem Restaurant. Doch das hatte geschlossen. Stattdessen sahen wir jede Menge blitzblanker Häuschen: Klohaus, Küchenhaus, Spülhaus, Aufenthaltshaus, Rasenmäherhaus, Waschmaschinen- und Bügelhaus. Überall hingen Schilder mit Verhaltensregeln in vier Sprachen. So konnte man auf Schwedisch, Deutsch, Englisch und Holländisch zum Beispiel lesen: »Ich bin eine Klobürste und möchte benutzt werden« oder »Wir Schuhe müssen leider draußen bleiben«. Wirklich sehr organisiert, die Schweden.

Um elf Uhr fing es an zu regnen. Und mit dem Regen, völlig unlogisch eigentlich, kamen die Mücken. Millionen Mücken. Klein und schwarz und unerbittlich fielen sie über den Platz und seine Bewohner her wie ein Flugzeuggeschwader in kriegerischer Absicht. Der Ingenieur flüchtete sich mit einem Hechtsprung in den Bulli, ich blieb draußen unter der Markise sitzen. Beide betrachteten wir fasziniert, wie das weiße Moskitonetz sich in kürzester Zeit schwarz verfärbte. Tausende der kleinen Tierchen hatten sich da versammelt und surrten laut, hell und impertinent.

»Ihr Monster«, rief mein Mann seinen Verfolgern triumphierend durch das Netz zu, »mich kriegt ihr nicht, Onkel Udo ist vorbereitet!« Während der Regen immer stärker wurde und es auch noch anfing zu stürmen, harrte ich noch eine Weile draußen aus. Unser Abendessen drinnen und draußen bestand aus je einer Tüte Chips und einer Dose Bier. Teilen ging ja nicht, dazu hätten wir das Netz zur Seite ziehen müssen.

 Tipp für Neucamper: Wenn es Sie nach Schweden zieht und Sie zur Mittsommerzeit erleben möchten, wie sich Sonne und Mond im still ruhenden See spiegeln, nehmen Sie ganz viel Mückenspray mit. Sollten Sie ein beliebtes Mückenopfer sein, nehmen Sie noch mehr Spray mit. Und vergessen Sie nicht das Moskitonetz! Nehmen Sie überhaupt alles mit, was man so zum Überleben braucht. Restaurants und Supermärkte sind auf Campingplätzen im Astrid-Lindgren-Land dünn gesät. Aber wenn Sie was zu essen haben, können Sie's zur Not auch im Toilettenhäuschen zu sich nehmen. Da ist der Fußboden sauberer als in meiner Küche.

Skandinavien, vor allem Norwegen, ist ja bekanntlich ein Paradies für Wildcamper. Keine feindseligen Anwohner, keine Polizei, die einen mitten in der Nacht fortjagt, traumhafte Natur, die nur darauf wartet, von abenteuerlustigen Campern erobert zu werden. Weil ich unbedingt auch mal das Gefühl haben wollte, ganz allein auf der Welt zu sein, überredete ich den Ingenieur, als wir ein anderes Mal auf der Rückreise von Anna und Johann waren, zwei Nächte in einer einsamen schwedischen Bucht zu verbringen. Es war ein Geheimtipp von Freunden.

»Man wird morgens wach und hat nur das Meer vor Augen«, hatte Uli geschwärmt. »Angeln kann man da auch gut. Und dann abends den selbst gefangenen Fisch überm Feuer grillen, herrlich. Ihr werdet euch fühlen wie Robinson Crusoe.«

Als wir das Fleckchen nach längerer Suche endlich gefunden hatten, war ich begeistert. Alles genau wie beschrieben. Klares Wasser, sauberer Strand, ein paar Bäume rauschten im Wind. Kein Mensch außer uns und auch keine Mücken. Schöner kann man nicht stehen.

»Hier kann man auch nackt rumlaufen«, rief ich fröhlich und packte die Hängematte aus, »wie Adam und Eva!« Mein Mann guckte skeptisch. Er ist kein Freund von Freikörperkultur. Aber die Szenerie gefiel ihm offensichtlich auch. Nachdem wir gebadet und uns ein bisschen in der Sonne gerekelt hatten, machten wir uns auf die Suche nach Brennholz. Fisch zum Grillen hatten wir mangels Angelausrüstung zwar nicht, dafür aber ein paar Schinkenkrakauer im Kühlschrank. Als wir beladen mit knorrigen Ästen zu unserem abgeschiedenen Plätzchen zurückkamen, trauten wir unseren Augen nicht.

»Kneif mich mal«, sagte der Ingenieur und ließ vor Schreck sein Treibgut fallen, »sind die echt oder ist das nur ein schlimmer Traum?«

Direkt neben unserem Bulli standen drei gigantisch große Wohnmobile mit Rostocker Kennzeichen. Und damit nicht genug. Die Besitzer, lauter kräftige, bärtige Kerle um die vierzig, machten sich gerade an ihren Anhängern zu schaffen, große, quadratische Kisten, die abgekoppelt neben den Fahrzeugen standen.

»Was holen die denn da raus?«, flüsterte ich, »sieht aus wie Angeln und Netze.«

Tatsächlich handelte es sich bei unseren neuen Nachbarn um moderne Klabautermänner. Nach der Wende hatten sie die Kombination aus Urlaub und Fischfang in der unberührten Natur Skandinaviens als lukrative Einnahmequelle für sich entdeckt. Die Jungs waren perfekt ausgerüstet und zeigten uns stolz ihr Equipment. Zwei Schlauchboote mit Außenbordern zum Netze auslegen. Jede Menge Hightech-Angeln, Eimer, Köder, Messer.

»Und hier nehmen wir die Fische aus und filetieren sie«, sagte ein rothaariger Rauschebart und baute einen großen Klapptisch auf. Ich starrte fasziniert auf die große Narbe auf seiner Wange. Ob die wohl vom Nahkampf mit einem Hai stammte? Mein Mann beobachtete ungläubig, wie einer der anderen Hobbyfischer jetzt eine Tiefkühltruhe aus dem Hänger hievte.

»Alles dabei«, grinste Käpt'n Iglu, »natürlich auch ein Stromgenerator. Wir frieren unseren Fang nämlich immer sofort ein. Zu Hause verkaufen wir die Ware dann an unsere Stammkunden.« Der kleine Strand hatte mittlerweile mehr Ähnlichkeit mit einem Fischmarkt als mit dem Einsame-Insel-Eldorado, in dem wir uns gewähnt hatten.

»Und wir dachten, das hier ist ein Geheimtipp«, seufzte ich. Die Rostocker brachen in schallendes Gelächter aus.

»Wir kommen hier regelmäßig hin«, sagte Barbarossa, »der Spot ist sehr beliebt, nicht nur bei Fischfreunden. Ist halt ideal zum Wildcampen. Morgen kommen noch zwei Wohnmobile, Freunde von uns aus Schwerin.« Ich sah den Ingenieur an.

»Zum Glück haben wir Klamotten an«, sagte er, »stell dir mal vor, wir wären hier splitterfasernackt mit unserem Holz um die Ecke gebogen. Die Jungs hätten uns ja für komplett verrückt gehalten.« Ich musste einen hysterischen Lachkrampf unterdrücken.

»Lass uns von hier abhauen«, sagte ich, »das wird sonst 'ne unruhige Nacht. Hast du die Schnapsmengen gesehen, die die dabeihaben?«

Wir packten unsere Siebensachen, wünschten den Klabautermännern Petri Heil und fuhren los. Bis heute erzählen wir immer wieder gern von unserer Vertreibung aus dem Paradies, für uns ein Zeichen des Himmels, dass wir fürs Wildcampen einfach nicht geschaffen sind.

Baby an Bord

> *Reisetagebuch, August 1996*
> *Ich glaube, unser Kleiner steht auf Camping. Jedenfalls lacht er immer, wenn's losgeht und ruft »Auto, Auto!« Manchmal ist er so schnell weg, wenn wir anhalten, dass man echt aufpassen muss. Kleiner Ausreißer. Ich darf mir gar nicht ausmalen, was passiert wäre, wenn François ihn in der Bretagne am Strand nicht am Badehosenzipfel festgehalten hätte …*

Hochschwanger campen im Hochsommer. Mal ausprobiert? Ich nur einmal. Ausgerechnet der Sommer 1994 war der heißeste seit Beginn der Wetteraufzeichnungen. Und unser Bulli war der heißeste aller möglichen Orte, an denen man sich aufhalten konnte. Zu eng, zu stickig, zu unbequem. Jedes Mal, wenn ich mich nachts umdrehte, hatte ich das Gefühl, das Auto durch mein Gewicht fast zum Umkippen zu bringen. Ich gebe deshalb offen zu: Während meiner beiden Schwangerschaften habe ich jeweils kurz ausgesetzt. Kein Camping. Keine langen Autofahrten. Stattdessen kurze Flüge an Orte, wo ich einfach stundenlang faul und schwergewichtig auf Liegestühlen an langweiligen Pools herumlungern konnte.

Auch als unser Erstgeborener Theo ein ganz kleines Baby war, haben wir uns noch nicht sofort getraut. Als Neu-Eltern ist man ja übervorsichtig und wir hatten Bedenken wegen der Hygiene auf Campingplätzen. Als er ungefähr ein halbes Jahr alt war, dann die Premiere – natürlich auf unserem Lieblingsplatz in Dänemark. Ein Bett brauchte er da noch nicht, wir stellten den Tragekorb vom Kinderwagen einfach auf die Sitzbank. Laufen konnte er auch noch nicht, also bestand keine Gefahr, ihn aus den Augen zu verlieren. Nur seine Vorliebe für alles, was langsamer krabbelte als er, musste man überwachen, sonst landete schnell mal ein Strandkäfer oder eine Assel in seinem Mund. Da wir in unserer Clique nicht die Einzigen mit Baby an Bord waren, konnte man sich mit Windeln und Hipp-Gläschen gegenseitig aushelfen, und als leicht chaotische Mutter konnte ich sicher sein, am Strand immer irgendeine 150-prozentig ausgestattete Freundin anzutreffen, die vom Waschlappen über Feuchttücher bis hin zur Wickelunterlage alles dabeihatte.

Das Kind war also sicher und sauber – bis Pfingstsonntag. Da betrachtete der Ingenieur plötzlich sorgenvoll den Horizont.

»Da braut sich was zusammen«, prophezeite er, obwohl der Himmel über uns noch strahlend blau war, »wartet's ab, das geht hier am Meer manchmal ganz schnell.« Eine halbe Stunde später fielen die ersten Tropfen. Wir rafften Babys und Strandklamotten zusammen und flüchteten uns unter unsere Markisen. Im Handumdrehen wurde aus den Tropfen ein heftiges Gewitter mit Starkregen. Die Kinder zuckten bei jedem Donnerschlag zusammen und fingen an zu weinen, wir zogen uns in unsere Campingbusse zurück. Es regnete immer stärker, an Grillen war nicht mehr zu denken, nicht mal mehr an ein Verlassen des Autos, so peitschte das Wasser gegen Fenster und Türen. Also die Rolf-Zuckowski-Kassette reingeschoben und abgewartet.

»Auweia«, sagte ich und beobachtete durch das beschlagene Fenster, wie die Wiese sich rasend schnell in eine

Schlammwüste verwandelte, »wie sollen wir hier bloß wieder rauskommen?«

»Was sagst du?«, rief der Ingenieur, der mit dem Kind auf dem Schoß direkt unterm Lautsprecher saß, »ich verstehe nichts, der Rolf singt so laut.« Ich versuchte gegen das ohrenbetäubende »Nackidei« (Theos aktuelles Lieblingslied) anzuschreien.

»Was machen wir, wenn wir hier alle im Schlamm versinken?« Ich machte mir wirklich Sorgen, denn das hier sah schlimmer aus als jede Sandkuhle am Atlantik oder an der Nordsee. Erstaunlich, dass mein Mann in dieser Situation die Ruhe bewahrte. Wahrscheinlich wusste er, dass er sich auf die Solidarität seiner Freunde verlassen konnte.

»Zur Not müssen wir einen Trecker organisieren«, brüllte er, während Theo strahlend im Takt mit seiner Rassel auf seinen Oberschenkel hämmerte und jauchzte. »Ja, mein Schatz«, sagte er, »ich mag das Lied auch.«

Zwei Stunden später, der Regen hatte nachgelassen, stapfte ein aufgescheuchter Haufen Menschen in Ostfriesennerzen und Gummistiefeln im Matsch herum und redete durcheinander.

»Ich versuch es mal«, rief Lars und ließ den Motor seines LT an.

»Vorsicht!«, schrie der Ingenieur. Zu spät. Die Reifen drehten natürlich durch und innerhalb von Sekunden waren alle Umstehenden, mein Kleinkind eingeschlossen, mit braunem Matsch übersät. Ich setzte Theo kurz ab, um mir die Schlammspritzer aus den Augen zu wischen. Als ich wieder klar sehen konnte, war es schon zu spät. Begeistert pflügte er auf allen vieren durchs aufgeweichte Erdreich und jagte einen Regenwurm.

»O Mann«, stöhnte ich, »wie soll ich diesen kleinen Dreckzwerg denn nach Hamburg transportieren? Der versaut ja unsere schönen roten Polster ...«

Nach einer halben Stunde kam der Trecker. Offenbar war der Platzwart auf solche Situationen eingestellt. Langsam wurde ein Campingbus nach dem anderen aus dem Schlamm gezogen. Wir standen alle im Kreis drumherum und klatschten johlend Beifall. Zwar hatten wir uns den Ausklang unseres Pfingstwochenendes irgendwie anders vorgestellt, aber das hier hatte auch eine gewisse Romantik.

Viele Stunden und ungefähr 47 Nackideis später kamen wir zu Hause an. »Das nächste Mal fahren wir mit dem Kind aber in den Süden«, flüsterte ich dem Ingenieur zu, während ich mein schlafendes, von einer bröckelnden Erdkruste überzogenes Baby ins Haus trug.

Eine längere Campingreise mit Kind wagten wir nach diesem schmuddeligen Auftakt erst, als Theo eindreiviertel Jahre alt und schon sehr flink auf den Beinen war. Vor dem Start musste ein Bettchen her. Gar nicht so einfach bei den sehr überschaubaren Ausmaßen eines VW-Busses.

»Ich habe mir Folgendes überlegt«, verkündete der Ingenieur, »ich baue eine Konstruktion, sodass er quer über Fahrer- und Beifahrersitz und Lenkrad liegen kann. Ein Brett zum Zusammenstecken, fest verankert, Matratze drauf, fertig!« Ich war nicht überzeugt.

»Und was ist, wenn er rausfällt?«, fragte ich. So ein kleines lebhaftes Kind bewegt sich schließlich im Schlaf.

»Kein Problem. Davor kommt ein Netz, so eine Art Absturzsicherung«, beruhigte er mich. Gesagt, getan. Im Nu hatte mein handwerklich begabter Mann das Instant-Kinderbettchen fertig und führte es mir und Theo vor. »Guck«, sagte er, »in nicht mal fünf Minuten verwandelt sich das Fahrerhaus in eine komfortable Kleinkind-Schlafsuite.« Das Kleinkind fühlte sich auf Anhieb so wohl in seiner Suite, dass es gar nicht mehr hinter seinem Fangnetz hervorkommen wollte.

Das Thema Übernachtung war also durch. Aber was

braucht man sonst noch so alles für zwei Wochen Mutter-Vater-Kind-Campingurlaub im Süden? Ich machte Listen: Windeln, Trinkflaschen, Lätzchen, Töpfchen, Klamotten für jede Wetterlage, Buggy, Spielzeug, Bilderbücher, Schwimmflügel, Schwimmente und andere aufblasbare Spaßmacher, Sonnenschirm, Strandmuschel und natürlich der bruch- und stoßsichere Kassettenrekorder von Fisher-Price nebst einer Auswahl an Kassetten von Rolf und Co.

»Wir brauchen noch was zum Desinfizieren«, rief ich dem Ingenieur hinterher, der gerade dabei war, unseren Bus mit Lebensmittelvorräten auszustatten, mit denen wir garantiert mehrere Hungersnöte überstanden hätten. »Ich habe Angst, dass Theo sich in den französischen Klos irgendwelche Bakterien einfängt.« Mein Mann verdrehte die Augen.

»Jetzt stell dich doch nicht plötzlich so an«, sagte er, »du putzt ja unsere Wohnung auch nicht jeden Tag und unser Kind ist trotzdem kerngesund. Es ist nur ein Campingurlaub in Frankreich und keine Exkursion in die Slums von Rio de Janeiro.«

In der Nacht vor der Abreise schlief ich schlecht. Ich sah unser Kindchen im Mondlicht aus dem Beifahrerfenster klettern und zuerst durch gespenstische Sanitärgebäude und dann über endlose Atlantikstrände stolpern … bis mich morgens um sechs das Gackern meines Weckers ins Leben zurückrief. Ja, Gackern. Ich hatte damals ein großes gelbes Plastikhuhn auf dem Nachttisch stehen, das mich alle zehn Minuten mit ohrenbetäubendem Lärm ans Aufstehen erinnerte. Ein Geschenk meiner Schwester, die weiß, wie schwer ich in der Frühe aus dem Bett komme. Leider hat das hässliche Ding eines Morgens einen Wutanfall nicht überlebt. Ich habe es wohl zu heftig gegen die Wand geschleudert.

Um sieben Uhr starteten wir. Theo schlief im Kindersitz, die Sonne lachte und ich war mir sicher, an alles gedacht zu haben. Die Welt war in Ordnung – bis kurz vor Aachen.

»Die Maus!«, schrie ich, »du meine Güte, wir haben Theos Maus vergessen.« Ich sah meinen Mann aufgeregt an, »wir müssen sofort umdrehen. Wenn er das merkt, ist alles zu spät.« Zur Erklärung: Ohne seine kleine hellblaue Plüschmaus mit der rosa Nase ging unser Theo nirgendwohin. Vom Aufwachen bis zum Einschlafen kuschelte er mit dem abgewetzten Tierchen, das er von seiner Cousine geschenkt bekommen hatte, und schleppte es immer mit sich herum. Er liebte es heiß und innig.

»Du spinnst wohl«, sagte der Ingenieur kopfschüttelnd, »du glaubst doch nicht im Ernst, dass ich wegen eines Kuscheltiers 500 Kilometer zurückfahre?« Verzweifelt sah ich in den Rückspiegel. Theo schlief noch immer selig. Er ahnte ja nicht, was seine Rabeneltern ihm angetan hatten.

»Aber das wird kein schöner Urlaub ohne die Maus«, versuchte ich meinen Mann zu überzeugen. »Er wird die ganze Zeit weinen, glaub mir, es lohnt sich zurückzufahren.« Ich sah uns schon mit einem völlig verzweifelten »Maus! Maus!« rufenden kleinen Jungen auf dem Arm über Campingplätze irren. »Oder können wir sie vielleicht irgendwohin schicken lassen?«

»Hör mal, Schatz«, sagte der Ingenieur und legte seinen Arm um mich, »ich hab eine Idee. Wir erzählen dem Kleinen, dass die Maus in Hamburg bleiben musste, weil sie auf unser Zuhause aufpasst. Wie findest du das?« Zugegeben, manchmal, aber nur manchmal, haben auch Männer sehr gute Ideen. Unser Sohn jedenfalls akzeptierte die Geschichte sofort und ganz ohne Murren. Er war geradezu begeistert von der Aufwertung seiner Maus, die ja nun mit sehr wichtigen Aufgaben betreut war. Angesichts ihrer neuen Funktion als Hüterin unseres Hauses war er gern bereit, für zwei Wochen auf das Kuscheln zu verzichten. »Maus Hause aufpassen!«, quietschte er immer wieder vergnügt, während wir dem Süden entgegenrollten.

Unser erstes Ziel war das malerische Örtchen Locquirec im nördlichen Teil der Bretagne. Wir hatten uns mit Freunden verabredet, die dort mit ihren beiden kleinen Söhnen Urlaub machten. Der Campingplatz lag direkt am Meer und war nicht zu voll, sodass wir schnell einen Platz mit Blick aufs Wasser fanden. Zwei hängemattentaugliche Bäume hatte ich auch schon erspäht, als mein Blick auf ein Schild fiel: »Il est interdit d'accrocher dans les arbres. Es ist verboten, sich an den Bäumen aufzuhängen.« Da hatte ein Hobby-Übersetzer ja ganze Arbeit geleistet. Ich musste sehr lachen, aber leider auch damit leben, dass ich auf diesem Platz nicht würde baumeln dürfen.

Während ich mit dem Kleinen an der Hand kurz eine Runde übers neue Terrain drehte und er alles ganz begeistert in Augenschein nahm, erledigte mein Mann das Übliche: erst mal »Installieren«. Camper wissen, was ich meine. Fenster verdunkeln (mit Alu beschichtete Matten werden von innen mit Saugnäpfen an den Scheiben des Fahrerhauses befestigt, damit es im Bus nicht zu heiß wird und nachts schön dunkel ist), Campingmöbel abschnallen (Tisch und Stühle sind meistens mit unendlich vielen Gurten und Spanngummis hinten am Auto befestigt), Stromkabel legen. Und natürlich Theos Bettchen aufbauen, denn es war spät und wir alle hatten nach der langen Fahrt dringend Schlaf nötig.

Es mag jetzt so aussehen, als sei mein Mann in Campingangelegenheiten ganz klar der Macher und ich eher die Passive. Stimmt. Genau so war es. Solange die Kinder klein waren, stand die Aufgabenverteilung fest: Mama kümmert sich um die Kleinen, Papa um den Rest. Bevor hier irgendjemand nach Emanzipation schreit, muss ich klarstellen, dass diese Rollenklischees bei uns nur im Urlaub galten. Im Alltag lief es bei uns umgekehrt, ich arbeitete und mein Mann war für den reibungslosen Ablauf unseres »kleinen Familienunternehmens«, also Kinder, Haushalt, Finanzen, Einkauf, Logistik, Buchhaltung usw. zuständig. Mittlerweile sind die Kinder erwachsen, wir verreisen zu zweit und der Ingenieur hat mir in Sachen Campingplatzreife kaum noch was voraus. Na gut, Fahrräder, Moped und Möbel hinten am Wagen so zu befestigen, dass sie sich nicht in der ersten Kurve verabschieden – das ist noch nicht meine Kernkompetenz, aber ansonsten ...

An jenem ersten Abend in der Bretagne also gingen wir alle drei früh ins Bett – und wurden auch früh wieder wach. Um sieben Uhr morgens zupfte Theo jauchzend an seiner Absturzsicherung und verlangte nach »Lalala«. Gähnend schob ich Rolf in den Fisher-Price und sah aus dem Fenster. Das Meer war weg. Wo am Abend davor noch Boote geschaukelt hatten, erstreckte sich jetzt Watt bis zum Horizont, die Schiffchen lagen gestrandet auf der Seite.

»So ist das hier mit den Gezeiten«, lachte meine Freundin Heike, die mit ihrer Familie vorbeikam, um uns zum Strand mitzunehmen. »Wir laufen dem Meer hinterher. Und irgendwann kommt es uns hinterher, manchmal schneller als einem lieb ist.« Wie schnell, wurde uns ein paar Stunden später klar, als wir mit den Freunden im Watt unterwegs waren. Die beiden größeren Jungs rannten quietschend durch die Priele und sammelten kleine Krebse in ihre Plastikeimerchen. Ich passte auf, dass Theo nicht aus meinem Blickfeld verschwand. Nur einmal ließ ich ihn kurz aus den Augen, um die Sonnencreme aus meiner Tasche zu holen und ihn einzucremen. Als ich mich wieder umdrehte, war mein Kind wie vom Erdboden verschluckt.

»Vermisst ihr jemanden?«, hörte ich François, den Mann meiner Freundin fragen. Zwei Meter neben mir hielt er meinen Jungen an der Badehose in die Luft. »Er schwamm mit dem Köpfchen nach unten mit dem auflaufenden Wasser an mir vorbei und ich dachte, ich fische ihn besser mal raus.« Ich war dem Herzstillstand nahe. Zwei Sekunden nicht aufgepasst, schon war mein Theo auf seinen kleinen Beinchen ausgebüxt, den großen Jungs hinterher. Und war natürlich nicht weit gekommen. Am liebsten hätte ich mir das Kind von da an auf den Bauch geschnallt, aber ich lernte schnell: In manchen Lebenssituationen kommt es auf die richtige Mischung aus Aufmerksamkeit und Gelassenheit an.

Gelassenheit – eine Tugend, die einem als Eltern von Kleinkindern auf Campingplätzen sehr weiterhilft. Gegen Abend zum Beispiel, wenn der Nachwuchs im Waschhaus von Sand und Schmutz befreit werden muss, zusammen mit gefühlt 100 gleichaltrigen Mini-Campern. Ein ohrenbetäubendes Geschrei ist das! Welches Baby wird schon gerne kalt abgeduscht? Und kalt, na ja, bestenfalls lauwarm ist das Wasser nun mal oft in den Campingoasen des Südens. So niedlich es ist, danach die nach Shampoo duftenden Kiddies in ihren Zipfelmützen-Badetüchern über den Platz zu tragen, um sie wieder zu beruhigen – wir haben schon bald beschlossen, auf das After-Beach-Reinigungs-Ritual zu verzichten. Was soll's? Das Kind sandet sich doch am nächsten Morgen ohnehin wieder von Kopf bis Fuß ein. Lieber ein bisschen Sand im Bett als Stress im Waschhaus.

Überhaupt verlief er entspannter als erwartet, unser erster Kleinfamilienurlaub im Campingmodus. Von der Bretagne aus fuhren wir immer weiter südlich bis wir in der Gegend von Bordeaux schließlich den idealen Platz für uns drei gefunden hatten. Sehr groß und schattig, in Fußweite zum breiten Strand, und – mit einem Kleinkind sehr wichtig – ausgestattet mit einem riesigen Spielplatz und einem Badeparadies. Denn wir mussten schnell einsehen, dass der Atlantik mit seinen hohen Wellen zwar schön anzusehen, aber nicht der ideale Ort ist, um ein so kleines Kind am Wasser spielen zu lassen. Vor allem nicht ein so wildes kleines Kind wie unseres mit dem ständigen Drang, sich von den Eltern zu entfernen und die Gegend zu erkunden. Einmal mussten wir

Theo fast eine halbe Stunde lang suchen und waren schon kurz davor, den Rettungshubschrauber zu alarmieren, als wir ihn schließlich inmitten einer Schar von größeren Kindern entdeckten, wo er fröhlich mit seinem Eimerchen hantierte.

»Theo Wasser holt«, erklärte er uns, als wir ihn schluchzend in die Arme nahmen. Zum Glück ahnte ich damals noch nicht, dass mir dieser sorglose Weltenbummler noch sehr oft abhandenkommen würde, auch als großer und seehr großer Junge ...

Seit diesem Erlebnis habe ich nie wieder in Ruhe am Strand ein Buch lesen können, solang die Kinder klein waren. Stattdessen hatte ich das Gefühl, auch noch auf all die Sprösslinge der Eltern aufpassen zu müssen, die sich sorglos rauchend und redend am Strand rekelten und dem Meer und ihren Kindern den Rücken zugedreht hatten. Was mir das Strandleben mit Kleinkind außerdem ein bisschen verleidete, war der Tag, an dem ich im Sand plötzlich etwas Warmes, Weiches zwischen den Zehen spürte. Kinderkacke. Dabei hatte ich den Kleinen doch nur mal ein bisschen ohne Windeln herumlaufen lassen, er sollte sich frischen Atlantikwind um den Popo wehen lassen. Von da an hatte ich für den Notfall immer ein Bündel Hundekotbeutel in meiner Strandtasche.

Gelegentlich zog ich es vor, den Gefahren des Strandlebens fernzubleiben und stattdessen mit meinem kleinen Abenteurer und sehr vielen anderen vor Vergnügen kreischenden Zwergen und Zwergenmüttern im 20 Zentimeter hohen lauwarmen Wasser im Babypool zu planschen. Das war nicht wirklich erfrischend, aber dafür war mein Kind in Sicherheit. Abends allerdings war ich halb taub vom lauten Gedudel der französischen Kinderlieder, die ununterbrochen aus den Pool-Lautsprechern dröhnten, begleitet von den aufgekratzten Kommentaren des Baby-Animateurs: »Allez, les bebes, allez les mamans, maintenant on se donne les mains et on danse tout en rond.« (»Auf auf, ihr Mamas und Babys, jetzt fassen wir uns alle an den Händen und tanzen im Kreis!«)

»Ist ja toll, was die hier so alles für Familien anbieten«, sagte ich zum Ingenieur, als wir spätabends Schulter an Schulter vor unserem Bulli saßen und den Sternenhimmel betrachteten, »und der Kleine genießt es auch. Aber sehr erholsam finde ich diese Rundumbespaßung nicht.«

Der Ingenieur hörte nur mit halbem Ohr zu, denn noch mehr als der bestirnte Himmel über uns interessierten ihn die holländischen Camper gegenüber. Die vierköpfige Familie war damit beschäftigt, in der Dunkelheit ein riesiges weißes Zelt aufzubauen. Mutter, Vater und die beiden halbwüchsigen Kinder (typisch holländisch: alle blond, alle sehr hübsch, alle genauso makellos sauber wie das Zelt) hatten helle Lampen vor der Stirn, die mit einem Gummiband am Kopf befestigt waren und waren so flink und geschickt bei der Sache, dass innerhalb von einer halben Stunde alles fertig war.

»Wie machen die das?«, flüsterte mein Mann. »Dafür würde ich dreimal so lange brauchen! Und diese Stirnlampen sind genial, so was brauchen wir auch.« Überflüssig zu erwähnen, dass der Ingenieur seit diesem Erweckungserlebnis nie wieder ohne Stirnlampe losgefahren ist. Es gab Urlaube, da hatte ich das Gefühl, das Ding sei an ihm festgewachsen. Sogar abends im Bett beim Lesen strahlte er mich noch an. Holland sei Dank.

Was wir in diesem ersten Kleinfamilien-Campingurlaub gelernt haben: Eine kinderfreundliche Umgebung (die man in Deutschland ja leider allzu oft schmerzlich vermisst) ist gut und schön. Aber zu viele Kleinkinder in unmittelbarer Nachbarschaft können auch nervig sein. So schön es für Klein-Theo auch war, tagsüber mit Gleichaltrigen über den Platz zu rollern, zu planschen und zu rutschen, so schaurig wurde es manchmal nachts. Zwischen zwei und sechs Uhr morgens wurde man regelmäßig von Kindergejammer in der Nachbarschaft geweckt. Der Gipfel war ein junges Paar mit Kind, das irgendwo bei Arcachon direkt neben uns zeltete. Sie kamen aus Schweden, der kleine Junge war ein bildhübsches blond gelocktes Wesen und tagsüber ein fröhlicher kleiner Engel. Aber nachts mutierte er zum Monster. Pünktlich um drei Uhr fing er an. Zunächst ein leises Wimmern, das sich ganz allmählich zu einem Kreisch-Crescendo hochschraubte, immer und immer lauter. Mindestens eine halbe Stunde lang regten sich die Eltern nicht. So lange, bis irgendeiner der Nachbarcamper schrie: »Kann mal einer dieses gottverdammte Geplärre abstellen? Wir sind hier im Urlaub!« Leise murmelnd erhob sich dann ein Elternteil und schob das schluchzende Kind im Buggy außer Hörweite.

Tipp für Neucamper: Wenn Sie im Urlaub Ihre Ruhe haben wollen, achten Sie darauf, dass keine Familien mit kleinen Kindern direkt nebenan campen. Meiden Sie Stellplätze, auf denen aufblasbare Gummitiere, Bobbycars und anderes Plastikzeug herumliegen. Alles Anzeichen für kurze Nächte und frühmorgendliche Ruhestörung. Wenn Sie ganz auf Nummer sicher gehen wollen: Fahren Sie nicht auf Campingplätze, die als ausgesprochen kinderfreundlich ausgewiesen werden. Falls Sie selbst kleine Kinder haben, gilt natürlich das Gegenteil.

Es gibt möglicherweise tiefenentspanntere Urlaubsvarianten als mit einem eindreivierteljährigen Kind 3000 Kilometer in einem nicht mehr ganz neuen VW-Bus zurückzulegen, aber wir haben die Zeit trotzdem genossen.

»Weißt du was, Schatz«, flüsterte ich dem Ingenieur zu, als wir am letzten Abend im warmen Wind bei Meeresfrüchten und Weißwein den Blick auf den Atlantik genossen, während unser Kind neben uns selig im Kindersitz schlief. »Ich könnte mir so einen Camping-Trip auch gut zu viert vorstellen. Platz genug ist doch in unserem Bulli …«

Der Bus ist voll

Reisetagebuch, September 1999
Mimizan-Plage. Das letzte Mal war ich hier mit achtzehn. Kaum noch wiederzuerkennen. Waren die Wellen damals auch schon so hoch? Ich trau mich kaum ins Wasser. Einmal mussten Pia und ich regelrecht gerettet werden, obwohl ich noch stehen konnte. Gruselig. Ich glaube, nächstes Jahr möchte ich mal wieder ans Mittelmeer.

Wie bringt man eine vierköpfige Familie in einem VW-Bus unter? Natürlich hatte der findige Ingenieur auch dafür eine raumsparende und praktische Lösung parat.

»Ich baue für Pia eine Art Hängekäfig, den man je nach Bedarf von der Decke runterlassen und wieder hochziehen kann. So nimmt sie keinen Platz weg und hat's trotzdem gemütlich.« Was für mich zunächst nach einer Art Raubtierunterbringung klang, erwies sich als geniale Idee. Denn auch wenn die neu hinzugekommene Person, ein Töchterchen namens Pia, noch sehr klein war, stellte sie uns doch vor neue logistische Herausforderungen.

Nachdem wir das gesamte Sommer-Sammelsurium in und auf dem VW-Bus verstaut hatten, brachen wir Ende August in unseren ersten Campingurlaub zu viert auf. Da wir noch nicht an die Schulferien gebunden waren, hatten wir uns für die entspannte Nachsaison entschieden. Schon von Weitem waren wir jetzt als Familienmobil zu erkennen – statt mit coolen Surfbrettern waren wir mit einer großen Dachbox und diversen Fortbewegungsmitteln für Kinder wie Roller, Fahrrad, Dreirad und natürlich einem Buggy ausgestattet. Draußen an der Schiebetür klebte zwar noch immer der »Just married«-Schriftzug, das »Just« hatte mein Mann allerdings irgendwann durchgestrichen. Drinnen herrschte beste Stimmung. Beide Kids lümmelten sich in ihren Kindersitzen und lauschten andächtig dem Helden, der Rolf Zuckowski irgendwann entthront hatte: Benjamin Blümchen.

»Was hältst du davon, wenn wir uns über Nacht einfach an eine Autobahnraststätte stellen?«, fragte mein Mann gähnend nach stundenlanger Fahrt irgendwo in Belgien. »Ich bin todmüde.«

Das Wörtchen »einfach« traf nicht wirklich das, was uns erwartete. Nachdem wir uns einen Platz zwischen parkenden Lkws gesucht hatten, musste erst einmal Theos Bett überm Lenkrad aufgebaut werden. Teile des Zubehörs befanden sich aber unter der Sitzbank, auf der die mittlerweile schlafenden Kinder saßen und die ja auch zu unserem Bett umfunktioniert werden musste. Wo also die Kinder parken während der Umbaumaßnahmen? Draußen regnete es in Strömen. Ich nahm also die beiden schlaftrunkenen Mäuse auf den Arm und flüchtete mit ihnen durch den Regen an den einzig möglichen Ort, wo wir im Trockenen und dem Ingenieur beim Vorbereiten der Schlafstätten nicht im Weg waren: die Raststättentoilette.

»Mama, wo sind wir? Wie lange noch? Was stinkt hier so?« Während Theo mich mit Fragen löcherte, fing Pia an zu weinen. Rasch noch die Windeln gewechselt, ein Gute-Nacht-Liedchen geträllert, Theo mit einer lustigen Geschichte bei Laune gehalten und dann schnell zurück zum Bus.

»Alles fertig«, verkündete mein Mann. Nachdem Pia mit Fläschchen in ihren hängenden Käfig gebettet und Theo friedlich im Fahrerhaus eingeschlafen war, beschlossen wir, dem Regen zu trotzen und machten es uns noch kurz mit einem Feierabendbierchen in der offenen Schiebetür bequem. Untermalt wurde die Idylle durch das Rauschen der Autobahn und die Klimaanlagen der Lastwagen links und rechts.

»Nächste Nacht schlafen wir schon in Hörweite vom Atlantik«, flüsterte ich.

»Törööööö!«, kicherte mein Mann und prostete mir zu.

Als wir vier und unser treuer Begleiter Benjamin Blümchen am darauffolgenden Abend an unserem ersten Etappenziel Arcachon ankamen, schien alles perfekt. Ein wunderschöner Campingplatz mit dem lustigen Namen »Le Truc vert« (»Das grüne Dingsbums«) unter Pinien, der Nachsaison entsprechend nur noch dünn besiedelt und bloß ein paar Hundert Meter vom breiten Atlantikstrand entfernt.

»Suchen Sie sich einen Platz aus«, sagte die Frau an der Rezeption, »hier ist nicht mehr viel los. Das merkt man allerdings auch am Sortiment unseres kleinen Supermarkts, Saisonende eben.«

Bevor wir uns installierten, wollten wir schnell noch im Hellen einen Blick aufs Meer werfen. Hand in Hand standen wir vier da und staunten. Ein feuerroter Himmel spiegelte sich im total ruhigen Atlantik, davor der unendliche menschenleere Strand. Und dann, als hätte jemand »und Action bitte« gerufen, schob sich ganz langsam von rechts eine Karawane von Reitern ins Bild, die mit ihren Pferden durchs seichte Wasser trabten.

»Boah«, hauchte ich und sah den Ingenieur ergriffen von der Seite an, »hast du das alles so inszeniert?«

»Natürlich«, lachte er, »ich hab ja bekanntlich sehr gute Beziehungen zum Camping-Gott.«

»Wohnt der Camping-Gott auch hier auf dem Platz?«, fragte Theo, während wir aufbauten und ich nebenbei die Spaghetti fürs Abendessen kochte.

»Kann gut sein«, sagte ich, »aber leider ist er ja unsichtbar.« Auf jeden Fall meinte er es gut mit uns an diesem Abend, der Manitu der Camper. Bei lauer Luft saßen wir in Badeklamotten vor dem Bulli und futterten Nudeln mit Tomatensoße.

Das erste Geräusch, das ich am nächsten Morgen hörte, war der Regen. Er prasselte mit einer Lautstärke aufs Dach, die selbst wetterfeste Norddeutsche aufschrecken ließ. Das zweite Geräusch kam von meiner Tochter.

»Theeeooo, Theeeooo!«, krähte sie fröhlich. Sie kniete in ihrem Hängebett, das über unseren Köpfen bedenklich hin- und herschwankte und versuchte, ihre Puppe durch eine der engen Maschen des Sicherheitsnetzes zu quetschen. Ihr Bruder war auch schon wach und war wiederum emsig damit beschäftigt, durch sein Gitternetz nach dem Kassettenrekorder zu angeln, der auf den Boden gefallen war.

»Können wir Benjamin Blümchen hören, Mama?«, fragte er. Ein Blick aus dem Fenster ließ jedes Gegenargument im Keim ersticken. Das Frühstück unter Pinien war wohl erst einmal gecancelt. Um uns herum hatte sich ein See gebildet.

»Was schwimmt denn da«, fragte ich, »sind das etwa unsere Schuhe?« Tatsächlich kreiselten im Wasser fröhlich Espadrilles in allen Größen um unser Auto herum, dazwischen eine durchtränkte Fußmatte und unsere Spülschüssel mit rötlich verschmiertem Geschirr. Stöhnend ließ ich mich zurück ins Bett fallen. Mein Mann befreite das quengelnde Mädchen aus seinem luftigen Gefängnis und setzte es neben seinen Bruder. Aneinandergekuschelt kauerten die beiden zufrieden überm Lenkrad und lauschten gebannt den Geschichten vom sprechenden Elefanten. Ein Morgenritual, das uns von da an den ganzen Urlaub über begleitete.

Es regnete drei Tage lang. Wir konnten den Bus nur in wasserdichter Kleidung verlassen, was unseren Kindern im Gegensatz zu uns gar nichts ausmachte. Unermüdlich erkundeten sie mit Roller und Dreirad das Gelände und kamen immer wieder mit neuen aufregenden Fundstücken wie Pinienzapfen, Ästen, kaputten Sonnenschirmen und vergessenem Kinderspielzeug zurück. Den Knüller landete Theo mit einem etwas lädierten Body-Surfboard, das er im Müllcontainer entdeckt hatte. Vergnügt zog er seine Schwester damit durchs nasse Laub. Abends freute ich mich zum ersten Mal über die geräumigen Familienduschen eines »kinderfreundlichen« Campingplatzes. Ich hätte sonst nicht gewusst, wie ich den Schlamm des Regentages wieder losgeworden wäre.

Sagte ich schon, dass ich Camping liebe? Das wurde mir schlagartig wieder bewusst, als der Himmel irgendwann ein Nachsehen hatte und aufriss, um die Sonne freizulassen. Wir ließen den feuchten Pinienwald hinter uns und fanden ein traumhaftes Plätzchen neben der größten Wanderdüne Europas, der »Dune du Pilat«. Hoch über dem Atlantik standen wir in der ersten Reihe und genossen die Aussicht. »Stellenweise weiter Blick übers Meer«, so hatte es der Campingführer formuliert. Bingo!

Campingführer zu lesen ist übrigens eine Kunst für sich. Im Laufe der Jahre habe ich gelernt, worauf man achten muss. Zuerst schaue ich immer beim Marktführer nach, Sie wissen schon, der mit den vier Buchstaben. Der ist hilfreich, aber unbedingt zu ergänzen durch alternative Reiseführer, Erfahrungsberichte im Netz und ... na ja, einfach den eigenen Instinkt. Da wir immer spontan entscheiden möchten und niemals reservieren, recherchiere ich stets während der Fahrt. Wenn mein Mann zum Beispiel in der Peripherie von Paris sagt: »Schatz, was käme denn so südlich der Gironde-Mündung infrage?«, lege ich eifrig los. Habe ja sonst nichts zu tun, er fährt fast immer. Ist kein guter Beifahrer, der Ingenieur ...

Die Platzsuche ist, wie gesagt, gar nicht so einfach. Bei den Bewertungen muss man genau hinsehen, in welchen Bereichen wie viele Sterne vergeben werden. Vier Sterne im Sanitärbereich bedeutet: sauber, geräumig, nach Männern und Frauen getrennt. Vier Sterne im Stellplatzbereich: großzügig, Strom- und Wasseranschluss, »stellenweise« schöner Blick. Und bei Spiel und Spaß – Achtung! – können die Sterne sowohl auf eine luxuriöse Badelandschaft und Abenteuerspielplätze hinweisen als auch auf die bereits erwähnte Baby-Animation und Schlimmeres: abendliche Bühnenshows mit Amateurschauspielern, Karaoke-Events, Tanzwettbewerbe und vieles mehr. Alles meistens in grenzwertiger Lautstärke, aber immer nur bis 23 Uhr. Wer sich die Mühe macht, den Campingführer bis ins letzte Detail zu studieren, kann darin vermutlich sogar erfahren, wann er wo seine Hemden bügeln, sein Boot zu Wasser lassen und seinen Hund duschen kann – so weit bin ich nie vorgedrungen. Was mir als bekennender »Schön-Steherin« aber am wichtigsten ist: das Auge und das Ohr. Jawohl. Wenn in der Bewertung ein schwarzes Auge erscheint, bedeutet das: fantastische Lage, schöner Blick! Und das Ohr steht für himmlische Ruhe. Worauf man sich absolut verlassen kann.

Zusätzlich ist zu beachten, was erfahrene Reiseführerautoren anzumerken haben (»Sehr entspannte Platzbetreiber, steile Zufahrt, coole Strandbar« usw.). Und was ebenfalls ganz wichtig ist: immer die Augen offen halten! Denn ganz plötzlich kann ein Hinweisschild auftauchen: CAMPING 200 m. Und siehe da, aus dem Nichts erscheint ein verstecktes kleines Paradies direkt am Strand, kein Strom, kein Pool, kein Supermarkt, Stehklos und Kaltwasserduschen – aber Campingglück pur. Zufall, Bauchgefühl und Neugierde. Planung hilft, man muss aber immer locker genug bleiben, sich davon lösen zu können.

Der Weitblick übers Meer – den hatten wir bei der großen Düne also erwischt und konnten ihn genießen. Es war nicht nur das extrem blaue Wasser mit seinen weißen Sandbänken, das sich vor uns ausbreitete, nein, alle drei Minuten schwebte wie bestellt ein Paraglider durchs Bild. Offensichtlich war direkt unten am Strand ein Landeplatz.

»Papa, Mama, können Pia und ich auch mal fliegen?« Wir konnten unseren sehr aktiven Sohn kaum davon abhalten, sich den Dünenabhang hinabzustürzen und sich als blinder Passagier in den Rucksack eines Paragliders einzuschmuggeln ... Einmal flog ein junger Mann so extrem dicht an uns vorbei, dass wir die Farbe seiner Augen erkennen konnten – und dann sackte er plötzlich nach unten weg.

»Ach, du meine Güte«, rief mein Mann, »der stürzt gerade ab!« Eilig kletterte er den Hang zum Strand hinunter, »mal sehen, ob der sich verletzt hat.« Theo hüpfte aufgeregt hinterher. Es stellte sich heraus, dass der Mann von einer Böe erfasst worden war und nicht mehr schnell genug reagieren konnte. Zum Glück hatte er sich bei der unsanften Landung nur das Bein verstaucht.

Campingplätze wie dieser waren für uns damals ideal. Es gab immer etwas zu sehen, und damit meine ich nicht nur das Panorama. Pia war die Erste, die unsere skurrilen Nachbarn zur Linken entdeckte. Ich hatte mich schon gewundert, warum sie immer »Nini, Nini« rief und auf den Wohnwagen nebenan deutete. Bis ich es auch entdeckte: Ganz versteckt in einer Ecke des Vorzelts saßen sie. Zwei weiße Kaninchen mit roten Lederhalsbändern, angeleint an einen Liegestuhl.

»Die siehst du jetzt erst?«, grinste mein Mann. »Die Frau führt sie jeden Morgen aus, im Bademantel dreht sie mit denen eine Runde über den Platz. Sie heißen Max und Moritz.«

Tiere auf dem Campingplatz – ein Thema für sich. Was habe ich schon alles gesehen! Träge Katzen an der Leine, Hamster, Meerschweinchen, Wellensittiche. Einmal haben wir uns tagelang gefragt, welche unbarmherzigen Eltern ihr Baby stundenlang alleine im Vorzelt zurückließen, bis wir feststellten, dass es sich um einen angeketteten Papagei handelte, der auf seiner Stange saß und regelmäßig »Mama« krähte. Und dann natürlich die Hunde. Einer jaulte stundenlang und mitleiderregend im Wohnmobil neben uns. Als wir die Besitzer bei ihrer Rückkehr vom Strand darauf aufmerksam machten, lachten sie nur.

»Ach, der kennt das nicht anders«, sagte die Frau, »er ist ein bisschen weinerlich jetzt im Alter. Ich sag immer zu meinem Mann, das Leben geht erst richtig los, wenn die Kinder aus dem Haus sind und der Hund tot ist. Wie Sie sehen, lebt er noch ...« Nun ja. Es gibt aber auch das Gegenteil, die exzessive Hundeliebe. Zwölf (!) Pudel habe ich einmal im selbst gebauten Drahtgehege eines Dauercampers gezählt. Von morgens bis abends war der Mann damit beschäftigt, die Tiere zu versorgen, mit ihnen zu sprechen und sie nacheinander auszuführen. Nachts nahm er sie alle mit in seinen Wohnwagen. Aber im Gegensatz zum Papagei machten die Tiere einen recht zufriedenen Eindruck. Da ich keine Tiere besitze, möchte ich mir nicht anmaßen zu beurteilen, was für so ein Wesen besser ist – im Tierhotel geparkt zu werden oder mal ein paar Stündchen im Schatten auf Herrchen und Frauchen warten zu müssen.

Mir persönlich sind übrigens hundefreie Strände am liebsten. Einmal döste ich nichts ahnend oben ohne in der Sonne, als ein Hund mir eine Liebeserklärung machte (so jedenfalls erklärte es mir die Besitzerin anschließend). Nie werde ich vergessen, wie unangenehm sich eine raue Terrier-Zunge an der Brustwarze anfühlt.

Die Haustierliebe in ihrer extremsten Form begegnete uns einmal auf einem spanischen Campingplatz. Wir wunderten uns darüber, dass das englische Rentnerpaar direkt neben dem luxuriösen Wohnmobil noch ein großes Zelt aufbaute. Die beiden waren offensichtlich zu zweit angereist und hatten auch nur einen Tisch und zwei Stühle dabei.

»Was um alles in der Welt machen die da?«, fragte ich leise meinen Mann, während wir fasziniert beobachteten, wie die beiden merkwürdige Gegenstände aus dem Wohnmobil holten und ins Zelt schleppten.

»Sieht aus wie ein Katzenbaum«, flüsterte Udo, »Stofftiere … und das ist eindeutig ein Katzenklo!«

»Macht die Katze froh«, kicherte ich. Und tatsächlich, in diesem Moment kam Frauchen mit einer leicht übergewichtigen weißen Muschi auf dem Arm angetigert und setzte sie im Zelt ab.

»Good night, Darling«, säuselte sie. Ob und was das Tier antwortete, konnten wir von unserem Beobachtungsposten leider nicht hören. Dass Muschi sich in ihrem Zelt ganz und gar nicht wohlfühlte, war aber auch ohne Worte unschwer zu erkennen. Ununterbrochenes Miauen, Fauchen und Kratzen machte die folgende Nacht zum Tag. Erst als es draußen hell wurde, hörte ich, wie die Katzenmutter das arme Tier erlöste.

»I think she prefers to sleep in the Camper«, rief sie uns beim Frühstück fröhlich zu und erklärte uns dann wortreich, dass sie Zelt und Katzenzubehör extra angeschafft hätten, weil in einer Campingzeitschrift empfohlen worden sei, Haustiere separat unterzubringen. Miau.

Aber zurück zu unserem Panoramacampingplatz. Ein echter Hauptgewinn. Laden und Restaurant waren in unmittelbarer Nähe, genauso wie das Schwimmbad, in dem die Kleine planschen und Theo, der gerade erst schwimmen gelernt hatte, seine ersten Bahnen üben konnte. Außerdem, ganz wichtig, war das Meer an dieser Stelle relativ flach und ruhig, weil die vorgelagerten Sandbänke die wilden Wellen fernhielten.

Wie schnell der Atlantik zur tödlichen Gefahr werden kann, ahnten wir, wenn wieder mal ein Rettungshubschrauber über dem Meer kreiste. Mehrfach hörten wir von Mitcampern, dass Surfer und Badende geborgen werden mussten, zum Glück meistens lebend, manchmal leider Gottes aber auch nicht.

Im Sommer des folgenden Jahres musste ich südlich von Biarritz selbst die Erfahrung machen, wie schnell einem das Wasser buchstäblich bis zum Hals stehen kann. Bei Ebbe hatte ich mich mit den Kindern mal weg vom Pool an den Strand gewagt.

»Geht ruhig rein«, sagte mein Mann zu Pia und mir, »da sind schließlich fünf Rettungsschwimmer am Start. Die passen schon auf.«

Ich nahm meine Tochter an die Hand und watete mit ihr ins Wasser. Sie spritzte vergnügt um sich und ich zog sie hinter mir her bis zu einer Stelle, wo mir das Meer knapp bis zur Hüfte reichte, sodass Pia noch so gerade den Kopf über Wasser hatte. Da sah ich plötzlich, wie die Retter am Strand die Fahnen, die den überwachten Bereich kennzeichneten, versetzten. Auf einmal waren wir außerhalb der Sicherheitszone. Bevor ich mich wundern konnte, spürte ich den Sog. Mit dem Kind an der Hand versuchte ich, zurück an den Strand zu waten. Unmöglich. Die Strömung war selbst in dem flachen Wasser so stark, dass ich keinen Schritt vorankam. Ich bekam Panik. »Hilfe!«, schrie ich, »au secours, ich komme nicht mehr an Land!« Pia guckte verwirrt.

»Was ist denn, Mama?«, fragte sie, »willst du nicht mehr baden?«

»Hiiiilfeeee!«, vor Schreck hatte ich all meine Französischkenntnisse vergessen. Da kam ein Retter auf uns zu, Gott sei Dank!

»Restez tranquille« (»Bleiben Sie ruhig«), sagte er und griff nach meinem Arm. »C'est rigolo, hein?« (»Das ist lustig, oder?«), rief er Pia zu, die leicht verunsichert an meiner Hand durch die Wellen hinterherdümpelte. Schwer atmend ließ ich mich von dem französischen David Hasselhoff an

Land ziehen. Mit Tränen in den Augen bedankte ich mich und suchte mit Pia im Arm die andere Hälfte unserer Kleinfamilie. Mein Mann und Theo waren dabei, eine Sandburg zu bauen und hatten überhaupt nichts von unserem Abenteuer mitbekommen.

»Stell dir vor«, keuchte ich, »wir wären beinahe ertrunken! In diesem flachen Wasser. Bei Ebbe. Zum Glück hat uns der Baywatch-Mann gerettet.«

»Gerettet«, jauchzte Pia, »wir sind gerettet!« Mein Mann sah mich mitleidig an.

»Nicht dein Ernst, oder?«, sagte er. »Die zwei Meter zum Strand hättest du ja wohl auch ohne Hasselhoff geschafft!«

»Niemals«, rief ich wütend, »ich konnte nicht gegen den Sog an, der war extrem stark!«

Bis heute streiten wir darüber, ob ich dieses Erlebnis im Nachhinein dramatisiere oder ob wir damals wirklich in Lebensgefahr waren. Ich bin nach wie vor davon überzeugt, denn schließlich habe ich dem Retter in die Augen gesehen, und darin haben sich höchste Konzentration und Sorge gespiegelt. Meine Tochter war damals noch zu klein, um die Situation richtig einschätzen zu können, also bin ich die einzige Zeugin. Auf jeden Fall hat der Atlantik es geschafft, mich seitdem auf Abstand zu halten. Ich nähere mich dem Wasser nur dann, wenn die Gesamtlage keinerlei Anlass zur Sorge gibt. Bei Wellen über zwei Meter und roten Fahnen nutze ich zur Erfrischung lieber die Stranddwellen.

Damals wollten wir unseren Abschiedsabend im Süden gebührend feiern. Zunächst mit einem guten französischen Essen. Wir machten uns alle schick – ich zog meine letzte saubere Bluse an, leicht verknittert, aber blütenweiß.

»Ich nehme die Gambas à la Maison«, sagte ich. Mann und Kinder wollten lieber Pizza essen. Als der Kellner mit dem Essen kam, schwante mir schon Übles, denn die Gambas schwammen in einer dunklen Soße und befanden sich noch in ihrer Schale.

»Wie soll ich die denn jetzt essen, ohne mich zu bekleckern?«, fragte ich meinen Mann.

»Keine Ahnung«, sagte er ungerührt und schnitt sich ein Stück von seiner Pizza Diavolo ab, »ich hab dir doch gesagt, dass weiße Blusen nicht zum Camping passen.« Es kam, wie es kommen musste. Schon beim Versuch, das erste Krustentier zu pulen, spritzte die braune Soße in alle Richtungen – am meisten aber natürlich auf mich.

»Ich hab nichts anderes mehr anzuziehen«, jammerte ich. Die Kinder lachten sich kaputt.

»Ach, macht nichts«, sagte der Ingenieur genüsslich kauend, »lass die ruhig an, das merkt kein Mensch. Die Leute denken bestimmt, das eigenwillige Muster ist ein neuer Trend.« Während wir noch beim Dessert waren, wurde auf der Restaurantterrasse schon die Tanzfläche vorbereitet.

»Heute spielt eine Rolling Stones Coverband«, klärten uns die Tischnachbarn auf. Kurz darauf stieg Rauch hinter der Bühne auf und zum ohrenbetäubend lauten »Uh Uuuuuh« von »Sympathy for the devil« kam der als Dracula verkleidete Sänger auf die Bühne gesprungen.

Wir tanzten und tanzten, zunächst mit den Kindern, dann, als sie im Bett waren, vor und schließlich in unserem Bulli. Zugegeben, beim Abschiedsblues zu »Angie« mussten wir sehr klammern, denn mein Mann stieß ständig mit dem Kopf gegen Pias Hängebett ... aber wer braucht bei so viel Romantik schon Bewegungsfreiheit.

»Manchmal kann Campingplatz-Animation ja auch ganz schön sein«, flüsterte ich Udo ins Ohr.

Bin ich jetzt ein Womo?

Reisetagebuch, Juni 2000
Zum ersten Mal mit unserem neuen Auto in Dänemark gewesen. Ein ganz neues Campinggefühl. Aber als ich die Schweizer mit dem alten VW-Bus gesehen habe, war mir doch ein bisschen wehmütig ums Herz. Sind wir jetzt schon in Richtung Mainstream unterwegs?

So lieb wir unseren alten VW-Bus auch hatten, bei der Rückreise im Sommer 1999 ahnten wir schon, dass es die letzte in diesem Auto sein würde. Von Mimizan bis nach Hamburg mit Durchschnittstempo 70km/h – da konnte uns auch Benjamin Blümchen irgendwann nicht mehr bei Laune halten.

»Ich habe keinen Bock mehr, ständig von Lkws überholt zu werden«, schimpfte mein Mann, »aber eine Chance kriegt der Alte noch. Ich bringe ihn zu Hause in die Vertragswerkstatt, mal sehen, was die noch retten können.«

»Na ja«, verteidigte ich unser Schmuckstück, »er ist ja schließlich schon 20 Jahre alt.« Sich von so einem Gefährt zu trennen, ob es nun ein kleiner Bulli ist, ein riesiges Wohnmobil oder ein Wohnwagen, fällt schwer. Es ist ja ein Zuhause auf Zeit, da hängen viele emotionale Erinnerungen dran. Der Ingenieur brachte unser altersschwaches Schätzchen also zu VW und kam mit einer unerfreulichen Auskunft zurück.

»15 000 Mark wollen die für die Reparatur haben«, sagte er empört, »das lohnt sich nicht mehr, der Wagen kommt weg. Ich suche uns was Neues.«

Was Neues. Leichter gesagt als getan. Zunächst trennten wir uns schweren Herzens von unserem Bulli, gegen kleines Geld natürlich. Noch Jahre später habe ich den alten Bus immer mal wieder durch Hamburg fahren sehen, er war ja leicht zu erkennen an dem »(Just)-Married«-Aufkleber, der neue Besitzer fand ihn anscheinend witzig.

Nach monatelanger Suche – alle fertig ausgebauten Wohnmobile waren viel zu teuer – beschloss mein Mann, wieder selbst ans Werk zu gehen. Er kaufte relativ günstig bei einer Spedition einen gebrauchten Fiat Ducato, einen weißen Lieferwagen mit einer kleinen Beule in der Tür.

»Ideal für unsere Zwecke«, sprach der Ingenieur, »daraus kann ich was richtig Schickes machen, ich brauche nur Zeit.« Und so entstand im Laufe vieler Monate ganz allmählich ein nigelnagelneues Tietjen-Mobil. In jeder freien Minute arbeitete mein talentierter Mann an seinem neuen Herzensobjekt. Er schliff und flexte, lötete, sägte, hämmerte und klebte, baute Möbel, verkleidete Wände, verlegte Fußboden, baute Fenster ein, bestellte Polster und Stoffe, legte Leitungen und und und. Selbstverständlich alles in Absprache mit mir. Bei ästhetischen Fragen wollte ich natürlich mitreden, handwerklich bin ich leider völlig unbegabt.

Im Frühjahr war alles fertig, rechtzeitig zu Beginn der Campingsaison. Zwei Zimmer, Küche, Bad. Ein Traum in Buche, Rosa und Marineblau. Im Heck das Kinderschlafzimmer: ein Stockbett, abgetrennt mit gestreiften Gardinen. Links und rechts der Schiebetür die Küche: ein Herd mit zwei Gasflammen, ein Spülbecken mit Wasserhahn, ein kleiner Kühlschrank. Das Wohnschlafzimmer: zwei blaue Sitzbänke mit Tisch, die sich zu einem 1,20 Meter breiten Bett umbauen ließen. Ringsherum jede Menge Schränke und

Klappen für Kleidung, Geschirr, Bücher und Essenvorräte. Und das Bad? Äh, nun ja, das bestand aus einer Porta Potti, die hinter einer quadratischen Holztür zwischen Kinderbetten und Sitzbank verstaut war, von wo man sie hervorziehen konnte.

»Das hätte ich am Anfang auch nicht gedacht, dass man auf neun Quadratmetern Auto ein halbwegs komfortables kleines Ferienhaus unterbringen kann«, freute sich mein Mann. »Hinten kommt noch ein Träger für die Fahrräder drauf, oben eine große Dachbox und dann kann's endlich losgehen!«

Wir waren alle begeistert, die Kinder tobten schon bei jeder Gelegenheit in ihren neuen Reisebetten und konnten die Jungfernfahrt kaum abwarten. Die ging – natürlich – Pfingsten nach Dänemark. Alles klappte bestens, wir wurden von den Freunden zu unserem neuen Zuhause beglückwünscht und von vielen Mitcampern angesprochen, die alle wissen wollten, wo man denn so ein Auto kaufen könne …

»Den gibt's nur einmal«, sagte mein Mann stolz, »das ist mein Meisterstück!« In der Tat. Das Meisterstück hält uns jetzt schon 19 Jahre und 160 000 Kilometer lang die Treue, mittlerweile sind wir nur noch zu zweit damit unterwegs und sehen keinen Grund, uns von ihm zu trennen. Gelegentlich gibt es mal ein paar kleinere technische Aussetzer, hier und da ein Facelift, das war's. Da hat der Ingenieur ganze Arbeit geleistet.

Was das Image angeht, mussten wir uns allerdings am Anfang erst einmal daran gewöhnen, keine coolen VW-Bus-Fahrer mehr zu sein.

»Sind wir jetzt eigentlich Womos?«, fragte ich meinen Mann, als wir zum ersten Mal in unserem kompakten Platzwunder mit schnittigen 130 km/h über die Autobahn düsten.

»Na ja, weiß nicht …«, sagte der Ingenieur, »wir sind so'n Mittelding. Ein Wohnmobil im klassischen Sinn ist das hier ja nicht, eher ein Reisemobil. Wir können hier drinnen ja eigentlich nur fahren, schlafen und zur Not auch mal kochen. Lass es uns doch einfach weiterhin ›Bus‹ nennen. Klingt irgendwie besser, oder?«

Die »Womos«, wie wir sie nennen, sind eine Spezies für sich. Den klassischen Wohnmobilisten gibt es überall auf der Welt. Er ist oft zu zweit unterwegs, reist zu jeder Jahreszeit überallhin und lässt sich durch das Wetter von nichts abhalten. Braucht er auch nicht, denn das Mobil ist beheizt und geräumig genug, um es sich im Zweifelsfall auch bei Schneesturm drinnen gemütlich zu machen.

Volumen und Ausstattung richten sich danach, wie komfortabel das Zuhause auf Rädern sein soll. Von wendigen sechs Metern Länge bis zur Reisebusgröße mit integrierter Garage ist alles möglich. Da viele Womos bereits im Rentenalter und viele Wochen im Jahr unterwegs sind, gönnt man sich einen Hauch von Luxus. Geräumige Sitzecke, die Polster mit praktisch gemustertem Stoff oder pflegeleichtem Leder überzogen. Küchenzeile mit XL-Kühlschrank, Herd und Backofen, Kaffeemaschine, Toaster, Mikrowelle. Unter- und Oberschränke im Überfluss, gern in Weiß oder Holzoptik. Teppich oder Laminatfußboden. Bequeme Betten, je nach Alter und körperlicher Verfassung der Reisenden sind auch da die Möglichkeiten unbegrenzt. Es reicht vom Kingsize-Bett mit beidseitigem Einstieg über Einzel- bis hin zu Stockbetten oder dem Alkoven-Schlafplatz, der nur über eine Leiter zu erreichen ist. Badezimmer mit Toilette, Dusche und Spiegelschränkchen. Und ganz wichtig: ein Flachbildfernseher mit Satellitenschüssel. (»Entschuldigung, können Sie bitte ein Stückchen weiter links parken?«, hat uns neulich erst wieder ein freundlicher Womo auf einem bayerischen Campingplatz gefragt, als wir uns nach langer Diskussion gerade so schön wie für eine Nacht nur irgend möglich hingestellt hatten. »Sie stehen direkt vor unserer Schüssel, wir können nix mehr empfangen. Und gleich fängt doch das Champions-League-Spiel an!«)

Da die Womos autark sind, sind sie nicht auf Campingplätze angewiesen, sondern können sich überall hinstellen, vorzugsweise auf optimal gelegene Womo-Stellplätze. Markise raus, Klappstühle aufgestellt, fertig. Da sitzen sie dann, mit Blick auf Elbe, Mosel oder Donau, das Mittelmeer oder verschneite Berge, und strahlen Zufriedenheit aus. Dass der Boden betoniert oder gekiest ist, Autobahn oder Hauptverkehrsstraße in Hörweite und der Nachbar nur zwei Meter entfernt, stört die meisten nicht. Ohnehin halten sich viele Womos auch bei gutem Wetter gern in ihren Fahrzeugen auf. Vor allem die Italiener. Je heißer es draußen ist, desto seltener verlassen sie ihr klimatisiertes Auto. Und weil so eine Klimaanlage natürlich viel Strom verbraucht, ist ein eigener Generator keine Seltenheit.

Ich werde nie den im Prinzip lauschigen Abend in mediterraner Umgebung vergessen, an dem das nervige Brummen des Generators unserer italienischen Nachbarn jegliche Romantik im Keim erstickte. Draußen ließ sich niemand blicken, die vierköpfige Womo-Familie hatte seit Stunden ihre Trutzburg nicht mehr verlassen.

»Jetzt reicht es mir«, sagte mein Mann irgendwann, »ich sage dem jetzt, er soll das verdammte Ding abstellen!« Besorgt sah ich zu, wie er mit energischen Schritten hinüberging und laut an die Tür des Luxusmobils klopfte. (Man weiß ja nie, wer sich hinter so einer Tür verbirgt, es soll ja auch Mafiosi geben, die keinen festen Wohnsitz ...) Ein freundlich aussehender Mittvierziger steckte den Kopf heraus. »Would you please stop the machine?«, sagte mein Mann in gereiztem Tonfall.

»Yes, of course«, sagte der Mann lächelnd, verschwand wieder im Inneren des Wagens und stellte den Generator ab. Manchmal kann alles so einfach sein.

Viele Womos haben zusätzlich zu ihrem Fahrzeug noch alle möglichen anderen Fortbewegungsmittel dabei: Fahrräder, Moped, Kleinwagen, Boot. Neulich erst habe ich fasziniert beobachtet, wie ein adrettes Flensburger Rentnerpaar, beide in weißen Shorts und rosa Polohemden, sich zur Abreise bereit machte. Nachdem die E-Bikes und der Motorroller irgendwo hinter einer der seitlichen Klappen des riesigen Luxusbusses verstaut waren, öffnete sich die Heckgarage und eine Rampe senkte sich automatisch herab. Ich spähte hinein und sah an der hinteren Wand eine Waschmaschine und einen Trockner stehen. Langsam und geschickt bugsierte der Mann einen weißen Smart über die Rampe ins Innere des Mobils, sicherte ihn sorgfältig mit Gurten und verschloss die Luke wieder. Zusammen befestigten sie noch den Hänger mit dem blitzblanken Motorboot an der Anhängerkupplung, dann konnte die Reise losgehen.

Waren wir durch das Upgrade vom Bulli zum Ducato-Kastenwagen nun also zu Womos mutiert oder gehörten wir noch immer zum eher freakigen Campervölkchen, das im Urlaub das Gegenteil von Luxus sucht? Wir waren ja noch immer recht spartanisch unterwegs. Strom brauchten wir nicht, unser Minikühlschrank lief auch mit Gas, und als abendliche Beleuchtung reichten uns Windlichter. Vor Sonne und Regen schützte uns eine Markise, ein Vorzelt hätte viel zu viel Platz weggenommen. Und für alle Bedürfnisse, die über Zähneputzen und gelegentliches nächtliches Pinkeln hinausgingen, suchten wir die sanitären Anlagen auf.

Genau das ist übrigens der Grund, warum wir nur ungern eine Nacht auf Stellplätzen ohne Toilettenhaus irgendwo am Straßenrand oder in der Wildnis verbringen. Die Aufnahmekapazität so einer Porta Potti ist nämlich begrenzt. Und wenn man mal ... Sie wissen schon ... muss, ist der Topf ruckzuck voll. Mal abgesehen davon, dass es romantischere Örtchen fürs große Geschäft gibt als die kleine Nische zwischen Küchenzeile, Kleiderschrank und Betten, wo man nur in Klappmesserhaltung kauern kann.

»Warum hockt ihr euch denn nicht einfach hinter einen Baum?«, wurden wir schon häufig gefragt. Lieber nicht. Mir reichen die Spuren menschlicher Notdurft, die man regelmäßig auf Parkplätzen links und rechts der Autobahn oder auch gerne mal in den Dünen entdeckt. Und so haben wir schon so manchen idyllischen Ort in einsamer Umgebung sausen lassen, weil keiner von uns wusste, ob man nicht vielleicht am nächsten Morgen ganz dringend … da muss man Prioritäten setzen. Ein bisschen Hippie ist ja gut und schön, aber bitte mit anständiger Spülung.

Es kommt sowieso wie immer im Leben ganz darauf an, mit wem man sich vergleicht. Gemessen an den rollenden Vier-Sterne-Herbergen, die den Himmel verdunkeln, wenn sie direkt nebenan stehen, waren wir anspruchslose Puristen. Wenn wir allerdings eine Familie mit vier Kindern im Blickfeld hatten, die mit Fahrrädern und Zelt unterwegs waren und ihr Essen auf Bastmatten im Schneidersitz zu sich nahmen, kamen wir ins Grübeln, ob der Prozess der Verspießerung nicht doch schon im Gange war. Damals, als junge Eltern, war das für uns ein Thema. Mit silberhaarigen Saubermännern und -frauen in ihren auf Hochglanz polierten mobilen Eigentumswohnungen wollten wir genauso wenig gemeinsam haben wie mit Dauercampern hinter Jägerzäunen. Wer will schon etabliert und spießig sein mit Mitte dreißig?

Heute sehe ich das alles entspannter. Zum einen nähere ich mich selbst bereits dem Rentenalter, in dem man es gern mal ein bisschen bequemer hat. Zum anderen hat die Lebenserfahrung mich gelehrt, dass nichts ist, wie es scheint. Wer weiß schon, ob der oberlässig wirkende Bezopfte mit Mini-Zelt, der bei Sonnenuntergang am Strand für jeden sichtbar seine Yogaübungen macht, im Kopf weniger festgefahren ist als der gut betuchte Womo, der das letzte Lebensdrittel ungebunden und auf Achse verbringen will – aber bitte mit eigenem Badezimmer und bandscheibenfreundlicher Matratze?

Manchmal schiele ich ein bisschen neidisch sowohl zum einen als auch zum anderen und frage mich, bin ich nun mehr dies oder mehr das? Die Antwort liegt irgendwo in der Mitte. Auf einen Stromanschluss zum Beispiel möchte ich mittlerweile nicht mehr verzichten, weil der erste Kaffee morgens dann auf Knopfdruck fließt und der Kühlschrank seinen Job auch noch bei 40 Grad Außentemperatur macht. Unser Sitzbank-Bett ist längst durch Schaumstoffmatratzenauflagen aufgewertet. Einen Fernseher und eine Dusche haben wir aber immer noch nicht. Ob wir jemals in rosa Polohemden unseren Kleinwagen in die Heckgarage fahren werden, wissen die Götter. Aber gelegentlich erwische ich mich dabei, wie ich die Wohnmobil-Zeitschriften, die der Ingenieur immer zugeschickt bekommt, durchblättere und ins Träumen komme …

Tipp für Neucamper: Keile, damit das Auto kein Gefälle hat, Kunststoffteppich zum Schutz vor Staub und Schmutz, Trittstufe für die Knie, Schutzfolie für die Reifen, Wasserwaage, Wäschespinne, Tischdecke, Vorzelt, Satellitenschüssel – die Liste der Accessoires, mit denen man sein Womo aufrüsten kann, ist endlos. Was man davon wirklich braucht, ist fast schon eine philosophische Frage. Es gibt auch Camper, die noch im Rentenalter im Schneidersitz vor ihrem Zelt hocken und aus dem Blechnapf essen. Während wir uns über den Nachbarn zur Linken amüsieren, machen vielleicht die Jugendlichen rechts von uns gerade Witze über die Spießer aus Hamburg mit Markise, Badeschuhen und Rentnermatte. Wo hört Unkonventionalität auf, wo fängt Bequemlichkeit an? Machen Sie doch einfach, was Sie wollen.

Oh, wie schön ist Korsika

Reisetagebuch, August 2000
So viel Naturschönheit habe ich in meinem ganzen Leben noch nicht gesehen. Die Calanches in der Abendsonne ... ich hatte Tränen in den Augen, war richtig ergriffen. Klingt jetzt kitschig, war aber so. Dieses Fleckchen Erde hat der liebe Gott extrem gut hingekriegt. Dafür hat er bei den korsischen Sanitäranlagen anscheinend gespart.

Unseren ersten Sommerurlaub im neuen Reisemobil verbrachten wir auf Korsika. Von der Mittelmeerinsel hatten uns schon viele vorgeschwärmt. Auch bei uns war es Liebe auf den ersten Blick. Zigmal sind wir seitdem dort gewesen, im Gegensatz zu den meisten anderen Korsika-Junkies aber nur jedes zweite Jahr. Zwischendurch versuchen wir, auch den Rest der Welt kennenzulernen.

Da es sich bei Korsika um eine Insel handelt, muss man aber zunächst mal ... genau! Eine Fährfahrt, die ist lustig, vor allem, wenn man nicht weiß, ob man überhaupt an Bord gelassen wird. Wir hatten das erste Schiff morgens früh um sieben gebucht und mussten die Nacht davor im Hafen von Livorno verbringen. Spätabends kamen wir an und kurvten durchs schmuddelige Hafengebiet, immer den Schildern »Imbarco Bastia« hinterher, bis wir die Schlange gefunden hatten. Erstaunlich viele Camper hatten sich da schon eingefunden, um am nächsten Morgen direkt aufs Schiff fahren zu können. Die meisten saßen in Urlaubsvorfreude im orangenen Licht der italienischen Hafenlaternen vor ihren Autos, tranken Wein, hörten Musik oder spielten Karten. Aufgeregte Kinder flitzten hin und her, in der schwülheißen Sommerluft lag ein stechender Geruch, der von der benachbarten Raffinerie herüberzog – eine unwirklich anmutende Szenerie.

»Mama, Papa, können wir auch noch ein bisschen draußen spielen?«, fragten die Kinder, verschwitzt und erschöpft nach unserer stundenlangen Fahrt. (»Klimaanlage brauchen wir nicht«, hatte der Ingenieur gesagt, »wir sind ja noch jung.«) Wir ließen die beiden noch eine halbe Stunde toben und machten die Betten fertig. Noch ein Schluck Wein, ein bisschen Käse und Obst und dann ab ins Bett für eine drückend warme, kurze Nacht.

»Auf wann muss man denn den Wecker stellen?«, hatte ich die Kölner gefragt, die vor uns in der Schlange standen. »Oh, den werdet ihr nicht brauchen, ihr merkt schon, wenn's losgeht, keine Sorge«, hatten die lachend abgewinkt.

»Was auch immer die meinen«, sagte ich gähnend und zog die Vorhänge vor den Kinderbetten zu, »jetzt wird erst mal gepennt.«

Was gemeint war, wurde uns am nächsten Morgen jäh klar, als um halb sechs jemand laut gegen die Tür bollerte.

»Avanti, avanti, Imbarco Signore Signori! Imbarco! Bigletti!« Hektisch zogen wir uns was über und kurbelten die Fensterscheibe herunter. Draußen stand ein unfreundlich aussehender Mann in einer leuchtenden Weste und wollte unsere Tickets sehen. Ich kramte sie aus meiner Tasche und reichte sie ihm.

»Anscheinend geht das gleich schon los mit dem Einschiffen«, sagte mein Mann, »aber vorher muss ich noch mal, weck du doch schon mal die Kinder, bin gleich wieder da.«

Sie ahnen es vielleicht: Kaum waren Theo und Pia aus ihren Betten gekrabbelt, setzte sich die Karawane vor uns in Bewegung.

»Mama, die fahren ja alle schon«, rief Theo verschlafen und zeigte auf die anderen Camper, die einer nach dem anderen von Männern in Uniformen auf das gelb-blaue Schiff mit der Aufschrift »Sardinia-Corsica-Ferries« gelotst wurden.

»Das sehe ich, mein Schatz«, sagte ich nervös, »aber wir können noch nicht losfahren, weil Papa auf dem Klo ist und den Autoschlüssel in der Hosentasche hat.« Ein nervenaufreibender Moment, der leider ebenso wie das nächtliche Warten in stinkig-drückender Hafenhitze von da an zum Ritual unserer Korsika-Reisen werden sollte. Immer kurz bevor es auf die Fähre ging, verschwand der Ingenieur mit den Worten »bin sofort zurück« im Fährterminal, um schnell noch etwas Dringendes zu erledigen. Und jedes Mal standen die Kinder und ich da, während sich ringsherum alle anderen in Bewegung setzten. Man könnte meinen, der Gatte hätte ja einfach den Schlüssel dalassen können …, aber nein, das wäre eine zu einfache und auch viel weniger abenteuerliche Lösung gewesen. Denn die Herausforderung, das immerhin 6,50 Meter lange und 3 Meter hohe Auto aufs Schiff zu bugsieren, wollte er sich natürlich nicht nehmen lassen.

»Avanti avanti!« Niemals habe ich hysterischere Fähreinweiser gesehen als die weiß-blau uniformierten Männer der Sardina-Corsica-Ferries. Aufgeregt wedeln sie, machen Lärm mit ihren schrillen Trillerpfeifen, fuchteln, schreien und winken, sodass man selbst schon erschöpft ist, bevor das Auto überhaupt seine Parkposition erreicht hat.

»Was will der denn?«, rief mein Mann nervös, während er den ungeduldigen Anweisungen des Uniformierten zu folgen versuchte. »Soll ich jetzt etwa rückwärts einparken, oder was?« Ein anstrengendes Schauspiel, das der Rest der Familie stark transpirierend und mit äußerst angespannten Nerven aus dem Fonds des rollenden Ferienhäuschens verfolgte. Natürlich passierte das Unvermeidliche. Wir wurden so schräg und ungeschickt rückwärts in die hinterste Ecke des Parkdecks gelotst, dass es plötzlich unangenehm knirschte.

»Ach, du Scheiße«, stöhnte Udo, »wetten, dass das mein Fahrrad war?« Und in der Tat: der Lenker war verbogen, das Rücklicht kaputt – und der dämliche Einweiser schon wieder weggelaufen.

»Da hätte ich dich auch einweisen können«, meinte ich trocken.

Nachdem wir uns beruhigt und unsere Rucksäcke für die immerhin vierstündige Überfahrt gepackt hatten, hieß es nix wie rauf aufs Sonnendeck, vier freie Liegestühle ergattern, Kinder eincremen, zurücklehnen, Ruhe. Entspannt die Ausfahrt aus dem Hafen betrachten, den Kopf in den frischen, salzigen Fahrtwind halten und zusehen, wie sich Livorno und das italienische Festland ganz langsam entfernen – ich liebe es immer wieder.

Nur dass sich damals die Entspannung bei so einer Fährfahrt mit zwei sehr lebhaften kleinen Kindern in Grenzen hielt. Wenn mein Mann und ich heute zu zweit auf der Fähre dem Abendrot entgegentuckern (auf das nächtliche Livorno-Ritual hatten wir irgendwann keine Lust mehr, wir nehmen jetzt die Nachtfähre mit Außenkabine), schrecke ich immer noch zusammen, wenn ich Eltern nach ihren Kindern rufen höre. Immerzu hatte ich Angst, dass die Kleinen beim Rennen auf dem Oberdeck ausrutschen, unter der Reling hindurchflutschen und ins Mittelmeer stürzen könnten. Die Liegestuhl-Phasen waren immer überschaubar, weil einer von uns stets mit einem Kind an der Hand das Schiff erkundete, Eis oder Pommes besorgte oder die Toiletten aufsuchte.

Der allerschönste Moment: wenn am Horizont »L'Île de Beauté«, die »Insel der Schönheit« aus dem Meer auftaucht.

Dunkelgrün bewachsene Hügel, davor Flecken von rosafarbenen und weißen Häusern, der größte von ihnen ist Bastia, die malerische Hafenstadt. Der zweitschönste Moment: wenn wir es geschafft haben, rechtzeitig beim Auto zu sein, um nicht die Wut der anderen auf uns zu ziehen, die hupend hinter uns in der Schlange stehen.

Runter vom Schiff also und ab auf die Insel. Das erste Ziel bei unserer Korsika-Premiere war Saint-Florent, ein hübscher kleiner Ort im Nordwesten, der wegen des schicken Hafens mit ansehnlichen Jachten auch das »Saint-Tropez Korsikas« genannt wird.

Die Campingplatzsuche auf Korsika gestaltete sich am Anfang recht schwierig, da die meisten Führer und Verzeichnisse (Internet und Camper-Onlineportale gab es damals noch nicht) so gut wie keine Empfehlungen gaben. Offensichtlich entsprachen die korsischen Plätze nicht der Norm. Wir verließen uns deshalb auf ein Heftchen mit dem Titel *Mit dem Wohnmobil nach Korsika*. Der erste empfohlene Platz gefiel uns. Er lag direkt an einem kleinen Strand mit flachem Wasser und war ein freundlicher, schlichter Familienbetrieb mit angeschlossener Pizzeria, freier Platzwahl, jeder Menge hängemattengeeigneter Stellplätze und vielen Eukalyptusbäumen, in denen die Grillen extrem laut zirpten. Und das beste: kaum andere Camper. Wir bauten auf, die Kinder schwärmten aus und spielten vergnügt im Wald. Perfekt.

»Was ist das denn«, fragte ich den Ingenieur, als wir gegen Abend vom Strand zurück waren und uns an unserem noch immer ganz einsamen Stellplatz erfreuten. Aus meiner Hängematte heraus erspähte ich etwas Großes, das sich zwischen den Eukalyptusbäumen am Horizont in unsere Richtung schob. »Sieht aus wie ein ... Reisebus ...«

»Tja, ich fürchte, das *ist* ein Reisebus«, sagte mein Mann, »mit tschechischem Kennzeichen.« Tatsächlich. Ganz langsam setzte er zurück und hielt nur wenige Meter vor uns an.

Fassungslos sahen wir zu, wie mindestens 30 Frauen und Männer mittleren Alters ausstiegen, Unmengen an Gepäck ausluden und fröhlich schwatzend das Terrain begutachteten.

»Die bauen jetzt bestimmt ihre Zelte auf«, flüsterte mein Mann. Genauso war's. Der Bus entfernte sich immerhin, aber dafür standen im Handumdrehen an die 20 Zelte rings um unser Wohnmobil herum. Und kaum standen die Behausungen, wurden die Kocher ausgepackt. Es war wie im Kino. Die Tschechen hockten alle zufrieden vor ihren Kochstellen und rührten in kleinen Blechnäpfen, aus denen es nach Maggi roch. Ein Mann, offensichtlich der Reiseführer, sah unsere Blicke und winkte uns freundlich heran.

»Erst mal Freundschaftsschnaps«, rief er lachend und holte eine Flasche aus seinem Zelt. »Wir kommen aus Tschechien, müsst ihr trinken mit neuen Nachbarn!« Er nahm einen ordentlichen Schluck und reichte mir die Flasche. »Ist selbst gebrannt. Gutt!« Es klingt vielleicht pingelig, aber eigentlich teile ich ungern ein Trinkgefäß mit wildfremden Männern, man weiß ja nie, welche Krankheiten ..., aber was soll's, Augen zu und durch. Man will ja nicht unfreundlich erscheinen.

Als die Flasche halb leer war und wir kurz davor, fließend tschechisch zu können, wankten wir zurück zu unserem Bus.

»Kommt Kiiinder, Piiiizzaaaessn«, rief ich und sammelte unseren rotwangigen, völlig eingesandeten Nachwuchs ein.

»Mama, wer sind die Leute und warum redest du so komisch?«, fragte Theo. »Und was ist mit Papa«, kam es von seiner Schwester, »worüber freut der sich so?« Den ganzen Abend mussten wir noch über die Tschechen-Invasion lachen. Beim Gutenachtkuss waren wir uns alle vier einig: Korsika ist wunderbar.

Als wir am nächsten Morgen gegen zehn Uhr aufstanden, traute ich meinen Augen nicht. Kein Zelt mehr da. Keine

Tschechen, kein Bus, nichts! Hatte ich mir das alles nur eingebildet?

»Die sind weitergefahren«, beruhigte mich mein Mann, »sie wollen in 14 Tagen ganz Korsika sehen, das haben sie doch gestern erzählt.«

Als ich den Frühstückstisch deckte, fiel mein Blick auf eine auffällige Erscheinung auf dem Hügel links von uns. Da saß eine sechsköpfige Familie am Tisch, komplett verhüllt von einem riesigen weißen Schleier, der am Baum über ihnen befestigt war.

»Was haben die denn?«, fragte ich den Ingenieur. »Sieht aus wie eine Sekte oder so was.« Sobald ich Baguette, Marmelade und Käse ausgepackt hatte, begriff ich allerdings, wovor die Nachbarn sich schützten. Das war kein religiöses Ritual, sondern ein Moskitonetz gegen die Wespen. Unmengen von Wespen, die sich auf allem Essbaren niederließen. Vielleicht sollte ich an dieser Stelle erwähnen, dass ich eine Insektenphobie habe. Schreiend rannte ich durch den Eukalyptuswald um mein Leben, während die Kinder und mein Mann Wespenfallen aus marmeladenbeschmierten Joghurtbechern bastelten und in sicherer Entfernung von unserem Tisch aufstellten. Eine Plage, die uns leider den ganzen Urlaub über begleitete und mit der ich notgedrungen leben musste. Natürlich war ich auch die Einzige, die nach einer Woche gestochen wurde. Wespen sind meine Mücken.

»Fahren Sie von Nord nach Süd immer der Westküste entlang«, empfahl der Wohnmobilführer, »da ist es am schönsten.« Genauso war es. Wir erfreuten uns an der großartigen Aussicht auf das azurblaue Meer und staunten über die wechselhafte Landschaft, mal war das Land felsig karg und trocken, dann wieder voller Olivenbäume und duftender Macchia. Immer wieder mussten wir uns zur Freude der Kinder den Weg durch wild umherstreunende Kühe und Ziegen bahnen. Zwischen den Orten Île Rousse und Calvi machten wir halt. Es war ein großer Campingplatz, heiß und staubig, aber mit Blick aufs Wasser. Irgendwo auf der verdörrten Wiese fanden wir ein Plätzchen in der prallen Sonne. Kaum hatten wir geparkt, schreckte uns ein lautes Tuten auf.

»Eine Eisenbahn!«, rief Theo hocherfreut. Zwischen Campingplatz und Strand, in Sicht- und Hörweite, fuhr eine kleine Regionalbahn die Küste entlang. Was uns erst als Ruhestörung erschien, entpuppte sich schnell als Riesenvorteil. Nur wenige Meter von unserem Platz entfernt war eine Haltestelle, von der aus wir bequem mit dem Zug die hübschen, typisch französischen Orte Île Rousse und Calvi erreichen konnten. Auch der Strand war perfekt mit glasklarem Wasser, das nicht zu tief war, und rechts und links Felsen zum Schnorcheln hatte. Während der Ingenieur mit Fahrrad und Fotoapparat die Umgebung erkundete, waren die Kinder und ich gern zu Wasser unterwegs. Pia, die noch nicht so gut schwimmen konnte, setzten wir mit Schwimmflügeln in ein kleines Gummiboot, an dessen Leine mein Sohn und ich uns beim Abtauchen festhielten.

»Pia ist unsere Tauchboje!«, freute sich Theo, der sich gar nicht sattsehen konnte an all den schillernden Fischen. »Ich bin eine Tauchboje!«, jauchzte die Kleine und ruderte mit ihren Händen durchs Wasser. So fühlt sich Glück an, dachte ich und wischte mir das Salzwasser aus den Augen.

Am Strand machten wir Bekanntschaft mit Mustafa, dem afrikanischen Souvenirverkäufer. Die Kinder waren sofort von seiner Kleidung und seinem Humor begeistert. In einem langen, bunt gestreiften Kaftan mit passender Mütze wanderte er unermüdlich zwischen den Sonnenanbetern hin und her und bot Sonnenbrillen, Tücher und Schmuck an – und zwar mehrsprachig. Bei uns machte er regelmäßig halt, obwohl wir nichts kauften. Offenbar hatte er seinen Spaß am fröhlichen Gekicher der Kinder, wenn er uns zum zwanzigsten Mal mit den Worten: »Billiger, billiger! Heute Muttertag in Afrika!« seine Ware anpries.

»Echt schön hier«, sagte mein Mann, als wir abends mit Blick auf den Sonnenuntergang grillten, »ich frage mich nur, wer in dieser abgewrackten Wohnwagensiedlung da oben am Hang wohnt. Das sieht so gar nicht nach normalen Campern aus.«

»Mustafa wohnt da«, sagte Pia, »Mustafa und seine Freunde.« Wir guckten verständnislos. Die Kinder erzählten, dass sie bei ihren Erkundungstouren über den Platz zwischen den Rostlauben Mustafa entdeckt hatten, der gerade mit anderen Afrikanern auf einem Gaskocher Reis garte. »Kinder, Reis heute billiger, billiger«, hatte er lachend gerufen und den beiden zugewunken. Theo und Pia hatten recht. Unser Campingplatz war tatsächlich Domizil sämtlicher Strandverkäufer der Gegend. Bis auf Mustafa nahmen sie alle morgens die Bahn und schwärmten in die Küstenorte aus.

»Die Mustafas haben alle die gleichen Schuhe wie Papa«, sagte Theo, als wir eines Abends vom Strand zurückkamen.

»Stimmt«, sagte mein Mann, »ist mir auch schon aufgefallen. Die Jungs mögen offenbar Timberlands. Sehen zwar alle schon ein bisschen ausgelatscht aus, aber die Treter halten ja ewig. Woher die die wohl haben?«

Am nächsten Morgen waren seine Schuhe verschwunden, die er abends wie immer vor dem Bus abgestellt hatte.

»Heute Muttertag in Afrika«, feixte ich. Udo fand das gar nicht witzig und durchsuchte gereizt das umliegende Gelände – leider erfolglos.

»Was soll's«, sagte ich, »die Strandverkäufer haben die Schuhe auf jeden Fall nötiger als du, so viel wie die laufen.« Mürrisch fügte er sich in sein Schicksal. Erst abends beim Grillen entdeckten die Kinder plötzlich etwas im Gebüsch.

»Wir haben Papas Schuhe gefunden«, krähte Pia vergnügt

und schleppte die verloren geglaubten Slipper an. Überrascht starrte der Ingenieur seine Timberlands an.

»Tatsächlich! Das sind meine«, sagte er, »wie kommen die denn in den Busch?«

»Vielleicht hat die der Hund unserer Nachbarn verschleppt«, vermutete ich. »Auf jeden Fall müssen wir uns schämen, weil wir als Erstes die Afrikaner im Verdacht hatten. Da sieht man's mal wieder, wie schnell man selbst zum Rassisten werden kann.«

Am nächsten Morgen ging die Reise weiter. »Auf zu neuen Abenteuern«, rief der Ingenieur und fuhr gut gelaunt die Küstenstraße entlang, »jetzt kommt das landschaftlich schönste Stück.« Je weiter wir nach Süden kamen, desto atemberaubender wurden sowohl das Panorama als auch der Zustand der Straße. Immer schmaler, immer kurviger, immer holperiger wand sie sich die Steilküste entlang. Ich konnte mich gar nicht entscheiden, worüber ich zuerst in Verzückung geraten sollte, das tiefblaue Meer, das rechts unter uns schimmerte, oder die in der Abendsonne rot leuchtenden Felsen zur Linken.

»Man nennt sie Calanches«, las ich aus dem Reiseführer vor. »Diese Steine sind vom Wind, der salzigen Luft und der Sonne so verwittert, dass sie bizarre Formen angenommen haben, manche sehen aus wie Tiere.« Die Kleinen waren begeistert.

»Da, eine Katze! Ein Hund, ein Löwe«, riefen sie aufgeregt.

»Könnt ihr euch bitte mal ein bisschen leiser freuen«, brummte ihr Vater. Erst jetzt sah ich, dass er sehr angespannt aussah. »Ich verstehe ja, dass ihr begeistert seid, ich sehe nur leider nichts von der Pracht«, sagte er und umklammerte das Lenkrad. »Was glaubst du, wie anstrengend das ist, hier so dicht am Abgrund entlangzueiern? Jedes Mal, wenn uns ein Wohnmobil entgegenkommt, habe ich Angst, dass wir abstürzen.« Kaum hatte er es ausgesprochen, kam hinter dem nächsten roten Felsen laut hupend ein Reisebus hervorgekrochen. »Da haben wir den Salat«, ächzte Udo, »an dem kommen wir nicht vorbei. Jetzt müssen wir zurücksetzen.« Zentimeter für Zentimeter steuerte er unser Auto zielsicher rückwärts durch die Serpentinen, bis wir endlich eine Ausweichstelle erreichten.

»Mensch, Mensch, Mensch«, mein Mann wischte sich den Schweiß von der Stirn, »und das alles nur mit Außenspiegeln.«

Ermattet von so viel korsischer Naturschönheit machten wir halt an einem schlichten kleinen Campingplatz in der nächsten Bucht. Vor der Weiterreise brauchten wir dringend eine Dusche. Die sanitären Anlagen sahen zwar nicht besonders einladend aus, aber wir waren ja nicht zimperlich. Oder doch?

»Mamaaaa«, kreischte Theo, als er sich mit Pia zwei Kabinen neben mir einschließen wollte, »hier liegt ein dicker Haufen in der Dusche! Igitt, das stinkt.«

»Das stiiinkt!«, echote seine kleine Schwester. Ich drehte meine Dusche ab, wickelte mir hastig ein Handtuch um und rannte zu den Kindern. Ich konnte kaum glauben, was ich da sah. Mitten in der Dusche hatte jemand eine stattliche Wurst hinterlassen, an der bereits die korsischen Fliegen ihren Gefallen gefunden hatten.

»Scheiße, äh, ich meine Mist«, rief ich angewidert und riss die Kinder aus der Kabine zurück, »das ist ja widerwärtig. Wer macht bloß so was? Hier wird nicht mehr geduscht. Ich sage sofort an der Rezeption Bescheid.«

Lieber wäre ich eine Woche lang ungewaschen weitergereist als dieses Sanitärgebäude noch einmal zu betreten.

Am nächsten Morgen brachen wir früh auf, deckten uns im Supermarkt mit Lebensmitteln ein und brachen in den Südwesten der Insel auf, der uns als besonders malerisch und wenig touristisch empfohlen worden war. Volltreffer. Tatsächlich entdeckten wir dort den schönsten Platz der Welt. Er lag an einer Traumbucht mit weißem Sand und karibischem Meer. Eine grüne Wiese, ein paar Busse und Zelte kreuz und quer verstreut, nirgendwo ein Campingschild.

»Kommen Sie ruhig rein«, rief mir die etwas streng aussehende Frau auf Französisch zu, die in der geöffneten Tür eines kleinen weißen Hauses stand. Zögernd betrat ich den Raum. Sieht aus wie ein Wohnzimmer, dachte ich. »Das ist hier unser Wohnzimmer«, sagte sie, als könne sie Gedanken lesen, »wir sind auch kein richtiger Campingplatz, aber wir stellen unsere Wiese halt zur Verfügung für alle, die nicht unbedingt warme Duschen brauchen und auch kein Problem damit haben, wenn die Toiletten mal verstopft sind.« Aha. Ich schluckte und warf noch mal einen verstohlenen Blick auf den Strand. Wozu heiße Duschen, wenn man in diesem märchenhaften Meer baden kann? Und schlimmer als der Haufen konnte es ja eigentlich nicht werden.

Wurde es auch nicht. Den tschechischen Hippies sei Dank. Die sparsamen Hüter des Paradieses, die, wie sich herausstellte, Valerie und Jean hießen, hatten nämlich für die Putzdienste junge Traveller aus Osteuropa engagiert, die sich ein bisschen Reisegeld dazuverdienen wollten. Und so traf man, wann immer man das sehr spartanisch ausgestattete Waschhaus aufsuchte, auf gut gelaunte blonde Rastafari, die, wenn sie nicht gerade mit Gitarrespielen beschäftigt waren, Duschen und Klos mit dem Hochdruckreiniger bearbeiteten oder einem auch mal einen Eimer Wasser hinterherkippten, wenn die Spülung streikte. Ein gut funktionierendes Konzept.

Tipp für Neucamper: Falls Sie vorhaben, die Westküste Korsikas zu bereisen, vergessen Sie alle Klassifizierungen und Sterne, mit denen normalerweise Campingplätze bewertet werden. Die schönsten Fleckchen findet man in keinem der einschlägigen Reiseführer, weil

sie weit unter dem Radar jeglicher Bewertungsmaßstäbe liegen. Nach Animateuren, Bootsverleih, Restaurant und Mini-Markt sucht man meistens vergeblich und beim Betreten der sanitären Anlagen sollten Sie immer auf alles gefasst sein. Dafür werden Sie durch weitgehend unberührte Natur und Einsamkeit entschädigt, die in Südeuropa ihresgleichen sucht.

Wir suchten uns einen Platz auf der Wiese. Die Mitcamper waren fast alle unaufgeregte Leute in unserem Alter oder jünger, die meisten waren mit Zelten oder kleineren Bussen unterwegs. Viele von ihnen verbrachten tagsüber ihre Zeit in Schlauchbooten oder Kajaks auf dem Wasser oder düsten mit Rennrädern durch die Berge. Besonders beeindruckt waren wir von zwei belgischen Familien mit vielen Kindern, die mit selbst ausgebauten Oldtimer-Reisebussen angefahren kamen. Die Männer waren langhaarig und tätowiert, die Frauen schön und schlank, die Kinder frech und zerzaust – und alle waren so dunkelbraun gebrannt, als wären sie schon seit Jahren unter der südlichen Sonne unterwegs. Vom Dach des einen Busses holten sie ein riesengroßes schwarzes Schlauchboot herunter.

»Wow, so eins hätte ich auch gern«, sagte mein Mann, »mit so'nem 150-PS-Motor geht die Post richtig ab!« Jeden Morgen quetschten sie sich alle Mann mit Sack und Pack in das schnittige Teil, fuhren los und kamen erst abends – noch ein bisschen brauner – wieder zurückgetuckert.

Einkaufen konnte man nur in dem kleinen Laden neben Valeries Wohnzimmer. Es gab Baguette, Käse, ein bisschen Obst und Gemüse und was man sonst noch so zum Überleben braucht. Den köstlichen Rosé vom eigenen Weinberg konnte man sich abfüllen lassen, wovon wir sehr gerne Gebrauch machten. Auch die Kinder fühlten sich extrem wohl, sie hatten Spielkameraden gefunden und waren kaum noch aus dem badewannenwarmen flachen Wasser herauszubekommen. Die kalten Duschen benutzten wir nicht (zumal die Kinder berichtet hatten, dass dort eine Froschkolonie hauste), stattdessen wuschen wir uns abends das Salzwasser unter der Solardusche ab, die mein Mann außen am Bus aufgehängt hatte. Und wenn der Vollmond sich zu später Stunde groß und träge hinter dem Genueserturm am bewaldeten Horizont nach oben schob, schaukelte ich sanft in meiner Hängematte und dankte dem Camping-Gott, dass er mich so beschenkte.

Sie wollen wissen, wo sich dieser unwirklich bezaubernde und zugleich hygienisch bedenkliche Ort befindet? Verrate ich nicht. Aber ich verspreche Ihnen, dass ich Sie noch öfter hierher mitnehmen werde.

»Wir müssen unbedingt noch diesen Strand an der Ostküste sehen«, sagte ich zu meinem Mann, obwohl sich unsere Lust, von unserem Lieblingsort wieder aufzubrechen eigentlich in Grenzen hielt. »Das soll der schönste Strand Korsikas sein, ganz lang, ganz breit, ganz weiß.«

Also auf nach Palombaggia. Zunächst waren wir enttäuscht. Schon die Parkplätze waren total überfüllt, und das, obwohl wir in der Nachsaison unterwegs waren. Der Superstrand war folglich vor lauter Menschen und Badehandtüchern kaum noch zu sehen. Dazu die Hitze.

»Komm, lass uns wieder abhauen«, sagte der Ingenieur mürrisch, »das ist ja die Hölle hier. Da hätten wir auch nach Mallorca fliegen können.« Ich blätterte im Womo-Führer. Irgendwo hatte ich doch was von einem Geheimtipp ...

»Warte mal«, sagte ich, »hier steht, dass man auf einem dieser Parkplätze direkt am Strand auch über Nacht stehen kann. Man soll sich beim Parkwächter melden, der Guiseppe heißt.« Zielstrebig steuerte ich auf das kleine Holzhäuschen zu.

»Madame?«, ein charmant lächelnder Mann mit freiem Oberkörper und Baseballkappe sah mich an, »je peux vous aider?« (»Kann ich Ihnen helfen?«) Volltreffer. Guiseppe erklärte mir freundlich, dass wir unseren Bus gerne irgendwo parken könnten. Ab 20 Uhr seien die Tagesgäste weg. »Dann könnt ihr es euch hier gemütlich machen. Morgen früh um acht ist der Strand noch menschenleer, dann müsst ihr schwimmen gehen. Danach gibt's hier Frühstück bei mir an der Bar.«

Guiseppe wurde unser Freund. Kaum hatten die Menschenmassen den Strand verlassen, verwandelte sich der Palombaggia in eine südseeähnliche Oase. Wir planschten und schnorchelten, ließen uns die Pizza aus Guiseppes Holzofen schmecken und zählten die Sternschnuppen. Kurz vorm Schlafengehen entdeckten wir aber erst das Allerbeste an Guiseppes Strandresort: die »sanitären Anlagen«! Zwei grob zusammengezimmerte Holzbuden, ohne Dach, auf dem Boden ein paar zusammengenagelte Planken. In dem einen eine Dusche, aus der (natürlich) nur kaltes Wasser kam. In dem anderen eine Toilette (mit Spülung!). »Wie hat der bloß die Wasserleitungen hierherverlegt?«, fragte der Ingenieur mit Bewunderung in der Stimme. »Ist ja krass. Ein Klo mit Blick in den Sternenhimmel.«

Wir waren danach nie wieder an diesem Strand, weil er in der Hauptsaison einfach zu überlaufen ist. Sollten Sie aber Guiseppe mal über den Weg laufen – grüßen Sie ihn von uns. Wir verdanken ihm und seinem liebevoll improvisierten Camper-Unterschlupf wunderbare Erinnerungen.

Mitte September mussten wir schweren Herzens unsere neu entdeckte Lieblingsinsel wieder verlassen. »Auf Wiedersehen Korsika!«, riefen wir und winkten zum Abschied mit unseren Papiertaschentüchern vom Oberdeck der Fähre. »Wir kommen wieder!«

Ein Kahn namens Olli

Reisetagebuch, Juli 2002
Katastrophe! Also das Schlauchbootfahren habe ich mir leichter vorgestellt. Wie soll man bitte schön bei Sturm und hohen Wellen das Teil ins Wasser ziehen? Ist ja lebensgefährlich mit kleinen Kindern. Na ja, vielleicht stelle ich mich auch nur doof an, aber ich bin ganz froh, dass ich nicht hauptberuflich zur See fahren muss ...

Das schwarze Speedboot der coolen Belgier ließ dem Ingenieur fast zwei Jahre lang keine Ruhe mehr.

»Wir brauchen ein Schlauchboot, die Kinder sind jetzt groß genug«, verkündete er eines Tages im Frühjahr. Wohin es im Sommer gehen sollte, hatten wir noch gar nicht beschlossen. Aber wir gehören ja ohnehin zu der Sorte Camper, die sich manchmal erst am Tag der Abreise entscheiden, je nach Laune und Wetter. Reserviert haben wir noch nie, für ein Fahrzeug wie unseres ist immer irgendwo noch ein Plätzchen frei. In der Hauptsaison muss man allerdings flexibel sein und manchmal mehrmals innerhalb eines Campingplatzes umziehen, da kann auf meinen Hängematten-Tick leider nicht immer Rücksicht genommen werden.

»Ich mache mich mal auf die Suche nach einem Boot, das wir problemlos mit unserem Bus transportieren können.« Irgendwann kam Udo freudestrahlend mit einem schneeweißen Modell Marke Quicksilver an, 3,80 Meter lang, aber natürlich so kompakt verpackt, dass es noch nicht als Boot zu erkennen war. »Fehlt nur noch ein Motor«, sagte er. Nach längerer Suche war auch das geschafft. Ziemlich günstig hatte er einen 15-PS-Motor ergattert, ein Schnäppchen, wie er mir versicherte. »Wasserski fahren kann man damit zwar nicht, dazu hat er nicht genug Power«, erklärte er den Kindern, die ein bisschen enttäuscht guckten, »aber es reicht, um übers Mittelmeer zu flitzen.«

Aufgeregt standen wir alle um ihn herum, als er das Boot auspackte, wir mussten es ja zur Probe einmal aufpumpen, um zu sehen, ob auch alles dicht war. Bingo. Da lag es nun in voller Pracht im Vorgarten, prall und blütenweiß, unser erstes eigenes Schiff. Zur Probe setzten wir uns alle mal rein.

»Das Boot ist voll«, sagte ich, »jetzt braucht es nur noch einen Namen.« Die Suche gestaltete sich fast so schwierig wie die nach den Namen für unsere Kinder. Die Vorschläge reichten von »Schneewittchen« über »Speedy Gonzales« bis hin zu »Samson« oder »Bibi Blocksberg«. Theo schoss mit seiner Idee schließlich den Vogel ab.

»Wir könnten es doch Olli Kahn nennen«, schlug er vor. Man muss dazu sagen, dass wir uns kurz vor der Fußballweltmeisterschaft befanden und mein Sohn glühender Fan unseres damaligen Nationaltorhüters war.

»Ich möchte aber lieber, dass es ›Happy‹ heißt«, rief Pia, die zwar Fußball spielte, sich aber nicht die Bohne für die Nationalmannschaft interessierte. Sie wurde überstimmt, denn mein Mann und ich fanden den Doppelsinn sehr witzig.

»Haha, ein Kahn namens Olli, ich lach mich kaputt«, freute sich der Ingenieur, »ich wette, so heißt noch kein Boot dieser Welt.« Der Name, auch das muss ehrlicherweise gesagt werden, wurde kurz vor unserer Abreise noch mal auf eine harte Probe gestellt. In dem Moment nämlich, als Oliver Kahn im Finale gegen Brasilien einen Fehler machte und so zur tragischen Figur wurde. Theo war von seinem Helden bitter enttäuscht.

»Das Boot soll nicht mehr so heißen«, rief er wütend, »ich mag Olli Kahn nicht mehr. Wir können es jetzt ruhig Happy nennen.« Das Umtaufen klappte nicht so recht, denn wir hatten uns alle schon zu sehr an den Namen gewöhnt, außerdem legte sich der Zorn auch schnell wieder.

Bevor es losging, musste natürlich auch noch der gebraucht gekaufte Motor getestet werden. Und das ging so: Der Ingenieur füllte eine Mülltonne mit Wasser und befestigte den Schiffsmotor am Rand, sodass die Schraube im Wasser hing. Nervös zog er wieder und wieder am Startseil, bis der Yamaha endlich mit einem dumpfen Röhren unter Wasser zu gurgeln begann.

»Musik in meinen Ohren«, rief er triumphierend, »er ist zwar schon älter, aber dieses Modell soll unverwüstlich sein.« Alles wurde sorgfältig wieder verpackt und in Plastikplanen gehüllt. Olli Kahn fand seinen Platz auf einer kleinen Plattform unterhalb des Fahrradträgers, die mein Mann hinten am Bus befestigt hatte. Der Motor wurde unter dem Kinderbett verstaut. Und los ging's Richtung Süden.

Unser Ziel stand jetzt fest: Sardinien. Weil alles andere schon ausgebucht war, hatten wir eine Nachtfähre ab Genua gebucht, mit Viererkabine.

Schon während der Fahrt spürte ich meinen linken unteren Backenzahn, den zweiten von hinten. Ein unangenehmes Pochen. Vor Kurzem erst war die Wurzel behandelt worden, eigentlich dachte ich, die Sache hätte sich damit erledigt. Aber als wir abends aufs Schiff fuhren, übrigens ganz ohne Unannehmlichkeiten beim Einweisen, waren die Schmerzen schon ziemlich stark. Wie durch einen Schleier nahm ich das Ablegen und die Menschen um mich herum wahr, nachts machte ich kein Auge zu, weil der Zahn unerträglich wehtat.

»Unser erstes Mal auf Sardinien habe ich mir anders vorgestellt«, jammerte ich, als wir von der Fähre rollten und hielt mir die Wange. »Lange halte ich das nicht mehr aus, ich brauche einen Arzt.« In der Hoffnung, dass die Schmerzen vielleicht doch von alleine wieder weggehen würden, suchten wir uns einen Campingplatz. Bis heute habe ich nur schemenhafte Erinnerungen an diesen Ort. Mein Mann und die Kinder erzählen, dass es dort sehr schön gewesen sei, der Strand, das Meer, der weitläufige Platz unter Pinien ... sogar in der Hängematte soll ich gelegen haben, allerdings weinend mit schmerzverzerrtem Gesicht. Eine Nacht hielt ich noch durch, dann rief ich meine Zahnärztin in Deutschland an.

»Kann man einem x-beliebigen sardischen Dorfzahnarzt trauen?«, fragte ich sie.

»Ich schätze mal, die Wurzelspitze ist entzündet«, sagte die Zahnärztin meines Vertrauens. »Jetzt hör mir mal gut zu. Du versuchst, einen Kieferchirurgen zu finden, der soll eine Wurzelspitzenresektion machen, aber nur, wenn er so was schon häufiger gemacht hat! Sonst gehen die Schmerzen wahrscheinlich nicht weg.« Na toll. Ich konnte kein Wort italienisch, versuchte aber, dem jungen Mann an der Rezeption des Campingplatzes klarzumachen, was Sache war.

»Ah sì, dentista«, rief er und erklärte mir wortreich, dass im nächsten Dorf ein Mann mit diesem Beruf zu finden sei. Ich verstand irgendwas mit »destra, sinsitra, dritto«, (rechts, links, geradeaus), vor allem prägte ich mir aber den Namen des Arztes ein: Dottore Sardu. »Come l'isola«, (wie die Insel) meinte der nette Sarde, »Sardinia, Sardu!«

Mein Mann und die Kinder fuhren mich hin. Rechts, links, geradeaus. In einer schmalen Straße stießen wir auf ein verwittertes Haus mit dem Schild: Dr. Sardu, dentista, chirurgo maxillofacciale. Ich schlug in meinem kleinen Italienisch-Lexikon nach.

»Du, der ist tatsächlich auch Kieferchirurg, so ein Zufall«, sagte ich zu meinem Mann.

»Wir warten hier auf dich«, sagte er, »viel Glück!« Ich umarmte ihn und die Kinder und stapfte meinem Schicksal entgegen. In dem sehr kargen Wartezimmer saßen mehrere Personen. Eine sehr alte, schwarz gekleidete Frau, die aussah, als habe sie gar keine Zähne mehr im Mund (was wollte die denn hier?), ein Mann in staubigen Bauarbeiterklamotten und eine Nonne. Kein Empfangstresen, keine Sprechstundenhilfe. Stille.

»Buongiorno.« Ich setzte mich. Alle starrten vor sich hin. Ab und zu hielt die Nonne sich die Hand vor den Mund und wimmerte leise. Kein Lufthauch und gefühlte 45 Grad. Das Einzige, das sich bewegte, war eine nervtötend summende Fliege, die sich ständig auf mir niederließ. Plötzlich ging die Tür zum Behandlungszimmer auf. Ein dunkelhaariger Mann im weißen Kittel winkte die Nonne zu sich herein. Danach den Bauarbeiter, zum Schluss die Zahnlose. Dann endlich war ich an der Reihe.

»Signora«, fragte er freundlich, »come posso aiutarti?« Ich vermutete, dass er wissen wollte, was mir fehlte. Während ich mich verstohlen im Raum umsah (es sah aus, als sei hier seit mindestens 30 Jahren nichts mehr modernisiert worden), versuchte ich, zunächst auf Englisch, dann auf Französisch, schließlich mit Handzeichen zu erklären, wo und warum ich Schmerzen hatte. Dottore Sardu sprach nur italienisch, aber er lächelte und schien begriffen zu haben. Mit einer lässigen Handbewegung lud er mich auf seinen Behandlungsstuhl ein und spähte mir in den Mund. Im Hintergrund lief ein italienisches Radioprogramm. Sie spielten gerade »Bello e impossibile« von Gianna Nannini. So was vergisst man nicht.

»Aaaah«, rief Dottore Sardu, schüttete einen Schwall italienischer Wörter über mir aus und griff zum Bohrer.

»Nein!«, schrie ich, sprang vom Stuhl herunter und flüchtete in eine Ecke des Raumes. »Picura! Picura!« Das muss so was wie Spritze heißen, dachte ich. Allein der Gedanke, dass jemand ohne Betäubung diesen entsetzlich schmerzenden Zahn berühren könnte, machte mich wahnsinnig. Der Arzt sah mich milde lächelnd an.

»E morto«, sagte er, »il dente è morto.« Witzbold. Klar ist der Zahn tot, aber irgendwas darunter ist extrem lebendig, sonst würde es mir ja nicht so zu schaffen machen. Ich schüttelte den Kopf. Geduldig holte Doktor Sardu ein Fotoalbum aus dem Schrank und zeigte mir stolz eine Reihe von Bildern. Lauter Röntgenaufnahmen von Zähnen, die er offenbar erfolgreich behandelt hatte. Irgendwann gab ich auf und kroch zurück auf den Stuhl. Er fing an zu bohren – ohne Spritze. Ich merkte nichts. Sardu trällerte irgendeinen italienischen Hit mit, der im Radio lief. Das Telefon klingelte. Er hob ab, klemmte sich den Hörer zwischen Ohr und Kinn, telefonierte und bohrte währenddessen immer weiter in meinem Zahn herum.

Lieber Gott, betete ich still vor mich hin, lass diesen Moment bitte schnell vorüber sein. Ich möchte einfach nur Campingurlaub auf Sardinien machen. Der Doktor hörte auf zu bohren, telefonierte aber noch weiter, stocherte mit irgendetwas in meinem Zahn herum und roch daran.

»Aaaah«, rief er begeistert und hielt mir ein kleines Holzstäbchen unter die Nase. Es roch widerlich. »Pus!« (das heißt Eiter, habe ich nachträglich recherchiert), sagte er erfreut, hantierte noch ein bisschen herum und gab mich irgendwann frei. Nachdem er sein Telefongespräch beendet hatte, radebrechten wir noch eine Weile. Ich verstand, dass ich Antibiotika nehmen und in Deutschland zum Zahnarzt gehen sollte.

»Buone vacanze!« (schöne Ferien), rief mein Retter mir noch hinterher, als ich die Praxis verließ. Ein bisschen benommen ging ich zu unserem Auto und merkte plötzlich, dass die Schmerzen so gut wie weg waren.

»Ich glaube, der kann was«, murmelte ich und kletterte auf den Beifahrersitz.

Genau das bestätigte mir vier Wochen später auch meine Zahnärztin. Dottore Sardu hatte die Krone aufgebohrt, so konnte der Eiter entweichen und die Entzündung sich durch das Antibiotikum beruhigen. Die Wurzelspitzenresektion wurde dann in Deutschland gemacht.

Unser Urlaub war gerettet. Am nächsten Tag ließen wir Olli Kahn zu Wasser. Das hört sich so einfach an, war aber eine komplizierte Angelegenheit. Das Boot musste aufgepumpt, der Motor befestigt und das Ganze mithilfe von zwei Rädern, die mein Mann hinten befestigt hatte, quer über den Campingplatz zum Meer befördert werden. Da es nicht ganz windstill war, klatschten die Wellen an den Strand und wir mussten uns mit Olli erst mal den Weg durch die Brandung bahnen. Wir zogen alle unsere Schwimmwesten an (ich fand, mit dem viel zu eng sitzenden blauen Ding über meinem Bikini sah ich aus wie ein halb nacktes Michelin-Männchen, aber der Ingenieur bestand darauf), Udo zog vorne, die Kinder an den Seiten, ich schob von hinten. Leider bekamen wir das Boot nicht richtig unter Kontrolle, es torkelte auf den Wellen hin und her.

»Pass auf!«, schrie mein Mann, »du musst das Boot richtig festhalten, sonst bekommt noch einer den Motor an den Kopf.« Ich versuchte, den Kahn zumindest so lange zu zähmen, bis der Ingenieur die Räder hinten abgeschraubt und am Strand abgelegt hatte. Als wir endlich die Brandung hinter uns hatten und in ruhigerem Gewässer waren, fühlte ich mich schon total erschöpft. Wir kletterten an Bord, die Kinder und ich saßen im Heck, mein Mann auf der Bank. Er startete den Motor.

»Das Meer ist eigentlich zu wellig heute«, sagte er, »dafür

ist Olli zu leicht, da kommt man nicht so recht ins Gleiten.« Mit zusammengekniffenen Augen begutachtete er den Horizont, die Pinne fest im Griff. »Könnte schnell stürmischer werden.« Das Boot schwankte, bei jeder Welle ging's rauf und runter und wir wurden nass gespritzt. Die Kinder jauchzten vor Vergnügen.

»Käpt'n Quicksilver und seine Crew stechen in See«, rief ich und klammerte mich an den Seilen rechts und links fest, weil ich bei jeder Welle die Bodenhaftung verlor. Plötzlich frischte es auf, die Wellen bekamen kleine Schaumkronen und wurden immer höher. Wir fuhren vorsichtshalber zurück. Das Anlanden war eine Katastrophe. Wir mussten relativ weit draußen von Bord, weil die Brandung schon zu stark war, um bis zum Strand fahren zu können. Die Kinder schwammen an Land, während mein Mann und ich versuchten, den völlig wild gewordenen Olli Kahn festzuhalten, obwohl uns das Wasser bis zum Hals stand. Bei jeder neuen Welle hatte ich Angst, dass der Yamaha meinen Schädel zertrümmern könnte.

»Ich kann das Ding nicht mehr halten«, schrie ich gegen den Wind dem Ingenieur zu und ließ los. Irgendwie schaffte er es, im Kampf mit den Naturgewalten die Oberhand zu behalten und zog schließlich das weiße Ungetüm an Land. Keuchend ließ er sich in den Sand fallen.

»Du bist leider als Matrose völlig ungeeignet«, japste er, »viel ungeschickter kann man sich ja kaum noch anstellen!«

»Also mein Leben ist mir im Zweifelsfalle wichtiger als der blöde Olli«, sagte ich und schälte mich aus der nassen Weste heraus. »Zum Glück kommen ja morgen die anderen, dann hast du einen zweiten Kapitän.«

Wir hatten uns mit meiner jüngeren Schwester und ihrer Familie verabredet und schon mal einen geeigneten Platz für uns alle gesucht. Am nächsten Tag kamen sie: Schwester, Schwager und Nichten. Der Sturm war noch stärker geworden, dabei war es unglaublich heiß und man wurde von rötlichem Sahara-Sand eingestaubt. Neidisch beobachtete mein Mann, wie die italienischen Nachbarn trotz des Wellengangs mit ihren Schlauchbooten zum Fischen rausfuhren.

»Alles Übungssache«, sagte mein Schwager, »komm, das können wir auch.«

Nachdem die beiden Olli Kahn mit größtmöglichem Einsatz zu Wasser gelassen hatten, watete der Rest der Familie im Gänsemarsch zum Boot. Unser Gepäck (Essen, Getränke, Badetücher, Sonnenschirm usw.) balancierten wir auf dem Kopf. Wir wollten einen Ausflug zu einem etwas weiter entfernten, im Reiseführer als traumhaft angepriesenen Strand machen.

»Jetzt zeige ich euch mal, wie man so richtig dynamisch an Bord geht«, rief mein Schwager. Mitleidig hatte er beobachtet, wie wir nacheinander mühsam ins Boot gekraxelt waren, immerhin war das Wasser an dieser Stelle schon recht tief. Die Kinder konnten nicht mehr stehen und uns Erwachsenen reichte es bis an die Brust. Er holte tief Luft und tauchte unter. Kurz darauf schoss er wie eine Rakete aus dem Wasser, schwang sich über die Gummi-Reling und landete zwischen uns.

»Warum hast du keine Hose mehr an?«, fragte meine Tochter verblüfft. Wir starrten ihn alle an und brachen in hysterisches Lachen aus. Seine coole Boxershorts war tatsächlich beim Kavaliersstart auf der Strecke geblieben.

»War wohl ein bisschen zu viel Dynamik«, prustete meine Schwester und hielt seine Beine fest, während er mit dem Oberkörper unter Wasser hing und verzweifelt nach seiner Badehose fischte.

Mit vier Erwachsenen und vier Kindern an Bord lag Olli zwar schon bedenklich tief im Wasser, schaffte es aber mit seiner Fracht zur paradiesischen kleinen Bucht zwischen weißen Felsen. Wir schleppten unser Picknick-Equipment an

Land und machten es uns im heißen Sand bequem. Kein anderer Badegast war in Sicht, nur wir, der Strand, das Wasser und ein kleines weißes Boot, das vor uns in den Wellen dümpelte. Genauso hatte ich mir das vorgestellt.

Leider nahm das karibische Idyll ein jähes Ende. Die Honigmelone blieb uns fast im Hals stecken, als wir sahen, was sich da in Sekundenschnelle über dem Meer aufbaute. Merkwürdige Wolkenformationen, begleitet von einem plötzlich aufkommenden böigen Wind.

»Sieht aus wie ein Hurrikan, eine Windhose oder so was«, sagte mein Mann nervös. »Los, packt schnell zusammen, wir müssen sofort zurück!« Hals über Kopf rafften wir unsere Siebensachen zusammen und enterten Olli Kahn. Die Rückfahrt gehört zu den wenigen Erlebnissen auf dem Meer, bei denen ich gerne meine Freunde, die Seenotretter, an meiner Seite gewusst hätte. Das Gewitter kam in einem Tempo näher, das uns allen Angst einjagte. Immer höher wogten die Wellen um uns herum, das Wasser spritzte und der Wind blies uns orkanartig um die Ohren.

»Wir setzen euch da vorne ab«, brüllte mein Mann meiner Schwester und mir zu, »ihr schwimmt mit den Kindern die paar Meter zum Strand und wir suchen eine Stelle, wo wir das Boot an Land bringen können.«

Als wir Frauen und Kinder triefend nass und erschöpft über den Campingplatz trotteten, spürten wir die mitleidigen Blicke der italienischen Hobbyfischer im Rücken. Natürlich hatten sie ihre Boote rechtzeitig in Sicherheit gebracht. Wir rubbelten uns trocken, suchten Schutz unter der Markise und beobachteten den Rest des Naturschauspiels. Zwei Stunden später, als die Wolken schon wieder anfingen sich aufzulösen, tauchten die Männer wieder auf. Ohne Boot, aber trotzdem leicht schwankend.

»Haben Olli sicher trockengelegt«, sagte der Ingenieur mit brüchiger Stimme.

»Jawoll«, ergänzte der erste Offizier leicht lallend, »haaaabn dem tooosnden Sturm mutig ins Auge geblickt. Aaalles erledigt.« Da hatten wohl ein paar Après-Stress-Ramazzotti ihre Wirkung getan. Noch in der Nacht wälzte sich mein Mann unruhig hin und her und murmelte vor sich hin. Ich verstand nur Wortfetzen wie »die Ratten verlassen das sinkende Schiff« oder »der Kapitän geht als Letzter …« und mochte mir gar nicht ausmalen, welche Bettszenen sich wohl abspielen würden, wenn ich mit einem Viermaster-Kommandeur verheiratet wäre …

Am nächsten Tag lachte die Sonne wieder mit teuflischer Hitze auf uns herab, leider auf Kosten des Kühlschranks meiner Schwester und ihres Mannes. Die beiden hatten sich kurz vor dem Urlaub einen sehr originellen, aber altersschwachen Mini-Wohnwagen Modell Eriba zugelegt. Voll möbliert, aber nicht mehr in bestem Zustand. 40 Grad ohne gekühlte Getränke – geht gar nicht.

»Mir hat ein Freund erzählt, man muss den Kühlschrank nur ausbauen und auf den Kopf stellen«, verkündete mein Schwager, »dann kommt die Kühlflüssigkeit in Bewegung und er springt wieder an.« Es wurde also getan, was getan werden musste. Als der Kühlschrank draußen war, inspizierte der Ingenieur den Boden darunter.

»Alter«, sagte er entsetzt, »was habt ihr denn da gekauft? Alles total morsch, das Holz ist ja durchgefault, ich kann durch das Loch die sardische Erde sehen.«

»Der wird nach den Ferien sowieso wieder verkauft«, winkte mein Schwager ab. Er war stolz darauf, sich jedes Jahr wieder ein neues Campinggefährt zuzulegen. Der Kühlschrank war schnell wieder eingebaut. Natürlich funktionierte er trotzdem nicht. Für den Rest der Ferien musste eine eilig angeschaffte Kühlbox reichen.

Sardinien zog hitzeflirrend und staubig an uns vorbei, die meiste Zeit verbrachten wir im Wasser. Olli Kahn kam in diesem Urlaub nicht mehr zum Einsatz, dafür aber sehr häufig in den folgenden Jahren. Ich möchte unsere morgendlichen Ausflüge auf dem Mittelmeer nicht missen. Immer vor dem Frühstück machten wir vier uns auf, die Küsten unserer Urlaubsorte vom Meer aus zu besichtigen. Die Kinder lernten schnell, das Boot zu steuern, wir übten Mann-über-Bord-Manöver, sprangen auch mal ins tiefe Wasser und erkundeten mit Schnorcheln die heimische Fischwelt.

Mit der Zeit wurde es ein bisschen eng an Bord. »Ihr seht aus wie ein tanzender Haufen Fleisch auf den Wellen«, sagte ein Freund mal, der uns vom Strand aus beobachtet hatte. »Ich glaube, euer Olli wird zu klein für euch Riesen.«

Bisher haben wir es noch nicht übers Herz gebracht, uns von ihm zu trennen. Im Moment liegt Olli Kahn im Keller unterm Billardtisch, verpackt in eine blaue Kunststoffplane – er sieht aus wie eine überdimensionale Wasserleiche. Der Motor hängt provisorisch zwischen zwei Stühlen daneben, der Ingenieur will »mal testen, ob er noch funktioniert«. Im nächsten Sommer kommt sie vielleicht wieder zum Einsatz, unsere Luxusjacht.

Aktivurlaub für Anfänger

Reisetagebuch, August 2004
Hätte nie gedacht, dass ich mal freiwillig im Urlaub morgens um acht aufstehen würde. Muss aber sein, weil es später zum Joggen einfach zu heiß ist. Schön hier, blaublauer Himmel, Sonne, heißer Sand. Und hilfsbereite Treckerfahrer ...

Als ich Mitte 40 war, entdeckte ich eine neue Leidenschaft. Schuld daran war der Ex-Tennis-Star Carl-Uwe Steeb. Er hatte ein Buch geschrieben, mit dem er Sportmuffel dazu bringen wollte, den inneren Schweinehund zu überwinden – und siehe da, bei mir bewirkte es, was nichts und niemand vorher geschafft hatte. Ich kaufte mir Sportzeug und Joggingschuhe und begann zu laufen. Mindestens dreimal in der Woche trabte ich durch den Wald, schwitzte vor mich hin und erfreute mich an der Natur. Nie hätte ich vorher für möglich gehalten, dass Sport mir jemals Spaß machen würde. Von der Schulzeit an hatte ich in allen Sportarten versagt. Außer gelegentlichem Radfahren und den Skiferien einmal im Jahr war mir jegliche Art von schneller Bewegung ein Gräuel. Erfreuliche Nebenwirkung meines plötzlichen Sinneswandels: Ich nahm ab.

Natürlich wirkte sich mein neuer Bewegungsdrang auch auf unsere Urlaubsgestaltung aus.

»Lass uns doch mal Aktivurlaub machen«, schlug ich meinem Mann vor, »also so richtig, nicht nur mit dem Fahrrad zum Strand fahren und mit Olli rumkurven.« Der Ingenieur sah mich skeptisch an. Längst hatte sich der Surferboy in ihm meiner körperlichen Trägheit angepasst. Mit meiner Joggerei hatte ich ihn allerdings schon angesteckt, meistens begleitete er mich auf meinen Runden durch den Wald.

»An welche Sportart dachtest du«, fragte er, »möchtest du gleich einen Achttausender erklimmen oder darf es auch etwas bescheidener sein?«

Wir berieten uns mit den Kindern. Deren Vorstellungen von einem Aktivurlaub deckten sich nicht ganz mit meinen. Meinem Sohn schwebte Extremklettern und Downhill-Mountainbiking vor, die Tochter träumte von abenteuerlichen Exkursionen auf weißen Wildpferden.

»Wie wär's erst mal mit Paddeln«, schlug mein Mann vor, »wir könnten zu den Gorges du Tarn fahren, da ist das Wasser nicht so reißend wie an der Ardèche. Man kann sich überall Kanus leihen und wir können Tagestouren machen.«

Alle waren einverstanden. Unsere Familien-Paddel-Erfahrung beschränkte sich bisher auf eine einmalige Tour auf der Seeve (einer der kleinen harmlosen Flüsse, die in die Elbe münden), die wir an einem heißen Sonntagnachmittag zusammen mit einer befreundeten Familie unternommen hatten. An der einzigen kritischen Stelle warnte ein großes Schild »Achtung, Lebensgefahr!«. Der Bootsvermieter hatte uns geraten, dort auszusteigen und die Kanus um das Wehr herumzutragen (»vor Jahren soll da mal jemand ertrunken sein ...«), was die meisten von uns auch brav befolgten, bis auf unseren Freund, der sich mit seinen beiden Söhnen und Theo ein Boot teilte.

»Paddel hoch, Jungs, ich bring uns da sicher durch«, rief er wild entschlossen und steuerte todesmutig auf die Stromschnellen zu. Sekunden später war keiner von ihnen mehr zu sehen, das Kanu war gekentert. Klatschnass schwammen die Kinder zum Ufer, während der wagemutige Kapitän zusammen mit dem Ingenieur ächzend versuchte, das zwischen Steinen festgeklemmte Boot den Wassermassen zu entreißen. Irgendwann klappte es und wir konnten unseren Ausflug fortsetzen.

Nun ging es also von der Elbe in den Süden Frankreichs, um erneut unser Glück als Kanufahrer zu versuchen. Bei strahlendem Sommerwetter fuhren wir los, übernachteten routiniert auf einem Parkplatz rechts der Autobahn und erreichten am nächsten Tag gegen Abend das Ziel. Schon unterwegs waren dunkle Wolken aufgezogen und kurz bevor wir den auserwählten Campingplatz am Ufer des Tarn erreicht hatten, brach das Gewitter über uns herein. Es blitzte und donnerte und der Regen prasselte so heftig auf die Scheibe, dass wir Mühe hatten, die Straße überhaupt noch zu erkennen, geschweige denn den Abzweig zum Campingplatz zu erspähen. Wie immer, wenn sie merkten, dass die Nerven ihrer Eltern angespannt waren, drehten unsere lieben Kleinen erst richtig auf. Kreischend kitzelten sie sich gegenseitig durch, bewarfen sich mit Kissen und taten alles, um uns noch nervöser zu machen.

»Jetzt haltet endlich mal den Mund«, schimpfte der Ingenieur, »ihr macht mich wahnsinnig, ich fahre hier gleich noch in den Graben!« Als wir schließlich den Platz gefunden hatten, rannte ich zur Rezeption. Kein Mensch da. Stattdessen ein aufgeweichter Zettel: »Mettez-vous où vous voulez. À demain.« (Stellen Sie sich hin, wo Sie wollen. Bis morgen.) Völlig durchnässt lief ich zurück zum Bus. Wir suchten uns den erstbesten Platz am Ufer, kochten Indoor-Spaghetti und hofften auf Wetterbesserung.

Der nächste Tag überraschte uns mit traumhaften Paddelbedingungen. Keine Wolken, kein Wind, nur Sonne. Nach kurzer Diskussion war die Bootsbesatzung klar: Ich teilte mir ein Kanu mit Theo, Pia eins mit ihrem Vater. Trockene Klamotten und Proviant wurden in einer wasserdichten Box untergebracht und los ging's. Während der Ingenieur und seine Tochter sich zügig entfernten, landeten mein Sohn und ich schon nach wenigen Metern im Gebüsch.

»Du musst schon machen, was ich sage, Mama«, rief er mir genervt von hinten zu. Ich war mir zwar keiner Schuld bewusst, manövrierte uns aber wieder in die Richtung, in die wir wollten. Das erste Hindernis in Form eines überhängenden Astes stellte sich uns in den Weg.

»Rechts paddeln, reeechts«, rief Theo. Ich tat wie befohlen, aber anscheinend nicht energisch genug. Der Ast peitschte mir ins Gesicht, das Boot drehte sich einmal um sich selbst und landete wieder in der Böschung. Ich musste über diese absurde Situation schrecklich lachen. Wir waren noch nicht einmal fünf Minuten unterwegs und schon zweimal gescheitert.

»Was gibt's da zu lachen?«, empörte sich mein ehrgeiziger Spross in meinem Rücken. »Du wolltest doch Aktivurlaub machen, dann entwickle doch mal ein kleines bisschen sportlichen Ehrgeiz!« Schuldbewusst paddelte ich, was das Zeug hielt. In der Ferne sah ich Vater und Tochter quer unter einer Weide hängen, offenbar ließ auch bei ihnen das Zusammenspiel zu wünschen übrig. Obwohl ich unsere Paddel-Experience urkomisch fand, bemühte ich mich, bei Pannen ernst zu bleiben.

»Ich sehe doch, dass du lachst«, rief Theo empört, als wir wieder mal stecken geblieben waren, »deine Schultern zucken!« Ich gebe zu: Auch wenn Bewegung mittlerweile zu einem festen Bestandteil meines Lebens geworden ist, bleibt mir doch sportlicher Ehrgeiz völlig fremd. Ich begreife nicht, warum Menschen ihre Erfüllung darin finden, an ihre körperlichen Grenzen zu gehen, nur um besser als andere zu sein. Vielleicht handelt es sich um ein Defizit meinerseits.

Mein sportlicher Sohn jedenfalls hatte dafür ganz und gar kein Verständnis.

Nach zwei Stunden machten wir eine Pause, badeten im erfrischend kühlen Wasser des Tarn und aßen unsere Käse-Sandwiches.

»Ich mag Aktivurlaub«, sagte Pia fröhlich und zeigte auf ein älteres Paar, das gerade an einer Mini-Stromschnelle hängen geblieben und im Wasser gelandet war. Ein paar Meter neben uns hatte sich eine andere deutsche Familie niedergelassen: Vater, Mutter, vier Kinder, drei Kanus.

»Wir kommen jedes Jahr hierher«, sagte der Mann, der mit seinem Piratentuch um den Kopf aussah, als habe er schon sehr viel härtere Mutproben hinter sich als eine kleine Paddeltour auf dem Tarn, »normalerweise im Frühjahr, da macht es mehr Spaß, weil der Fluss dann mehr Wasser hat.« Ich musterte die Kinder. Der Älteste war höchstens zehn.

»Haben Sie keine Angst um die Kleinen?«, fragte ich.

»Ach was«, grinste er, »die sind hart im Nehmen, Schwimmweste an und los geht's.« Seine Frau, eine muskelgestählte Blondine im tarnfarbenen Tanktop, lächelte zustimmend. »Nur am Ende, beim Wehr, da müssen Sie aufpassen«, warnte er uns, »da geht es ein paar Meter runter. Immer schön in der Mitte halten!«

Ängstlich sah ich meinen Mann an. Mit einem Wehr, wenn auch viel kleiner, hatten wir ja schon schlechte Erfahrungen gemacht. Er winkte ab.

»Wat für'n Schwätzer«, flüsterte er mir ins Ohr.

Weiter ging die Fahrt. Das Zusammenspiel funktionierte immer besser und wir konnten uns an der wildromantischen Natur links und rechts des Tarn erfreuen. Bis es irgendwann in Sicht kam, das WEHR. Ein paar Meter bevor es bergab ging, tauchte in der Mitte des Flusses plötzlich ein Mann auf, der hektisch winkte. Als wir näher kamen, sahen wir, dass er einen Fotoapparat in der Hand hielt.

»Please smile«, schrie er gegen das tosende Wasser an, »I take a picture.«

Theo und ich waren die ersten. Todesmutig ließen wir uns auf das Wehr zutreiben, immer bemüht, unser Kanu in der Mitte des Flusses zu halten. Plötzlich ging es jäh hinab.

»Paddel hooooch«, schrie mein Käpt'n, ich gehorchte und eh wir uns versahen, waren wir unten angekommen.

»Wir haben es geschafft, Theo«, jubelte ich und sah nach oben. An der Kante tauchten jetzt Udo und Pia auf. Mit einem Affenzahn schoss das Boot vorwärts, überschlug sich und spuckte seine Besatzung aus. Alle drei, das Kanu, Vater und Tochter landeten unsanft nicht weit von uns im Stauwasser. Prustend schwammen sie zum Boot und kletterten wieder an Bord.

»Und Indiana Jones hat uns noch gewarnt«, kicherte ich, als wir kurz darauf alle vier wieder festen Boden unter den Füßen hatten. Mein Mann sah mich mürrisch an.

»Das lag nur an dem Fotografen«, sagte er, »der hat uns abgelenkt.«

Im Shuttlebus zurück zum Campingplatz saßen wir dicht gedrängt zusammen mit der Abenteurer-Familie und einer in sich gekehrten, freakig wirkenden Mittsechzigerin. Drinnen herrschten gefühlte 40 Grad. Plötzlich tauchte am Fenster ein riesiges, bedrohlich surrendes Insekt auf.

»Mama«, kreischte eins der kleinen Indiana-Jones-Kinder panisch, »ist das eine Hornisse? Kann man sterben, wenn die einen sticht?« Noch bevor irgendjemand antworten konnte, richtete sich die bis dahin stille Flower-Power-Frau auf und schlug mit enormer Wucht mit ihrer flachen Hand auf die Scheibe. Flatsch! Mit einem fiesen Geräusch zerplatzte das Tier und fiel zu Boden. Ungerührt lehnte sie sich wieder zurück.

»Kinderkram«, murmelte sie, »hab' jahrelang Afrika bereist.« Den Rest des Transfers über hatten sämtliche anwesenden Kinder nur noch Augen für sie. Wie sich herausstellte, bewohnte sie den uralten, bunt bemalten VW-Bus in der abgelegensten Ecke des Campingplatzes. In den Bäumen ringsherum hatte sie bunte Tücher aufgehängt, abends flackerten überall Windlichter. Mit einer Flasche Rotwein neben sich sang sie zur Gitarre die alten Lieder: Bob Dylan, John Lennon, das ganze Weltverbesserer-Repertoire. Wir hörten versonnen zu und fragten uns leise, wie das sanft gesäuselte »Give Peace a Chance« aus derselben Person kommen konnte, die noch vor Stunden, ohne mit der Wimper zu zucken, einem unschuldigen (aber angsteinflößenden) Insekt den Garaus gemacht hatte.

Unsere Tage am Tarn waren unvergesslich schön. Zwar hatte ich schon am zweiten Tag erheblichen Muskelkater in den Armen und erstaunlicherweise auch in den Füßen. Ja wirklich! Meine Füße und Waden verkrampften sich unwillkürlich, wenn ich im Bug des kleinen Kanus hockte und versuchte, Theos strengen Anweisungen (Paddel links, rechts, geradeaus, hoch!) Folge zu leisten. Diesen leichten Nebenwirkungen zum Trotz paddelten wir vergnügt tagelang den Fluss hinab, bis wir irgendwann Sehnsucht nach dem Meer verspürten.

»Man kann ja auch am Meer aktiv sein«, bemerkte Pia, »tauchen zum Beispiel oder surfen und so.« Mein Mann erinnerte sich an wilde Zeiten mit seinen Freunden in Argelès-sur-Mer, also brachen wir auf, um mal zu schauen, was sich dort verändert hatte. Je näher wir der Mittelmeerküste kamen, desto voller wurden die Straßen. Parkende Autos, Souvenirläden, Menschen, beladen mit Badesachen, Sonnenschirmen und Gummitieren so weit das Auge reichte. Dazu die drückende Hitze. Wir klapperten einen Campingplatz nach dem anderen ab. Überall sahen wir schon am Eingang das frustrierende Schild »complet« (ausgebucht).

»Hier war's«, rief der Ingenieur irgendwann aufgeregt,

»hier waren wir früher immer!« Wir stiegen aus und besichtigten den Platz. Wohnwagen, Wohnmobile und Zelte standen dicht an dicht. Dahinter lag ein extrem breiter Strand, an dem kaum noch ein Platz für ein Handtuch frei war.

»Tja«, sagte ich, »früher war mehr Lametta. Und hier war damals wohl weniger los. Lasst uns weiterfahren.«

Nur wenige Kilometer hinter der touristischen Haupteinflugschneise wurden wir dann fündig. Ein wunderschöner Campingplatz oberhalb des Mittelmeers mit fantastischem Weitblick. Zum kleinen Kiesstrand führte nur eine steile Treppe, der nächste Ort Collioure war etwa zwei Kilometer entfernt. Wir fanden einen Premiumstellplatz (»Nur für eine Nacht«, sagte die Frau am Empfang streng) und freuten uns, nach den anstrengenden Paddeltagen wieder im warmen Mittelmeer baden zu können.

»Wo ist eigentlich Theo?«, fragte ich meinen Mann, als ich aus einem erholsamen Nickerchen am Strand aufwachte.

»Keine Ahnung«, sagte Udo, »er hat gesagt, dass er mal kurz über den Berg gucken wollte. Aber das ist schon ganz schön lange her.« Beunruhigt sprang ich auf.

»Pia, hat Theo irgendwas gesagt, als er losgegangen ist?«, fragte ich meine Tochter, die seelenruhig in ihrem Buch las.

»Nö«, nuschelte sie, ohne hochzusehen, »er wollte nur mal die Gegend anschauen, hat er gesagt.« Ich sah meinen Mann an. Er zuckte mit den Schultern.

»Wie könnt ihr hier so ruhig liegen«, rief ich. »Der Junge ist erst 12 Jahre alt und die Küste ist voller Klippen und unwegsamer Stellen, wo man ins Wasser stürzen kann. Und er ist seit zwei Stunden weg. Wir müssen die Polizei rufen!«

»Quatsch«, beruhigte mich mein Mann, »der kommt schon wieder, er ist eben ein unternehmungslustiges Kind.« Nervös wanderte ich am Strand hin und her und suchte mit den Augen die Umgebung ab. Gefühlte drei Stunden später tauchte mein Sohn plötzlich oberhalb der Felsen am Rande der Bucht wieder auf. Die Badehose verdreckt, Beine und Arme zerkratzt, das Gesicht hochrot.

»Mama, Papa, Pia«, rief er aufgeregt, als er näher kam, »ich war im nächsten Ort. Ganz schön ist es da. Bin immer an der Küste entlanggeklettert. Nur auf dem Rückweg war das Wasser plötzlich so hoch, da musste ich ein Stück schwimmen.« Mit Tränen in den Augen schloss ich ihn erleichtert in die Arme und schickte ein Dankgebet gen Himmel. Einmal Ausreißer, immer Ausreißer.

Unser nächstes Ziel war Spanien, die Bucht von Roses. Ein Paradies für Windsurfer. Es gibt Campingplätze ohne Ende direkt am unendlich breiten langen Strand. Wir fuhren auf den erstbesten. Zunächst traute ich meinen Augen nicht. Links und rechts einer kilometerlangen Straße reihte sich eine Parzelle an die andere. Wie auf einer belebten Fußgängerzone am Samstagvormittag strömten Menschenmassen zu Fuß oder auf dem Fahrrad in beide Richtungen. Dick und dünn, jung und alt, halb nackt oder bekleidet, über ihnen eine unsichtbare Sprechblase mit einem Sprachengewirr aus Spanisch, Französisch, Deutsch, Holländisch und Italienisch. In der überfüllten Rezeption konnte man sich kaum zum Empfangstresen durchkämpfen.

»Wie viele Nächte?«, fragte die junge Frau mit blonden Dreadlocks und blauen Augen. Offenbar war sie Deutsche. »Ich kann euch einen Platz direkt am Strand geben. Allerdings nur für drei Nächte, dann ist er reserviert.« Glücklich nahmen wir das Angebot an. Nachdem wir die mindestens zehnköpfige spanische Clique nebenan begrüßt hatten, die neben ihren Zelten eine ganze Armada an Surfbrettern aufgebaut hatte, hängte ich mit den Kindern erst einmal die Hängematte auf.

»Besser geht's nicht«, jubelte ich und schaukelte mich buchstäblich hoch. Zwischen zwei Pinien mit direktem Blick auf den Sonnenuntergang überm Mittelmeer – das hatte ich nicht zu träumen gewagt. Vom Rummel ringsherum bekam man an diesem Platz kaum etwas mit, nur beim Einkaufen oder Duschen wurde einem klar, dass man sich inmitten einer Camping-Kleinstadt befand. Ansonsten nur Strand, Wind, Wellen und Surfer, wohin das Auge blickte.

 Tipp für Neucamper: Wenn Sie auf die Schulferien angewiesen sind, müssen Sie sich fast überall in Südeuropa auf volle Campingplätze einstellen. Wenn Sie genau wissen, wohin Sie fahren und wie lange Sie an welchem Platz bleiben wollen, reservieren Sie. Wenn Sie flexibel bleiben und Ihren Urlaub spontan gestalten möchten, machen Sie es wie wir: Stellen Sie sich darauf ein, länger nach einem freien Platz suchen zu müssen und gelegentlich auch mal umzuziehen. Die besten Chancen hat man in der Hauptsaison, wenn man gegen zwölf Uhr mittags anreist, dann ist durch Abreisen fast immer etwas frei, die meisten Neuankömmlinge kommen erst gegen Abend.

Abends aßen wir Muscheln, tranken Cocktails zu chilligen Klängen und stolperten irgendwann die paar Meter am Strand entlang zu unserem Bus.

»Aktivurlaub ist echt toll«, flüsterte ich meinem Mann zu, als wir so leise wie möglich unser Bett ausklappten, »vor allem, wenn man gerade mal nicht aktiv ist.«

Mitten in der Nacht wurde ich dann doch noch mal aktiv – allerdings unfreiwillig. In meinem Bauch rumorte es gewaltig. Die Muscheln, die Cocktails und wer weiß was sonst noch tanzten Samba in mir. Mir war kotzübel. Da ich nicht die geringste Lust verspürte, mich zu dem meilenweit entfernten Waschhaus aufzumachen, versuchte ich, die aufkommende Übelkeit zu ignorieren. Ich wälzte mich stöhnend hin und her. Noch nie war mir beim Campen schlecht geworden, doch allein die Vorstellung, mich in der hell erleuchteten Klokabine für alle hörbar übergeben zu müssen, war mir immer ein Graus gewesen. Aber jetzt ... ich ahnte, dass es dieses Mal nicht gut gehen würde. Die aufsteigenden Muscheln standen mir schon bis Oberkante Unterlippe, als ich die Schiebetür aufriss und nach draußen stolperte. In einem Schwall landete alles, was ich so lange zurückgehalten hatte, direkt vor meinen Füßen.

»Was machst du denn da?« Der Ingenieur steckte verschlafen den Kopf aus dem Bus. Offenbar hatte das ungewohnte Geräusch ihn geweckt. »Das glaub' ich jetzt nicht, hast du etwa direkt vor den Bus ...?« Hilfe suchend sah ich ihn an. »Am besten nimmst du die Schaufel und schüttest das mit Sand zu«, murmelte er und hielt mir eine Stirnlampe hin, »sonst stinkt das morgen in der Sonne unmenschlich.« Taumelnd suchte ich nach der Schaufel, die sich leider genau unter meinem Wiedergekäuten befand. Als ich da so in meinem weißen Nachthemd stand und gebückt im gespenstischen Licht der Stirnlampe Sand auf mein Erbrochenes schaufelte, versuchte ich mir vorzustellen, wie diese Szenerie wohl auf einen zufälligen Augenzeugen wirken musste.

»Jeder, der hier vorbeikommt, denkt, ich würde eine Leiche verbuddeln«, jammerte ich, während ich vor mich hin schaufelte.

»Hier kommt aber nachts um vier keiner vorbei«, erwiderte mein Mann ungerührt und drehte sich wieder um.

Am nächsten Tag war die Welt wieder in Ordnung. Nach dem Frühstück wollte mein Sohn mit mir am Meer entlangjoggen. Aktivurlaub. Die ersten Kilometer konnte ich noch mit ihm Schritt halten. Irgendwann ging mir aber die Luft aus, es ging bergauf, bergab und mir war sehr heiß. Ich bat ihn, etwas langsamer zu laufen.

»Mama, mach jetzt nicht schlapp. Das, was du da machst, kann man sowieso kaum als Laufen bezeichnen«, meinte er grinsend, »so laufen nur ganz alte oder ganz dicke Menschen!« Kaum hatte ich diese Beleidigung verdaut, kam uns eine untergewichtige Blondine entgegengejoggt.

»Oha«, säuselte sie und musterte mich von Kopf bis Fuß, »tapfer tapfer, bei dieser Hitze! Sie werden ja ordentlich abnehmen!« Wutentbrannt sah ich ihr hinterher. So dick bin ich nun auch wieder nicht, dachte ich, und gab mir alle Mühe, mit meinem ehrgeizigen Söhnchen Schritt zu halten.

»Wie wär's, wenn wir uns morgen Richtung Atlantik aufmachen?«, fragte mein Mann, als wir am dritten Abend spanische Chorizos grillten und den Flamenco-Gitarren unserer Nachbarn lauschten. José und Juan konnten wunderbar spielen und singen, was mich in der Abenddämmerung ihnen gegenüber immer wieder gnädig stimmte, und mich für ihr extremes Schnarchen entschädigte, das ich in der Morgendämmerung ertragen musste. Schnarchende Nachbarn sind beim Campen ein leider unvermeidliches Übel. Ich bin jedes Mal wieder in Versuchung, fremden Ruhestörern den Trick nahezulegen, mit dem der Ingenieur sein nächtliches Sägen unter Kontrolle bekommen hat: eine Zahnschiene. Aber das ist ein anderes Thema.

»Au ja, Atlantik«, jubelten die Kinder, »da können wir Wellenreiten!« Man kann sich vielleicht vorstellen, dass mir als gescheiterter Windsurferin nichts fernerlag, als auf einem kleinen Brett zwischen hohen Wellen zu balancieren, dennoch willigte ich ein. Am Atlantik war das Wetter zwar erfahrungsgemäß sehr wechselhaft, aber joggen konnte man da ja auch.

»Complet.« Nach mehreren Zwischenhalten auf fast leeren Campingplätzen im Landesinneren, leuchtete uns dieses unangenehme Schild an allen Einfahrten der atlantiknahen Plätze entgegen, zumal wir erst gegen Abend dort ankamen. Ich habe aber die Erfahrung gemacht, dass sich bei hartnäckigem Nachfragen hinter so manchem »Ausgebucht«-Schild doch noch das ein oder andere freie Plätzchen verbirgt. Nachdem ich in meinem bestmöglichen Französisch den Platzwart bezirzt hatte, ließen wir uns in einem Pinienwald irgendwo zwischen Mimizan und Biarritz nieder, natürlich mit dem Hinweis, nach zwei Nächten ... genau, umziehen zu müssen. Der Campingplatz war ideal für unsere Kinder, er hatte ein großes Schwimmbad, Tischtennisplatten, Volleyball- und Basketballfelder und einen gigantischen Kletterpark gleich nebenan. Schon nach einer halben Stunde hatten sie Gleichaltrige gefunden und waren verschwunden.

»Nur das Licht ist nicht so romantisch«, beschwerte ich mich leise, als mein Mann und ich abends vor dem Bus saßen und die sehr merkwürdigen dänischen Nebencamper beobachteten. Ihre Umrisse zeichneten sich gestochen scharf vor dem Neonlicht der Laternen ab, die den Platz taghell erleuchteten. Der Mann hatte einen fast hüftlangen grauen Pferdeschwanz, lief immer in einer knappen schwarzen Badehose herum und hatte einen sehr farbenfrohen und leider auch echt hässlichen Adler auf die Brust tätowiert. Die Frau war klein und dick und hatte die blondiertesten Haare, die ich seit Jahren gesehen hatte. Sie trug rund um die Uhr eine viel zu enge rosa Baumwollshorts mit der weißen Aufschrift »Candy« quer über dem Hintern. Sie bewegten sich den ganzen Tag über keine zwei Meter von ihrem Wohnmobil weg, an dem sie ständig herumpolierten. Candy zog sich nach dem Frühstück rosa Gummihandschuhe an und putzte die Fenster, während der Chief (erinnert sich jemand an Chief Bromden aus »*Einer flog übers Kuckucksnest*«? Er sah ihm extrem ähnlich ...) drinnen lautstark saugte und anschließend die Chromteile polierte. Abends holten sie sich Pizza und hörten Countrymusik.

Meine Klage über die Beleuchtung hatte den Ingenieur dazu veranlasst, sämtliche verfügbaren Sonnenschirme hervorzuholen und sie so geschickt in den umliegenden Bäumen und Büschen zu platzieren, dass sie das Laternenlicht halbwegs verdeckten.

Der Strandausflug am darauffolgenden Tag wurde leider

durch eine fröhliche Oldenburger Mitcamperin getrübt, die mir, als ich im Bikini aus dem Wasser kam, zurief: »Kompliment, Frau Tietjen, Sie sind ja gar nicht so stämmig wie Sie im Fernsehen immer aussehen!« Als ich den Schock abends an der teuersten Strandbar der Welt (Fisch und Pommes für vier Personen auf Papptellern plus zwei Cola und eine Flasche Bordeaux Blanc aus Plastikbechern: 150 Euro) verdaut hatte, endete dieser Tag leider für mich sehr schmerzhaft. Ich rutschte am Eingang des Campingplatzes mit dem Fahrrad auf der Schotterstraße aus und zog mir hässliche Schürfwunden an beiden Knien zu. Schade um meine braunen Beine, sie wurden von da an durch zwei große quadratische Pflaster verunstaltet.

Für mich war der Aktivurlaub damit erst mal beendet, für den Rest der Familie aber nicht. Kletterpark war angesagt. »Kinder unter 14 Jahren nur in Begleitung der Eltern« stand unmissverständlich in mehreren Sprachen auf der Tafel am Eingang. Also musste Papa ran, trotz seiner Höhenangst. Sehr vorsichtig erklomm er hinter den Kindern die erste Holzplattform in schwindelerregender Höhe.

»Ich wünsche euch viel Spaß«, rief ich und machte es mir mit einem Buch in der Sonne bequem. Als nach zwei Stunden noch immer kein Mitglied meiner Familie zwischen den Baumwipfeln in Sicht war, begann ich mir Sorgen zu machen. Alle anderen, die etwa zeitgleich mit ihnen gestartet waren, waren längst zurück. Besorgt begab ich mich auf die Suche nach meinen Lieben und stapfte durchs Dickicht den Kletterparcours entlang. Irgendwann erspähte ich ganz hoch oben zwischen zwei Pinienkronen etwas großes Schwarzes. Fast unbeweglich hing es da und pendelte ganz sacht hin und her. Beim Näherkommen sah ich, dass Theo und Pia auf der benachbarten Plattform standen.

»Du schaffst das, Papa!«, riefen sie aufmunternd. Irritiert starrte ich nach oben.

»Udo?«, rief ich ungläubig. Es war tatsächlich der Ingenieur, der da mitten auf einer Art Hängebrücke festhing. Mit einem Bein stand er auf der vorderen wackeligen Holzschaukel, mit dem anderen auf der hinteren.

»Ich komme hier nicht weiter«, rief er gereizt, »ich habe Angst, dass ich in den Spagat rutsche. Außerdem ist mir das alles hier viel zu hoch!« Ich musste mein Lachen unterdrücken und redete zusammen mit den Kindern auf ihn ein, bis er sich endlich todesmutig weiter vorwärtsbewegte.

»Du mit deinem blöden Aktivurlaub«, schimpfte er, als wir zurück zum Campingplatz radelten.

Der Aktivurlaub gipfelte übrigens auf einem Campingplatz, den wir wegen des immens hohen Spaßfaktors in den Jahren darauf noch häufiger besuchten. Attraktion Nummer eins: fünf Riesenwasserrutschen, eine steiler als die andere. Schon bei der zweitsteilsten hatte man das Gefühl, bei der unsanften Landung im Becken einen Einlauf zu bekommen. Attraktion Nummer zwei: eine mindestens fünf Meter hohe Kletterwand, an der sich abends begeistert Kinder und Jugendliche tummelten. Und Attraktion Nummer drei: Animation für Erwachsene, die weit über das übliche Camping-Trara hinausging. Einmal trat sogar ein Hypnotiseur auf, dem es gelang, fast das gesamte Publikum in Trance zu versetzen. Das war ziemlich unheimlich.

Das Joggen sollte man übrigens in südlichen Gefilden tunlichst vor neun Uhr morgens erledigen, sonst geht es extrem auf den Kreislauf. Einmal habe ich in Vorbereitung meines einzigen Marathonlaufs den Fehler gemacht, erst um zehn loszulaufen. Schon nach dem ersten von 14 Trainingskilometern fühlte sich die Sonne nach mindestens 40 Grad an. Mit zusammengebissenen Zähnen lief ich weiter, es ging die ganze Zeit bergauf. Kein Schatten, nirgends. Ich hatte den großen Fehler gemacht, kein Wasser mitzunehmen und war entsetzlich durstig. Die Sonne brannte immer heftiger, meine

Zunge klebte am Gaumen und das T-Shirt am Körper. Nach zehn Kilometern war ich so ausgetrocknet und geschwächt, dass ich kurz davor war, ein Auto anzuhalten und nach Wasser zu fragen. Um halb zwölf erreichte ich völlig entkräftet den Campingplatz, unser Nachbar winkte mir freundlich über den Zaun zu und scherzte: »You look younger than ever!«

»Sehr witzig«, keuchte ich und rang nach Luft, »Wasser! Ich brauche sofort Wasser, sonst kollabiere ich.« Erschrocken lief er zum Zelt und reichte mir eine Flasche über den Zaun. Gierig trank ich sie halb leer und goss mir den Rest über den Kopf.

Als ich danach puterrot zu unserem Bus gewankt kam, wichen alle erschrocken zurück. Ich muss ausgesehen haben wie ein Monster.

»Nie wieder«, japste ich und ließ mich in die Hängematte fallen, »nie wieder laufe ich so spät los und nie wieder ohne Wasser.« Der einzige Trost war, dass so ein Training bergauf und bergab bei sengender Sonne stählt und abhärtet. Den Berlin-Marathon einen Monat später habe ich jedenfalls ohne größere Probleme hinter mich gebracht.

Mein peinlichstes Lauferlebnis aller Zeiten möchte ich Ihnen zum Abschluss dieses Kapitels nicht vorenthalten: Nachdem ich mindestens 40 Minuten in absoluter Einsamkeit durch den endlosen Pinienwald gejoggt war, beschloss ich, ein bisschen Luft abzulassen, denn die Zwiebelsuppe vom Vorabend machte enormen Druck. Sie ahnen, was geschah? Kaum war der Pups draußen, hörte ich Schritte direkt hinter mir. »Moooin«, rief mir der Läufer zu, der plötzlich aus dem Nichts auftauchte. Wo zum Teufel kam der her und warum sprach er deutsch …?

»Sie sind's doch, Frau Tietjen, oder?«, fragte er lächelnd über die Schulter und entschwand. Zum Glück habe ich den Mann nie wiedergesehen.

Azurblauer Herbst

Reisetagebuch, Oktober 2006
Camping im Oktober an der Côte d'Azur, ein Träumchen! Warum sind wir darauf bloß nicht früher gekommen? Das Meer ist fast wärmer als im Sommer, aber die Strände sind leer. Heute habe ich Mario Adorf gesehen. Natürlich nicht auf dem Campingplatz, sondern in Saint-Tropez. Mal sehen, ob uns morgen Brigitte Bardot über den Weg läuft. Lebt die überhaupt noch?

Die Côte d'Azur bringen die meisten Menschen in erster Linie mit sehr reichen, sehr berühmten Menschen und sündhaft teuren Autos und Jachten in Verbindung. Für uns hat sie eine ganz persönliche Bedeutung. Denn an eben jener Küste haben der Ingenieur und ich uns kennengelernt. Natürlich nicht auf einer Jacht oder in einem der Luxushotels, sondern in einem kleinen malerischen Ort namens Bormes-les-Mimosas. Es war Liebe auf den ersten Blick. Seitdem fahren wir fast jedes Jahr einmal dorthin. Jahrelang haben wir uns immer über Silvester ein Haus gemietet, weil die Côte im Winter nicht so überlaufen und das Wetter sehr mild ist. Im Sommer sollte man die Küste zwischen Toulon und Nizza weiträumig umfahren, man steht dort ständig im Stau, die Strände sind total überfüllt und die Campingplätze natürlich auch.

»Warum fahren wir eigentlich nie in den Herbstferien

campen?«, fragte meine Tochter eines Tages, als wir gerade überlegten, ob wir im Oktober nach Mallorca oder doch lieber nach Griechenland fliegen wollten.

»Zu kalt«, meinte mein Mann, »in unserem Bus ist ja nicht genug Platz, um sich länger drinnen aufzuhalten. Außerdem haben die Campingplätze da alle schon zu.«

»Auf Korsika und am Atlantik ist im Oktober schon Totentanz«, sagte ich, »aber vielleicht hat ja an der Côte d'Azur noch der ein oder andere Platz geöffnet.« Auf Drängen der Kinder blätterten wir im Campingführer und stellten fest, dass einige Plätze bis Mitte, manche sogar bis Ende Oktober offen waren. Also tschüss Malle und auf zum Herbstcamping.

Es ist einfach unbeschreiblich, wie wunderschön es an der Côte d'Azur ist, wenn der Sommer noch zu erahnen, der Herbst aber schon zu riechen und zu spüren ist. Die Luft ist noch warm, das Meer auch, aber die Strände sind fast menschenleer, die meisten Bars und Restaurants haben schon geschlossen. Nachsaison vom Feinsten.

Als Erstes suchten wir natürlich unseren Kennenlernort Bormes auf. Ganz in der Nähe gab es einen riesengroßen Campingplatz auf einem Hügel direkt am Meer. Hier war noch so einiges los, sodass wir nur mit Mühe einen Platz mit Blick ergatterten. Schnell wurde uns klar: Das Mittelmeer ist im Herbst ein Rentnerparadies. Wir waren umzingelt von Ü-60-Campern. Die Kinder störte das nicht, denn zum Glück trieben sich rund um die Fußball- und Tennisplätze auch viele Jugendliche herum.

Besonders fiel uns ein Ehepaar auf, das direkt neben dem Sanitärgebäude campte. Beide drahtig und sonnengegerbt. Mit ihren schneeweißen, kurz geschnittenen Haaren sahen sie aus wie Zwillinge. Geräumiges Wohnmobil mit Vorzelt, Moped, Kajaks, Außenküche, Dusch- und Klozelt, sagenhaft, was die beiden alles dabeihatten. Über der Heckscheibe prangte ein riesiger Aufkleber: »Fremde Betten? Nein danke!« Aha. Sehr orthodox. Warum nur die Nähe zur Toilette? Irgendetwas mussten sie daran wohl kuschelig finden.

»Jetzt verstehe ich, warum die so dicht am Klohaus kleben«, rief der Ingenieur, als er abends mit den Kindern vom Fußballspielen zurückkam. »Oben neben der Rezeption hängt ein Zettel, auf dem vor Wohnmobilklau gewarnt wird.« Ich sah ihn verständnislos an. »Ja wirklich«, sagte er, »anscheinend sind hier letzte Woche zwei Wohnmobile nacheinander spurlos verschwunden, als die Besitzer nicht da waren, ein deutsches und ein italienisches. Die standen auf den Plätzen weiter oben, wo nicht mehr so viel los ist. Ist wohl so 'ne Art Mafia, die darauf spezialisiert ist. Man soll sein Auto gut sichern oder sich dahin stellen, wo viele vorbeikommen.«

»Und jetzt?«, fragte ich, »sollen wir uns etwa auch neben das Sani-Gebäude stellen? Da stinkt's.« Er winkte lässig ab und holte seine Wunderkiste aus dem Bus. Ich weiß nicht so genau, was er darin alles aufbewahrt, auf jeden Fall sämtliches Zubehör, mit dem man Autos, Fahrräder, Mopeds und Schlauchboote reparieren kann. Vom Alleskleber über Hammer und Nägel, Zangen, Schraubenzieher bis hin zum Akkubohrer, in jeder brenzligen Situation zaubert mein Mann das Richtige hervor. Die meisten Reisenden sind neidisch, wenn sie sehen, wie gut sortiert er ist.

In diesem Falle holte er mehrere Vorhängeschlösser und Ketten hervor und fing an, an den Türen herumzumontieren, bis unser Zuhause auf Rädern besser gesichert war als Fort Knox. Theo half ihm begeistert dabei.

»Hier kommt so schnell keiner rein, Mama«, sagte er, »und wenn, macht er dabei so einen Krach, dass es alle Nachbarn mitkriegen.« Wie schwer es war, die Tietjen-Festung zu erobern, merkten wir, als wir am nächsten Tag spät vom Essen im benachbarten Ort zurückkamen. Der Ingenieur musste dringend mal zur Toilette, hatte aber natürlich kein Papier dabei.

»Theo, Pia, lauft bitte schon mal vor und entsichert den Wagen«, sagte er gestresst, »das dauert ja jetzt ganz schön lange mit all den Schlössern, ich glaube, das schaffe ich nicht mehr.«

Unter großem Gelächter rannten die Kinder los. Sie brauchten eine ganze Weile, bis sie die einbruchsresistente Tür mithilfe von Schlüsseln und Zahlencodes geöffnet hatten und ihrem Vater aus der Klemme helfen konnten. Seitdem weiß ich: Selbst mitten in der Bronx könnte man unseren Ducato unbesorgt über Nacht abstellen, jeder Autodieb würde sich die Zähne daran ausbeißen.

Nach ein paar herrlich entspannten Tagen, an denen wir bei spätsommerlichen Temperaturen mit dem Fahrrad alles erkundeten, was wir sonst nur vom Winter her kannten, telefonierten wir mit Freunden in Hamburg.

»Kommt doch auch hierher«, sagte ich, »das ist die perfekte Verlängerung des Sommers und der krönende Abschluss der Campingsaison! Nur Vorhängeschlösser solltet ihr dabeihaben.«

Als sie zwei Tage später mit Wohnmobil, zwei Zelten, drei Kindern und einem Berner Sennenhund ankamen, hatte sich die Wettersituation leider abrupt verändert. Mistral gepaart mit peitschendem Regen. Der Ingenieur hatte bereits alles aufgebaut und festgezurrt, was wir an Wetterschutz zu bieten hatten. Markise, Plane rechts, Plane links, alles mit dicken Gurten gesichert. Notdürftig installierten sich unsere Freunde und flüchteten sich dann erst einmal mitsamt Kindern und Hund in unseren Unterschlupf.

»Guck mal«, sagte Katrin, »ich habe vorsichtshalber Fleece-Ponchos mitgebracht. Die sind nicht regendicht, aber sehr warm.« Eingehüllt in die karierten Ganzkörper-Capes saßen wir da und starrten auf das beunruhigend tosende

Mittelmeer. Es regnete mittlerweile so stark, dass sich das Wasser wildbachartig über die Campingplatzwege ergoss. »Das ist also der mediterrane Herbst«, sagte die Freundin resigniert, »den hattet ihr uns aber ein bisschen anders beschrieben.«

Das Hauptproblem war der Hund. Das riesengroße Tier namens Coco hatte ein eigenes Zelt zugeteilt bekommen, weil weder die Eltern noch die Kinder auf Tuchfühlung mit ihm schlafen wollten. Ähnlich wie damals die britische Katze, mochte aber auch dieses Tier sein Zelt nicht. Alle Überredungskünste nützten nichts, Coco wollte unbedingt bei Herrchen und Frauchen im Wohnmobil nächtigen. Und nicht nur das. Morgens um sechs fing er sehr laut an zu bellen, weil er mal musste. Und wenn ein Berner Sennenhund bellt, wird jeder im Umkreis von hundert Metern wach.

»Silence!«, riefen die französischen Nachbarn von rechts. »Kann man hier nicht mal ausschlafen?«, beschwerten sich die Rendsburger links. Ächzend schleppte sich unser Freund Volker im strömenden Regen mit seinem Hund durch den grauen Morgen.

»In Dänemark ist dasselbe Wetter«, bemerkte er nüchtern. »Dahin hätte man nur nicht so weit fahren müssen.«

Als das Wetter sich besserte, fuhren wir mit den Rädern zu einem weiter entfernten, einsam gelegenen Strand. Wir badeten, picknickten in der Sonne, kletterten auf den Felsen herum und hatten die Unwetter der vergangenen Tage schnell vergessen. Auf der Suche nach einer Toilette, entdeckte ich auf dem Parkplatz ein Schild: »Campingcars 15 €/nuit«. Aufgeregt lief ich zurück zu den anderen.

»Stellt euch vor«, rief ich, »man kann hier über Nacht stehen bleiben, direkt am Strand und es kostet nur 15 Euro. Das geht nur im Herbst, im Sommer ist das streng verboten. Wie wär's?«

Am Tag darauf packten wir unsere Siebensachen zusammen und zogen um. Die Tage am Strand waren ein Traum. Außer uns standen nur noch drei andere Wohnmobile auf dem Parkplatz und der Sonnenuntergang über dem Meer suchte seinesgleichen. Nachts war es so dunkel »wie im Affenpopo«, wie die Kinder begeistert bemerkten, wenn sie von ihren Strandexkursionen mit dem Hund zurückkamen. Einmal berichteten sie aufgeregt von einer Begegnung mit einem Wildschwein.

»Plötzlich stand es vor uns«, sagte Theo, »es war sehr groß und hat ganz leise gegrunzt. Ich glaube, es hatte Angst vor Coco, jedenfalls hat es sich dann umgedreht und ist abgehauen.«

Wildschweine sind an der Côte d'Azur im Herbst keine Seltenheit, sie verwüsten Gärten und Parks und machen auch vor Campingplätzen nicht halt. Wenn ich zu dieser Jahreszeit dort Urlaub mache, ziehe ich es deshalb vor, dort abends nur bewaffnet herumzustreifen. Nein, einen Waffenschein brauche ich dafür nicht. Mir reicht ein Beachball-Schläger, um mich sicherer zu fühlen. Bisher kam er allerdings noch nicht zum Einsatz. Zum Glück für uns alle – die Schweine und mich.

Für die Körperhygiene gab es an dem Strand zwei Toiletten und eine kalte Dusche, was völlig ausreichend war für unsere Zwecke. Nur auf Baguette am Morgen und Pizza am Abend mussten wir verzichten, weil der Strandkiosk um diese Jahreszeit schon geschlossen hatte.

Wer weiß, wie lange wir noch dortgeblieben wären, wenn nicht eines Morgens Katrin hysterisch kreischend aus der Dusche gelaufen gekommen wäre.

»Hilfeeee! Eine Schlange, da war eine riesige Schlange«, sie konnte sich kaum beruhigen. »Ich hatte gerade die Dusche aufgedreht, da spürte ich, wie irgendwas Großes auf meine Schulter klatschte. Sie war ganz schwarz und ganz lang, wahrscheinlich hatte sie oben auf der Mauer gelegen und ich habe sie aufgeschreckt.« Besorgt suchten wir Katrin nach Bissspuren ab, konnten aber nichts finden.

»Das war bestimmt eine harmlose Natter«, sagte ihr Mann. Trotzdem war uns unwohl bei der Vorstellung, dass das Tier unsere Kinder beim Spielen überraschen könnte. Wir beschlossen weiterzufahren.

Wir wollten ohnehin die weltberühmte Regatta »Les Voiles de Saint-Tropez« miterleben, von der wir schon viel gehört hatten. Jedes Jahr Ende September kommen Segler aus aller Welt in das malerische kleine Hafenstädtchen, um ihre Jachten und ihr Können vorzuführen, aber auch um zu feiern.

Nun ist der legendäre Ort nicht gerade als Camperparadies berühmt, bekanntlich ist in den engen Gässchen und edlen Villen der internationale Jetset zu Hause. Wir suchten die Gegend ab und fanden überraschenderweise einen kleinen Platz inmitten eines Feriendorfs unmittelbar am wunderschönen breiten Strand von Pampelonne. Als wir uns aufgebaut hatten, erschrak ich.

»Hilfe, da macht sich ein Wohnwagen selbstständig«, rief ich und zeigte auf die Nachbarparzelle. Ein wuchtiger Doppelachser mit Frankfurter Kennzeichen fing an, sich wie von Geisterhand bewegt einmal um sich selbst zu drehen. Von den Bewohnern keine Spur, der Mercedes Kombi war ein paar Meter daneben geparkt.

»Vielleicht haben sich die Bremsen gelöst?«, vermutete Volker. Wir standen alle auf und näherten uns vorsichtig dem mysteriösen Gefährt. Es hielt kurz an und fuhr dann plötzlich mit einem leisen Surren auf uns zu. Wir sprangen zur Seite.

»Der will uns umbringen«, rief Katrin empört. Da erst entdeckten wir den Mann. Er stand hinter einem Baum und kicherte. In der Hand hielt er ein kleines Kästchen, auf dem er herumdrückte.

»Habt ihr noch nie was von 'nem Mover gehört?«, rief er. »Das ist eine Fernbedienung, mit der ich das sperrige Teil in die kleinsten Lücken manövrieren kann. Tolle Erfindung!«

»Gibt es so was auch für unseren Bus?«, fragte ich meinen Mann. »Dann können wir uns vielleicht auch mal dahin stellen, wo man den allerschönsten Blick hat, aber nur sehr schwer hinkommt.« Er sah mich mitleidig an.

»Wenn ich so was nötig hätte, bräuchte ich kein Wohnmobil«, sagte er, »sondern ein ferngesteuertes Spielzeugauto.« Alle lachten, nur ich und der Frankfurter nicht.

Schade eigentlich, dass so eine Vorrichtung nur bei Wohnwagen funktioniert. Ein Mover würde unsere Stellplatzsuche manchmal wesentlich erleichtern. Letztes Jahr erst habe ich in Italien Camper aus der Schweiz dabei beobachtet, wie sie ihren mindestens zehn Meter langen Wohnwagen mithilfe der Fernbedienung in eine ganz enge Lücke direkt vorne an der Steilküste bugsierten. Um keinen Preis der Welt hätte der Ingenieur sich auf dieses Wagnis eingelassen. Leider mussten bei dem Schweizer Manöver auch einige dicke Olivenbaumäste dran glauben. In dem Moment verstand ich erst, warum auf dem Campingplatz überall Schilder hingen mit der Aufschrift »Bitte die Vegetation nicht beschädigen«. Zu viele Mover im Umlauf ...

Wir ließen den Frankfurter mit seinem Caravan weiterspielen und machten erst einmal einen Spaziergang. Wie erhofft, verloren sich die herbstlichen Badegäste in den unendlichen Weiten dieses traumhaften Strandes. Viele Bars hatten schon zu, nur beim weltbekannten Club 55 steppte noch der Bär. Eine Szenerie wie aus einem Hochglanz-Klatschmagazin. Shuttleboote fuhren emsig zwischen eleganten Segeljachten, die draußen auf dem türkisblauen Meer vor sich hin schaukelten, und dem Steg hin und her und brachten braun gebrannte Menschen in weißen Klamotten an Land. Aus dem etwas zurückliegenden Restaurant drangen Musik und

Stimmengewirr. Die meisten schienen sich zu kennen und begrüßten sich überschwänglich mit Bussi links und Bussi rechts. Auch am Himmel wurde geshuttelt, andauernd kreiste dort ein Hubschrauber und landete irgendwo in den grünen Hügeln des Hinterlandes. Wir staunten nur und trauten uns nicht, den Schickimicki-Treff mal von innen zu besichtigen.

»Ich habe nix Weißes dabei«, winkte der Ingenieur ab, »und meine Rolex hab' ich auch verlegt.«

Bis heute hatte ich noch keinen Drink im Club 55, mein Mann sträubt sich hartnäckig.

Aber Saint-Tropez muss man gesehen haben. Ein magischer Ort: ursprünglich und dekadent, malerisch und abgezockt, überfüllt und still – Saint-Tropez ist alles zugleich. In den engen Gassen gibt es immer etwas Neues zu entdecken, Edelboutiquen neben kleinen Einzelhändlern, Restaurants und Boulangerien, aus denen es köstlich duftet. Vor allem aber sind es die Menschen, die es sich zu beobachten lohnt. Zur Marktzeit schieben sie sich Schulter an Schulter geduldig zwischen den Obst-, Spezialitäten-, Keramik-und Sonstwas-Ständen durch, die millionenschwere Villenbesitzerin genauso wie die Touristin aus Köln-Porz. Danach sitzen alle in den umliegenden Cafés, trinken Espresso und sehen den Einheimischen beim Boule-Spielen zu. Ein paarmal habe ich Mario Adorf von hinten gesehen, er besitzt dort irgendwo ein Anwesen und verbringt viel Zeit im »Dörfchen«, wie er den trubeligen Hotspot nennt.

Auch wenn man kein Freund von Menschenmassen ist – während »Les Voiles« lohnt sich ein Abstecher nach Saint-Tropez ganz besonders. Es ist ein beeindruckendes Spektakel, wenn mehr als 300 Segelschiffe hin und her gleiten und dann am späten Nachmittag vor Tausenden Zuschauern wieder in den kleinen Hafen einlaufen. Traditionssegler mischen sich mit futuristischen Hightech-Jachten, ein Boot ist schöner als das andere. Nach dem Anlegen wird an Bord und an Land eine große ungezwungene Party gefeiert, es wird getrommelt, Dudelsack gespielt, getanzt und getrunken.

Wir alle hatten Spaß an diesem Happening, nur Coco, der Berner Sennenhund nicht. Er war froh, als er sich nach unserem Ausflug endlich unter dem Tisch im Restaurant des Campingplatzes ausruhen durfte. Wir waren die einzigen Gäste. Nachsaison eben. Vom Flair des High-Society-Städtchens nebenan war hier rein gar nichts mehr zu spüren. Ein Alleinunterhalter mühte sich redlich, uns mit Hits von den Bee Gees über Johnny Hallyday bis hin zu Tom Jones bei Laune zu halten. Das klappte auch, nur wahrscheinlich anders als von ihm geplant. Bei jedem neuen Lied schütteten wir uns aus vor Lachen über sein mahagonifarbenes Toupet und seine weiße Schlaghose und malten uns aus, vor wie vielen Tausenden von Campern er in dieser Saison wohl sein Repertoire schon zum Besten gegeben haben mochte. Nur den Kindern gefiel seine Performance. Sie versuchten mit Engelsgeduld, den trägen Hund zum Tanzen zu bewegen.

»Meinst du, ich könnte es wagen, hier auf dem Campingplatz zum Friseur zu gehen?«, fragte ich Katrin. »Mein Haaransatz ist schon ganz grau und ich brauche dringend neue Strähnen.« Ich hatte es mal wieder nicht geschafft, rechtzeitig vor dem Urlaub einen Termin zu machen.

»Versuch macht klug«, meinte sie.

Am nächsten Abend traute ich mich nur noch mit Basecap unter Menschen. Ich war blonder als Pink und Matthias Reim zusammen. Das allein wäre ja noch gegangen. Aber unterhalb der Ohrläppchen war Schluss mit Strähnchen, die letzten fünf Haarzentimeter waren dunkel.

»Du gehst mir nie wieder im Urlaub fremd«, schimpfte Enno, mein Friseur zu Hause, als er nach den Ferien den Schlamassel wieder in Ordnung brachte. Seit diesem Schock färbe ich beim Campen meine Haare immer selbst. Das ist gar nicht so einfach. Ich muss mir erst mal eine abschließbare Waschkabine mit Spiegel suchen, weil ich natürlich beim Farbe aufpinseln weder beobachtet noch erkannt werden möchte. Dann wickele ich mir eine Mülltüte um den Kopf, darüber einen Handtuch-Turban (es soll ja niemand sehen, was ich da auf dem Kopf habe) und begebe mich so schnell wie möglich zu unserem Platz, um dort auszuharren bis die Pampe eingezogen ist. Ein großer Spaß, besonders bei Extremtemperaturen. Aber immer noch besser, als wie in jenem Herbsturlaub als Witzfigur herumzulaufen.

Unsere letzte Station war übrigens die romantischste. Ein ganz kleiner Campingplatz in Agay unterhalb des rot leuchtenden Esterel-Gebirges. Die kleine Bucht, die Pizza, die wir uns auf dem Steg mit Blick auf den Sonnenuntergang schmecken ließen ... und das sehr deutlich vernehmliche Gestöhne aus dem Freiburger Nachbarwohnmobil, das wir jeden Abend zu hören bekamen, wenn wir zu acht *UNO* oder *Kniffel* spielten.

»Was machen die da?«, fragte Theo neugierig.

»Vielleicht Yogaübungen«, sagte Volker grinsend. Als die Frau irgendwann verschwitzt die Tür öffnete, um zur Toilette zu gehen, mussten wir alle so furchtbar lachen, dass sie völlig irritiert guckte.

»Sind wir zu laut?«, fragte der Ingenieur trocken und würfelte.

Ich war die Einzige von allen, die seit Stunden noch keinen Kniffel geworfen hatte. Beim Kartenspielen verlässt mich das Glück auch regelmäßig. Gesellschaftsspiele liegen mir einfach nicht. »Wenn ich heute noch einen Kniffel schaffe, laufe ich nackt dreimal um unseren Bus herum«, rief ich. Raten Sie mal, was passierte. Falls mich irgendjemand beim Einlösen meines Versprechens gesehen haben sollte – jetzt wissen Sie, warum!

Tipp für Neucamper: Sollten Sie noch in dem Alter sein, in dem man ständig Sex haben muss, suchen Sie sich, wenn möglich, ein abgelegenes Plätzchen. Wenn Sie keins finden, tun Sie's bei geschlossenen Fenstern. Oder leben Sie damit, dass Sie von allen benachbarten Campern neugierig angegafft werden, wenn Sie morgens Ihr Brötchen knabbern. Vielleicht sind die ja nur neidisch.

Schwesternliebe

Reisetagebuch, Juli 2007
Bin völlig erschöpft. Kilometerweit sind wir am Strand entlanggelaufen, dann haben wir mit den Händen tonnenweise Sand weggeschaufelt, um die Flussmündung zu verlegen, dann in der Hitze Beachball gespielt. Und gleich will sie noch mit dem Fahrrad in den Ort. Rumhängen ist nicht, Action ist angesagt. Typisch meine Schwester.

Ich habe zwei Schwestern. Die große ist zehn Jahre älter, die kleine knapp zwei Jahre jünger als ich. Unsere Eltern haben niemals auch nur einen Fuß auf einen Campingplatz gesetzt. Wen wundert es da, dass wir alle drei begeisterte Draußen-Urlauberinnen geworden sind? Ist bestimmt alles Kompensation.

Gelegentlich kreuzen sich unsere Campingrouten. Von unseren Besuchen in Holland bei der Ruhrpott-Clique habe ich ja schon berichtet. Regelmäßig trafen wir uns früher auch auf Korsika. Während der Ingenieur und ich dank unseres Autos mobil waren und auch bleiben wollten, fuhr meine jüngere Schwester mit ihrer Familie jahrein, jahraus auf denselben Campingplatz im Süden der Insel. Wie viele andere hatten sie dort einen alten Wohnwagen deponiert, der bei einem korsischen Bauern das ganze Jahr über auf einer Wiese darauf wartete, im Sommer für vier Wochen auf den Campingplatz geschleppt zu werden. Immer an exakt dieselbe Stelle im abgelegensten Winkel des Platzes mit Blick auf Berge, Kühe und den Sonnenuntergang (das muss wohl in den Genen liegen).

Der Moment, in dem der Wohnwagen nach der langen Pause zum ersten Mal geöffnet wurde, war immer der spannendste, denn fast jedes Mal wartete hinter der Tür eine Überraschung. Mal hatte es reingeregnet, mal war alles komplett mit Sand und Staub überzogen, weil es im Winter so gestürmt hatte, mal hatten Mäuse ihr Unwesen getrieben.

»Stell dir vor«, sagte meine Schwester einmal, als wir für eine Woche bei ihnen Station machten, bevor wir unseren Trip über die Insel fortsetzten, »der ganze Wohnwagen war voller Mäuseköttel, Tausende davon, auf dem Boden, in den Schränken, in den Betten. Ich habe Stunden gebraucht, um das wegzuputzen.« Das Schlimmste daran war: Erst nach zwei Tagen stellte sich heraus, dass die Übeltäter noch dort wohnten. Eines nachts wachte meine Schwester von einem kratzenden Geräusch auf. Als sie mit der Taschenlampe im Wohnwagen herumleuchtete, traute sie ihren Augen nicht. Auf dem Küchenschrank saßen zwei Mäuse mit einem Stück Baguette in den Pfötchen und knusperten eifrig vor sich hin. Zum Glück gelang es meinem Schwager nach einer schlaflosen Nacht, die Tiere mithilfe von Speck und Käse zu überlisten und lebend nach draußen zu locken.

Der Vorteil eines Dauerstellplatzes ist, dass man alles vor Ort lassen kann und nicht das komplette Ferien-Equipment mühsam quer durch Europa transportieren muss. Segelboot, Surfbretter, Fahrräder und Vespa müssen nach der Überwinterung zwar auf Vordermann gebracht, können dann aber benutzt werden. Den Kindern war der Platz ein zweites Zuhause, die meisten Nachbarn waren auch jedes Jahr dieselben. Witwe Bolte zum Beispiel. So nannte meine Schwester die französische Rentnerin zur Linken. Eine kleine Rothaarige, flink und sportlich, die vor langer Zeit ihren Mann verloren hatte und jeden Sommer zwei Monate auf der Insel verbrachte. Ganz allein lebte sie dann in ihrem geschmackvoll eingerichteten Wohnwagen. Jeden Morgen marschierte sie mit ihrem Korb zum Strand, wo sie sich ein einsames Plätzchen suchte, um sich nackig machen zu können. Da lag sie dann unterm Sonnenschirm und las den ganzen Tag. Abends kochte sie für sich, nach dem Essen hörte sie bei Kerzenlicht klassische Musik.

»Mit den anderen Campern hat sie nicht groß was am Hut«, sagte meine Schwester. »Ab und zu hält man ein Schwätzchen, aber das war's. Im Grunde wissen wir nicht viel übereinander, man lässt sich in Ruhe.« Eines Tages blieb Witwe Boltes Platz leer. Sie war gestorben. Vom Platzwart erfuhren die anderen, dass sie seit Jahren Krebs gehabt hatte. Wahrscheinlich hatte sie ganz bewusst niemandem von ihrer Krankheit erzählt, weil sie das sommerliche Urlaubsglück der anderen nicht trüben wollte. Man lebt ganz dicht beieinander und ist trotzdem Welten voneinander entfernt, auch das ist auf einem Campingplatz nicht anders als in den meisten Mietshäusern und Reihenhaussiedlungen.

Mit meiner Schwester hat man beim Campen am meisten Spaß, wenn man tut, was sie will. Sie hat nämlich sehr genaue Vorstellungen davon, wie ein idealer Urlaubstag ablaufen sollte. Morgens erst mal Kaffee und Pain au chocolat in der Hängematte. Das Croissant stammt vom Boulanger, der jeden Tag gegen halb neun mit seinem Wagen vorbeikommt und mit lautem Hupen auf sich aufmerksam macht. Ausschlafen ist nicht, sonst muss man sein Baguette im drei Kilometer entfernten Ort holen, denn einen Laden gibt es auf diesem kleinen Campingplatz nicht. Auch Obst und Gemüse kommen auf Rädern, jeden zweiten Tag bringt eine Bäuerin aus der Gegend frische Ware vorbei.

Nach dem ersten Frühstück steht das Morgenbad auf dem Programm. Ein Ritual, das auch mir und den Kindern in jedem Sommerurlaub sehr wichtig ist, vorausgesetzt das Meer ist in Fußweite. Die ganze Familie spaziert zum Strand und planscht.

»Achtung Dreiecksflosse«, kreischte meine Schwester immer und amüsierte sich köstlich darüber, wie ich panisch zusammenzuckte, weil ich eine Heidenangst vor Haien habe. Sie allerdings genauso. Einmal kam sie wie eine Rakete aus dem Wasser geschossen, weil angeblich irgendetwas »an ihrem Oberteil geknabbert« hatte und sie der festen Überzeugung war, dass es sich dabei mindestens um den Weißen Hai, wenn nicht um ein noch größeres Unterwasserraubtier gehandelt hatte. In Wirklichkeit haben wir natürlich rund um Korsika wie überhaupt im Mittelmeer noch nie einen Hai gesichtet. Die mit Abstand gefährlichsten Tiere, die uns dort jemals begegnet sind, waren Feuerquallen. Was unserem Morgenbad gelegentlich einen Hauch von Abenteuer verlieh, waren die Standup-Paddel-Ausflüge meines Schwagers. Lange bevor diese Dinger hip wurden, liebte er es, noch vor dem Frühstück damit so weit rauszufahren, bis er außer Sichtweite war. Nicht einmal mit dem Fernglas konnten wir ihn noch am Horizont ausfindig machen. Immer kurz bevor meine Schwester die Nerven verlor und schon die Wasserschutzpolizei alarmieren wollte, tauchte er grinsend wieder auf.

Dann endlich, so gegen Mittag, konnte richtig gefrühstückt werden. Da es ringsherum in der Hochsaison sehr trocken und staubig war und der Stammplatz von Schwester und Schwager (Blick!) ganz am Rand direkt neben der schmalen unbefestigten Zufahrtsstraße lag, musste man den Moment, in dem man vom Baguette abbiss, sehr genau abpassen. Fuhr nämlich genau dann ein großes Wohnmobil vorbei, spürte man den korsischen Feinsand unangenehm in

Augen, Nase und vor allem zwischen den Zähnen. Abends dasselbe: Nach dem Strandtag, begleitet von Segel-, Surf- oder Olli-Ausflügen, gab es erst mal einen Sundowner mit staubigen Erdnüsschen.

Ein Highlight unserer gemeinsamen Tage war immer ein Picknick mit Brathähnchen am Strand. Es schmeckte besonders gut, nicht nur weil es weitgehend staubfrei war, sondern auch, weil es mit einem Olli-Ausflug in den Ort verbunden war. Die Kinder (bloß nicht verraten, dass sie damals noch gar keinen Motorbootführerschein hatten) holten auf dem Wasserweg das vorbestellte Poulet rôti ab, das dann im Schein des Lagerfeuers am Strand verzehrt wurde – mit den Fingern natürlich. Jeder bekam seine Portion von meiner Schwester, einer Meisterin im Geflügelzerlegen, zugeteilt. Mein Schwager aß als Einziger mit Besteck. Seit seiner Salmonellen-Erfahrung rührte er alles, was Flügel hatte, nicht mehr mit den Händen an. Wunderbare Abende waren das. Bis weit nach Mitternacht saßen wir im Sand, lauschten den Wellen und tauschten Erinnerungen aus. Die Kinder machten abenteuerliche Nachtwanderungen durch die Umgebung. Besonders die zugewucherten Überreste des seit Jahren stillgelegten Nachbarcampingplatzes hatten es ihnen angetan.

In ihren ersten Korsika-Jahren hatten meine Schwester und mein Schwager dort immer gewohnt, bis er ganz plötzlich schließen musste.

»Der Betreiber passte der korsischen Mafia nicht«, sagte meine Schwester, »da haben sie ihn kurzerhand erschossen.« Die Mafiosi sind nicht einzigen Korsen, die sich massiv gegen die Übernahme der Insel durch Touristen und Immobilienhaie vom Festland wehren. Jahrzehntelang haben militante Gruppen gewaltsam für eine Unabhängigkeit von Frankreich gekämpft. Die Spuren dieses Kampfes sieht man vor allem im Süden der Insel. In früheren Jahren verhinderten die Separatisten regelmäßig durch Sprengstoffanschläge den Bau von Ferienwohnungen und Hotelanlagen. Und überall auf der Insel weht stolz die korsische Flagge: schwarzer Kopf mit Stirnband auf weißem Grund.

Doch zurück zum idealen Ferientag meiner Schwester. Im Gegensatz zu mir liebt sie körperliche Herausforderungen. Das können Paddelausflüge auf flachen steinigen Flüsschen sein, die meistens im stacheligen Gebüsch enden oder an störrischen korsischen Kühen scheitern, die sich einem in den Weg stellen. Fahrradtouren in der Mittagshitze auf die umliegenden Berge mit einer sehr kurzen Espresso-Pause in der einzigen Bar des Dorfes (»Guck doch mal, der fantastische Blick!«). Oder auch mal stundenlanges Buddeln am Strand, um die Flussmündung umzuleiten (»Weil das viel schöner aussieht, wenn die weiter rechts ist«).

Die Kinder lieben ihre freakige Aktiv-Tante. Vor allem als sie klein waren, liefen sie immer jauchzend hinter ihr her, wenn sie sich im Sand wälzte, mit ihnen Abhänge hinunterkullerte oder am Strand auf Schatzsuche ging. Ich liebe sie natürlich auch – vor allem, wenn ich ihren Aktionismus mit einem Buch in der Hand von meiner Hängematte aus beobachten kann.

Mit meiner älteren Schwester zu urlauben war immer etwas entspannter. Auch sie hatte mit Mann und Sohn einen Stammplatz. Mit ihrem acht Meter langen, sehr gepflegten Doppelachser reisten sie Jahr für Jahr an die französische Atlantikküste. Unterwegs hatten sie oft Übernachtungsprobleme, sie wurden ständig abgewiesen. Irgendwann begriffen sie: Auf französischen Campingplätzen sind zweiachsige Wohnwagen unerwünscht, weil ihre Besitzer oft Sinti und Roma sind, die viele Franzosen nicht mögen.

»Soll ich mir jetzt meine Haare abschneiden, den Ohrring rausnehmen und einen kleineren Wohnwagen kaufen«, schimpfte mein Schwager, »nur weil man uns mit dem großen ständig für Sinti und Roma hält?«

Aber auch ohne solche faulen Kompromisse erreichten sie ihr Ziel, eine idyllische Gegend zwischen Île d'Oléron und den Austernzuchtbecken bei Royan. Immer wenn unsere Sommertour uns am Atlantik entlangführte, besuchten wir sie dort für ein paar Tage. Den riesigen Wohnwagen trauten wir uns nur ohne Schuhe zu betreten, so blitzblank war er. Couchgarnitur, Küche, Schlafzimmer mit Kingsize-Bett, Kinderschlafzimmer – alles sah aus wie im Campingprospekt. Nix Mäuseköttel. Es gab sogar ein richtiges Badezimmer.

Vielleicht liegt es am Altersunterschied, aber die Urlaubstage mit meiner großen Schwester waren immer weniger von Action geprägt, dafür aber erholsamer. Als Französischlehrerin spricht sie die Landessprache fließend und war immer sehr schnell mit den fast ausschließlich französischen Nachbarn ihres kleinen Campingplatzes im Gespräch. Schon am zweiten Tag kannte sie deren Lebensgeschichten, genauso wie die des Schlachters, des Fischhändlers und der Marktfrau. Eine Eigenschaft, die sie eindeutig von unserer Mutter geerbt hat. Mit ihr konnte man nicht mal in den Bus einsteigen, ohne innerhalb weniger Minuten darüber informiert zu sein, dass der Fahrer ursprünglich auf Lehramt studiert, dann aber ein Kind adoptiert, seine akademische Laufbahn aufgegeben und leider auch auf die falsche Frau gesetzt hatte. Natürlich kam der Bus daraufhin mit mindestens zehn Minuten Verspätung in der Stadt an.

Der Vorteil dieses geerbten Kommunikationstalents: immer allerbeste Grillware. Trotzdem schmeckte der fangfrische Fisch eines Abends einfach nur ekelhaft, muffig, alt und ranzig.

»Ich begreife das nicht«, sagte meine Schwester, »der Fischhändler hat mir versichert, dass er ihn heute erst aus dem Meer geholt hat.«

Als sie sich am nächsten Tag beschwerte, fragte der Fischmann, ob sie vielleicht einen Grill mit Deckel besäße? Und ob sie den denn jeden Abend reinige? Bingo! Ein paar Tage vorher hatten wir Merguez-Würstchen gegrillt. Das verdunstete Fett klebte noch unter der Haube, hatte sich in der Hitze verflüssigt und war auf den fangfrischen Fisch heruntergetropft – keine empfehlenswerte Geschmackskombination.

Abgesehen von diesem kleinen Zwischenfall kochte meine große Schwester Abend für Abend Köstliches für uns. Mit Blick auf gelegentliche Schauer und Gewitter saßen wir gemütlich unter der Markise, spielten zum Ärger der Kinder *Trivial Pursuit* (»das macht keinen Spaß mit ihr, die weiß ja immer alles!«) und redeten von früher. Ich höre bis heute gerne die Geschichten aus meiner Kindheit, an die ich mich nicht mehr erinnern kann, meine Schwester aber schon, weil sie bei meiner Geburt ja bereits zehn Jahre alt und manchmal auch ein bisschen Mutterersatz war. Meine kleine Schwester und ich haben sie als Kinder bewundert, logischerweise war sie uns immer entscheidende Schritte voraus. Beim Camping auch. Ob ich es je auf acht Meter mit Couchgarnitur bringen werde?

Was ich während unserer gemeinsamen Tage immer sehr zu schätzen wusste, ist ihr gelebter Bildungsauftrag. Sie konnte uns die Gegend und ihre Geschichte erklären, wusste über Ausflugsziele und kleine Museen in der Umgebung Bescheid, selbst die Gerichte und Weine der Region konnte sie einordnen und wertschätzen. Manchmal hat es große Vorteile, eine Lehrerin als Schwester zu haben. Es tat aber auch mal gut, wenn sie gelegentlich nach einem Gläschen Bordeaux ihrem pädagogischen Auftrag eine kurze Ruhepause gönnte.

Was noch aussteht, ist ein gemeinsamer Campingurlaub mit beiden Schwestern. Das kann ich mir durchaus vorstellen, muss aber nicht sofort sein. Denn jeder Camper weiß:

Urlaubsgewohnheiten sind manchmal dicker als Blut. Und auch wenn man dicht nebeneinandersteht, ist Wohnwagen nicht gleich Wohnwagen nicht gleich Wohnmobil. Wir müssen noch ein bisschen darüber nachdenken.

Berge in Sicht

Reisetagebuch, Juli 2008
Ob wir jemals einen ganzen Campingurlaub in den Bergen verbringen werden? Ich glaube nicht, mir fehlt schon nach ein paar Tagen das Meer. Obwohl es dieses Mal hier am Ortasee echt schön ist. Macht schon Spaß, mit so einem 330-PS-Geschoss übers Wasser zu düsen. Nur mein armer Mann humpelt jetzt. Man sollte auf dem Wasser besser keinen Spagat machen ...

Wir sind keine leidenschaftlichen Wanderer. Deshalb haben wir noch nie einen kompletten Campingurlaub in den Bergen verbracht. Nur im Winter sind wir oberhalb der Baumgrenze in unserem Element, denn wir fahren alle sehr gerne Ski oder Snowboard. Aber Skiurlaub im Wohnmobil? Never. Jedes Mal, wenn ich mit dem Lift oberhalb eines Campingplatzes vorbeischwebe und mir vorstelle, wie die Bewohner sich abends aus ihren klammen Klamotten herausschälen und sich dann durch den Schneesturm zum Sanitärgebäude durchkämpfen müssen, um die Sachen zum Trocknen aufzuhängen ... nein danke. Zugegeben, bei gutem Wetter sieht es nicht ganz so schlimm aus. Manche Womos liegen mittags ganz entspannt zwischen Schneehügeln im Liegestuhl in der Sonne, aber davon kann man in den Bergen ja nicht ausgehen. Ein befreundetes Paar schwärmt uns zwar regelmäßig davon vor, wie gemütlich es sei, abends im Wohnmobil zu sitzen und zu lesen, während draußen die Eiszapfen am Alkoven wachsen, aber ich finde es wesentlich kuscheliger, in einem Ferienappartement oder in einer Berghütte zu wohnen. Unser Bus ist auch gar nicht für solche Expeditionen ins Eis ausgerüstet.

Im Sommer machen wir aber auf dem Weg in den Süden gern Abstecher in die Berge. Als wir Südtirol zum ersten Mal ohne schneebedeckte Pisten sahen, waren wir positiv überrascht. Bis auf ein paar Liftmasten waren kaum Spuren des Ski-Massentourismus zu sehen, überall Blumenwiesen, wo wir Geröllhalden erwartet hatten.

Der Campingplatz lag direkt an einem Wildbach, den die Kinder sofort als Abenteuerspielplatz für sich entdeckten. Schon nach fünf Minuten waren beide total durchnässt und zitterten, weil das Wasser eisig kalt war. Kaum hatten sie sich umgezogen, waren sie schon wieder flussabwärts verschwunden. Nach einer Stunde wurde ich unruhig und suchte die Uferböschung nach ihnen ab.

»Guck mal, da oben«, sagte der Ingenieur und zeigte auf zwei kleine Punkte, die sich einen ziemlich weit entfernten steilen Hang hinaufbewegten, »sehe ich das richtig? Die sind doch blau und rot, oder?« Ich stöhnte auf. Theo hatte ein blaues, Pia ein rotes T-Shirt an.

»Hol sie da runter«, sagte ich, »die können sich doch wer weiß was brechen!«

Von klein auf bis in die Pubertät hinein waren unsere Kinder immer sehr engagiert, wenn es um gefährliche Selbstversuche ging. Der große Bruder vorneweg und die Kleine machte jede Mutprobe mit, denn sie wollte ja keine Schwäche zeigen. Ich habe mich wirklich immer sehr bemüht, auf die beiden aufzupassen, aber immer wieder gelang es ihnen, zu entwischen.

»Do these children belong to you?«, fragte uns mal besorgt ein italienischer Kellner, als wir auf einer Restaurantterrasse am Gardasee saßen. Erschrocken folgten wir seinem Blick. Die beiden hatten eigentlich nur zur Toilette gehen wollen, saßen aber jetzt ganz oben auf dem einzigen großen Baum, der sich auf dem Gelände befand. Der Abstieg gestaltete sich schwierig. Nervös standen wir unten und beobachteten, wie sie sich ganz langsam von Ast zu Ast hangelten. Das war nicht der einzige Moment in meinem Leben als Mutter, in dem ich gerne ein Sprungtuch oder zumindest eine Strickleiter dabeigehabt hätte, aber so was hat der Ingenieur natürlich nicht in seiner Zauberkiste. Als sie endlich unten ankamen, war die Pizza leider schon kalt.

Auch das Springen von hohen Felsen liebten sie sehr. Egal ob ins Meer oder in felsige Gumpen: Anlauf, Kopfsprung, Platsch. Zum Glück konnten beide schon sehr früh schwimmen, dafür haben wir gesorgt. Außerdem hat mein Mann ihnen eingeschärft, dass man niemals in unbekanntes Gewässer springen darf, ohne vorher geprüft zu haben, wie tief es ist. Von mir haben sie den Hang zum Nervenkitzel übrigens nicht. Ich hasse es, aus einer Höhe von mehr als einem Meter irgendwo herunterzuspringen. Stunden habe ich schon auf irgendwelchen Felsvorsprüngen herumgestanden und mich nicht getraut, ins Wasser zu springen.

»Los, Mama, du schaffst das!«, riefen meine Kinder mir ermutigend aus dem Wasser zu. Der Ingenieur berührte mich sanft von hinten an der Schulter.

»Nicht schubsen!«, schrie ich und wich drei Schritte zurück. Irgendwann hatte sich hinter mir und im Wasser eine Menschenmenge versammelt, die versuchte, mich zum Springen zu animieren. Kein Mensch kann sich vorstellen, wie entsetzlich es für mich ist, diese Angst vor dem Sprung zu überwinden. Niemand außer Florian Silbereisen. In seiner Sendung *Das Winterfest der fliegenden Stars* (was für ein Titel …) musste ich mal auf einem kleinen roten Brett eine Skischanze herunterrutschen und in ein Schaumstoffkissen plumpsen. Die halbe Nacht lang habe ich bei den Proben das gesamte Team in Atem gehalten, immerhin war die Schanze mindestens fünf Meter hoch. Als ich mir dann endlich einen Ruck gab und flog, halfen mir Florian und ein extra für die Sendung engagierter Skilehrer aus dem Schaumstoff hoch.

»Deine Kinder werden stolz auf dich sein!«, lobte mich der Lehrer, während Silbereisen sich vor Lachen kaum noch halten konnte. Mit ein paar Baldriantropfen intus sauste ich in der Sendung dann downhill, als hätte ich nie etwas anderes gemacht. Das Handyvideo von der Nacht davor habe ich vorsichtshalber gelöscht.

Zurück in die Dolomiten. Nachdem mein Mann die Kinder vom Steilhang gepflückt hatte, kamen sie erdverschmiert und zerkratzt, aber glücklich angetrottet.

»Wir waren fast auf dem Gipfel«, rief Pia stolz. Ich runzelte die Stirn.

»Vielleicht solltet ihr morgen bei der Wanderung keine Flipflops tragen«, sagte ich und machte mich auf die Suche nach einer Waschmaschine.

Der Campingplatz war überraschend voll. Wo wir hauptsächlich Rentner erwartet hatten, tummelten sich jede Menge junge Menschen, ausgestattet mit Wanderausrüstung oder Mountainbikes. Die Berge waren offenbar schon damals angesagt.

Da uns eine Ganztageswanderung zu anstrengend erschien, beschlossen wir, den Gipfel per Seilbahn zu erstürmen und dann zu Fuß abzusteigen. Leider hatten wir keine richtigen Wanderschuhe dabei, die Bergwelt war uns bis dahin ja nur auf Skiern vertraut. Und so eine Höhendifferenz von 1200 Metern abwärts in Sneakers zu meistern, geht ganz schön in die Beine. In der Mittagshitze hangelten wir uns die steinigen Wege hinunter. Als wir auf einer einsamen Lichtung schweißtriefend Pause machten, zog ich mich erst einmal bis auf die Unterwäsche aus.

»Hier wird ja wohl niemand vorbeikommen«, sagte ich und setzte mich erschöpft auf einen Stein. Nur Sekunden später knackte es im Unterholz hinter uns und drei Mountainbiker schossen in einem Affenzahn an uns vorbei. Einer drehte sich noch mal kurz um, als könne er nicht glauben, was er da sah.

»Die vollschlanke halb nackte Frau hat ihn bestimmt an jemanden aus dem Fernsehen erinnert«, sagte ich ächzend und massierte meine Beine.

Der Muskelkater danach hatte es in sich. Tagelang konnten wir uns kaum bewegen, allein das Aussteigen aus unserem Bus, besonders aber das Einsteigen erschien mir wie die Bezwingung des Mount Everest. Wir beschlossen, unsere sportlichen Ausflüge in die Berge in Zukunft professioneller zu gestalten.

Bei der nächsten Tour in Richtung Mittelmeer machten wir halt am Toblacher See. Der Ingenieur hatte gelesen, dass man von dort mit dem Fahrrad auf einer stillgelegten Eisenbahntrasse bis nach Cortina d'Ampezzo fahren konnte. Eine sehr gute Idee. Wir brauchten uns keine Gedanken um unser Schuhwerk zu machen und konnten ohne allzu große körperliche Anstrengung das alpine Panorama genießen.

Überhaupt entpuppten sich dieser See und der Campingplatz mit seiner beeindruckenden Aussicht als Urlaubsperle. Abends trauten wir unseren Augen nicht. Als es dunkel war, wurden plötzlich überall auf den Gipfeln um den See herum Feuer angezündet, teilweise in Kreuz- oder Herzform. Es war ein bezauberndes Schauspiel.

»Das sind die sogenannten Herz-Jesu-Feuer«, klärten uns die Nachbarn auf dem Campingplatz auf, »eine uralte Tiroler Tradition. Jedes Jahr am dritten Sonntag nach Pfingsten werden überall in den Bergen diese Feuer angezündet. Wir kommen immer extra deshalb um diese Zeit hierher.«

Das nicht nur sehr gut informierte, sondern auch sehr gut

aussehende junge Paar hatte mich schon die ganze Zeit fasziniert. Bei ihnen war alles weiß, bis auf die braun gebrannte Haut. Weißer Geländewagen Marke Defender mit weißem Dachzelt, weiße Campingmöbel, weiße Fahrräder, Tischdecke, Geschirr, Handtücher, Bettwäsche, sogar der Hund – alles weiß. Und alles völlig fleckenfrei. Dabei waren sie vorher schon drei Wochen durch Italien gereist, hatten sie uns erzählt.

»Unbegreiflich«, zischte ich dem Ingenieur leise zu, »bei uns schafft es nicht ein Kleidungsstück sauber durch die Sommerferien, und dabei ist so gut wie nichts Weißes dabei.«

Pias rosa T-Shirt jedenfalls überstand den Abend nicht unbefleckt. Sie war ziemlich lange verschwunden. Als ich gerade anfangen wollte, sie zu suchen, tauchte sie hinter dem Sanitärgebäude auf. Sie war auf der Toilette gewesen und nicht mehr herausgekommen, da die Türverriegelung geklemmt hatte. Weil sie sich nicht getraut hatte, um Hilfe zu rufen, versuchte sie zuerst, über die Trennwand zu klettern, rutschte aber immer ab, weil sie noch zu klein war.

»Dann habe ich mich platt wie 'ne Flunder gemacht und bin unter der Tür durchgekrabbelt«, erzählte sie. Vielleicht wundert sich die Putzfrau bis heute, warum die zweite Toilette von links permanent besetzt ist …

Mit dem Camping am See ist das so eine Sache. Die Großzügigkeit, die wir in Toblach so mochten, findet man selten zur Hauptferienzeit. Egal ob am Boden-, Garda- oder Wolfgangsee, überall ist direkt am Wasser wenig Platz, dementsprechend dicht rückt man sich auf die Pelle. Verzweifelt haben wir schon diese beliebten Gewässer im Juli und August auf der Suche nach einer Unterkunft für eine Nacht umkreist – aussichtslos. In einer schwülen Hochsommernacht hielt der Ingenieur irgendwann völlig genervt auf einem Parkplatz direkt am Ufer des Lago Maggiore an.

»Hier bleiben wir jetzt stehen«, sagte er, »ich habe keinen

Bock, noch mal ganz um diesen Tümpel herumzufahren und weiterzusuchen.« Als wir die Schiebetür öffneten, um frische Luft hereinzulassen und uns gerade auf der Bank am See niederlassen wollten, kamen sie angeflogen: Millionen kleiner Fliegen, die sich sofort überall hinsetzten und auf uns herumkrabbelten. Es war ekelhaft. Mir war zum Heulen zumute.

»Jetzt müssen wir auch noch bei dieser Hitze drinnen hocken, so ein Mist«, jammerte ich. Die Kinder sahen mich besorgt an. »Ich hasse Camping«, rief ich wütend. »Warum können wir nicht wie andere normale Menschen einfach ein Haus mieten, mit Klimaanlage und sauberen Toiletten?«

Nachts tat ich kein Auge zu. Nicht nur wegen der Hitze, auch wegen der ununterbrochen vorbeifahrenden Autos. Zu den Scheinwerfern und dem Motorenlärm kam noch hinzu, dass fast jeder, der vorbeifuhr, laut hupte. »Die mögen wohl keine Wildcamper hier«, flüsterte mein Mann.

Ich hatte das Gefühl, gerade erst eingeschlafen zu sein, da wurden wir durch ungeduldiges Klopfen wieder geweckt. Ich schob den Vorhang ein paar Millimeter zur Seite und zuckte zurück. Draußen standen zwei Carabinieri. Und direkt neben ihnen und dahinter und überhaupt überall um uns herum Verkaufsstände. Stände mit Schmuck, Taschen, Keramik, Seife und was sonst noch so alles an einem Samstagvormittag zur Hauptferienzeit im Süden an Touristen verhökert wird.

Wir mussten eine saftige Strafe bezahlen und wurden von den Polizisten zwischen den hämisch grinsenden Marktanbietern hindurch bis zur Straße gelotst.

»Machst du echt nie wieder Camping, Mama?«, fragte mein Sohn vorsichtig. Ich schnallte mich an, ohne auch nur einen Blick zurückzuwerfen.

»Vielleicht überlege ich es mir ja noch mal anders«, grummelte ich.

Tipp für Neucamper: Wenn sich partout kein Campingplatz finden lässt, auf dem Sie für eine Nacht unterschlüpfen können, Augen auf bei der Parkplatzwahl. Checken Sie, ob irgendetwas darauf hindeutet, was sich dort am nächsten Morgen abspielen könnte. Meistens gibt es Hinweise. Ein paar zusammengeklappte Holztische, an eine Mauer gelehnt: Achtung, Marktstände! Ein paar rot-weiße Kegel und ein unauffällig geparktes Baufahrzeug: Achtung, Baustelle! Gähnende Leere, obwohl der Blick großartig ist und noch jede Menge Parkplätze frei sind: Achtung, hier ist etwas faul! Wahrscheinlich lauern aggressive Insekten oder zwielichtige Gestalten in der Nachbarschaft und warten nur darauf, über Sie herzufallen. Mit etwas Pech kommen gleich mehrere Faktoren zusammen, so wie bei uns.

Der einzige See, an dem immer ein Plätzchen für uns frei ist, ist der Ortasee. Er ist kleiner, leerer und idyllischer als der Lago Maggiore. Bekannte von uns fahren dort jedes Jahr zum Wasserskifahren hin und wohnen auf einem winzigen Campingplatz direkt am Ufer. Für ein bis zwei Nächte lässt der Padrone gnädig zu, dass wir uns mit unserem Bus irgendwo dazwischenquetschen. Es ist jedes Mal ein Erlebnis, auch wegen der sehr persönlichen, italienisch-beschwingten Atmosphäre, die dort herrscht. Wie fast überall im Süden ist der Platz ein reiner Familienbetrieb. Morgens früh wird man vom Geräusch der Espressomaschine und fröhlichem, lautem italienischen Palaver geweckt, das aus der Küche herüberweht. Drei Generationen teilen sich die Arbeit auf, vom Einweisen übers Toilettenputzen bis hin zum Pizzabacken wird alles ohne fremde Hilfe erledigt. Es ist schön zu beobachten, wie selbstverständlich das funktioniert. Sogar die demente Oma wird noch einbezogen und räumt die Tische ab. Manchmal steht sie orientierungslos mit ihrem Tablett in der Hand mitten im Restaurant und wird dann von einem ihrer Enkelkinder sanft an der Hand in die Gegenwart zurückgeholt. Der liebevolle Respekt, den die Italiener sowohl ihren

Kindern als auch ihren Alten entgegenbringen, ist beeindruckend. Daran sollten wir uns in Deutschland ein Beispiel nehmen.

Die Ausfahrten auf dem See mit dem Sportboot gehören zu den Urlaubserinnerungen, von denen man gerne erzählt – von den Wasserskierlebnissen nicht unbedingt.

»Probiert es doch auch mal aus«, ermutigten uns die Freunde, nachdem sie selbst in unglaublichem Tempo elegant ihre Bahnen gezogen hatten. Unsere Kinder hatten schnell den Dreh heraus und ließen sich begeistert auf dem Wakeboard über das dunkelblaue Wasser ziehen. Der Ingenieur zögerte zuerst, wollte es dann aber auch noch mal wissen. Zuletzt war er auf unserer Hochzeitsreise Wasserski gefahren, die lag zu diesem Zeitpunkt allerdings etliche Jahre (und Kilos) zurück.

Leider ging der Versuch schief. Kaum war das Boot gestartet, rutschte er schon mit den Beinen ins Spagat und landete unsanft im Wasser.

»Los, noch mal!«, rief Theo ihm zu.

»Das geht nicht«, rief sein Vater mit schmerzverzerrtem Gesicht. »Ich habe mir sehr wehgetan!« Ich kenne meinen Mann gut genug, um unterscheiden zu können, wann er hypochondrisch übertreibt und wann es ernst ist. Er schien wirklich ein Problem zu haben. Wir holten ihn zurück an Bord.

»Ich bin zu alt für so was«, ächzte er, »hab' eine Zerrung an beiden Oberschenkeln, mir reicht's, ich geh wieder auf das andere Boot.« Als er gerade versuchte, auf das Begleitboot herüberzuklettern, passierte leider der Supergau. Die Boote rutschten genau in dem Moment auseinander, als er mit dem rechten Bein noch im dem einen und mit dem linken schon im anderen stand.

»Auuuuaaaa«, schrie er, »wollt ihr mich umbringen?« Ich gestehe, dass ich mich sehr zusammenreißen musste, um nicht zu lachen, so slapstickhaft war die Situation. Überflüssig zu erwähnen, dass dieser misslungene Balanceakt meinem Mann den Rest gegeben hatte. Er konnte kaum noch gehen und am nächsten Tag waren die Innenseiten seiner Oberschenkel dunkelblau angelaufen.

»Nie wieder steige ich auf solche blöden Dinger«, grollte er. Ich bin mir aber nicht ganz sicher, ob er sich nicht eines Tages doch noch einmal hinter ein Boot hängen wird, um die Schmach vom Ortasee auszubügeln.

Und ich? Ich bin in meinem ganzen Leben noch nicht Wasserski gefahren und werde daran auch nichts ändern. Stattdessen ließ ich mich laut kreischend auf einem großen Schwimmring hinter dem Boot herziehen. Im Bikini mit Helm und Schwimmweste muss ich unglaublich lächerlich ausgesehen haben, hatte aber einen Heidenspaß dabei.

Es mag ein Tick sein, aber Wasser gehört für mich zum Campingurlaub einfach dazu. Auch wenn es nur um eine Übernachtung in der Nähe geht, suche ich immer einen Platz an irgendeinem Gewässer. Ein See, ein Flüsschen, eine Talsperre, es kann auch ein mickriges kleines Baggerloch sein. Hauptsache, ich kann abends sehen, wie die Sonne sich drin spiegelt. Dann bin ich glücklich.

Erst letztens hat uns meine Sehnsucht nach Wasser wieder viel Zeit und Mühe gekostet. Wir waren auf der Heimreise von Italien. Als letztes Ziel hatte ich mir den Ammersee ausgesucht, von dem ich nur Gutes gehört hatte. Begeistert las ich dem Ingenieur vor, was ich gegoogelt hatte. »Unser Campingplatz befindet sich an einem der schönsten Plätze in der Region und ist direkt am Ufer des Ammersees gelegen. Beginnen Sie nach einer ruhigen Nacht den Tag mit einem erfrischenden Bad und frühstücken Sie mit Blick auf den See.« Frohlockend sah ich meinen Mann an. »Klingt doch super«, sagte ich, »genau das Richtige, um diesen tollen Urlaub ausklingen zu lassen.« Den vorsichtigen Einwand meines Mannes, es sei doch sehr unwahrscheinlich, dass mitten in der Hauptsaison an einem Samstag auf so einem traumhaften Platz noch etwas frei sei, wischte ich beiseite.

»Ach was«, rief ich voller Vorfreude, »ein kleines Plätzchen werden die ja wohl noch für uns haben!« Hatten sie natürlich nicht. Alles ausgebucht. Wie übrigens der gesamte Ammersee. Stunden später ergatterten wir die allerletzte freie Nische auf einem kleinen Campingplatz in der Nähe von München. Ich hatte meine Ansprüche bereits so weit heruntergeschraubt, dass ich mich mit einem sehr übersichtlichen kleinen Angelteich zufriedengab.

»Du und dein Tick, unbedingt aufs Wasser gucken zu müssen«, sagte Udo kopfschüttelnd, als wir auf der Terrasse der kleinen Gastwirtschaft saßen und ich versonnen die letzten Sonnenstrahlen betrachtete, die das Wasser herrlich glitzern ließen.

»Ist doch romantisch hier«, sagte ich.

»Und das Autobahngeräusch stört dich gar nicht?«, fragte er und deutete auf die Schallschutzwand, die direkt hinter den Bäumen am Ufer gegenüber aufragte. Es lag tatsächlich ein ziemlich lautes Dauerrauschen in der Luft. Die A8 war offensichtlich nur wenige Hundert Meter entfernt.

»Das muss man einfach ignorieren«, sagte ich lächelnd und schmiegte mich zufrieden an ihn, »immer noch besser als auf der Autobahnraststätte.«

»Oder mitten im Fliegengeschwader auf dem Markt am Lago Maggiore«, gähnte mein Mann. »Bei der nächsten Hin- und Rückreise können wir ja mal was reservieren.« Ich nickte, wohl wissend, dass wir es nicht tun würden. No risk, no fun.

Links und rechts der Autobahn

Reisetagebuch, Oktober 2008
Wie gut, dass wir nie nonstop durchfahren. Unterwegs lernt man Deutschland ja immer wieder neu kennen. Den Romantik-Camping Mondsee zum Beispiel. Da waren wir letzte Nacht. Direkt neben der Autobahn zwischen Gartenzwergen vorm Wohnwagen hocken und Kette rauchen ... auch das kann offenbar Glück bedeuten.

Übernachtung auf der Autobahnraststätte – was heute für mich ein Albtraum ist, fanden wir früher ganz normal. Wir fuhren so lange, bis wir müde wurden, suchten uns ein Plätzchen zwischen den Lkws und legten uns schlafen. Auf diese Weise habe ich eine Menge Parkplätze, Tankstellen und Schnellimbisse kennen- und schätzen gelernt, ob Rhön, Baden-Baden oder Gotthardtunnel, irgendwie ähneln sie sich alle. Wenn man aber genauer hinsieht, stellt man fest: Es gibt ein ganz eigenes Leben links und rechts der Autobahn. Jeder Parkplatz ist eine Welt für sich, besiedelt von einem bunten Gemisch aus Truckern und anderen Durchreisenden, natürlich mit einer hohen Fluktuation.

Als wir einmal sehr spät noch vor unserem Bus saßen und die Kinder schon schliefen, ging im Fahrerhaus des Lkws nebenan plötzlich Licht an. Verschlafen blinzelnd kam der Brummifahrer herausgeklettert, grüßte und verschwand erst mal zwischen den Bäumen.

»Der geht bestimmt pinkeln«, sagte mein Mann, »dabei sind die Toiletten ja nun echt nicht weit weg.« Nach und nach kam auch Leben in die anderen Trucks. Interessiert beobachteten wir, wie die Männer anfingen, ihr »Frühstück« zuzubereiten. Unser Nachbar öffnete eine Klappe hinten am Wagen, holte Brot, Würstchen und Ketchup heraus und deckte Pappteller und Plastikbesteck auf. Ein anderer baute einen kleinen Grill auf, ein dritter kam mit Coladosen um die Ecke. Freundlich winkten sie uns heran.

»Wollt ihr auch 'ne Wurst?«, fragte der Mann, der eben aus dem roten Scania mit den chromblitzenden Felgen gestiegen war. »Ich bin der Dieter.«

Hatte ich mir fast gedacht, der Dieter hatte nämlich ein großes Schild mit seinem Namen hinter der Windschutzscheibe hängen. Er trug ein Basecap, hatte knallblaue Augen und sympathische Lachfältchen um die Augen herum. Ein Terence Hill der Autobahn.

»Klar, warum nicht«, sagte mein Mann. Wir setzten uns zu den Truckern und kamen schnell ins Gespräch.

»Das machen wir immer so«, sagte Dieter, »sonntags ist ja Fahrverbot, also pennen wir bis abends um elf, machen uns was zu essen und fahren um kurz nach Mitternacht wieder los. Wir haben keine Zeit zu verschenken, wird ja alles immer knapper getaktet.« Wir erfuhren, dass die drei, Dieter, Stefan und ein Pole namens Mateusz, sich hier regelmäßig trafen, wann immer sie es auf ihren Touren so einrichten konnten. Sehr eloquent berichtete Dieter, wo er schon überall gewesen war. Die halbe Welt hatte der Mann schon mit seinem Truck bereist, Skandinavien, Russland, bis runter nach Südafrika war er gefahren.

»Die weiten Touren habe ich mit Mitte fünfzig aber eingestellt. Jetzt versuche ich, nie länger als zwei Nächte von meinem Schatz getrennt zu sein«, sagte er lächelnd, »ist meine zweite Frau. Hab mich auf meine alten Tage noch mal so richtig verliebt.« Dieter war nicht immer Lkw-Fahrer gewesen, er hatte vorher viele Jahre beim Verkehrsamt gearbeitet. Irgendwann hatte er keine Lust mehr auf das Behörden-Einerlei gehabt und sich kurz entschlossen den Scania gekauft.

»Seitdem bin ich freier Asphaltcowboy«, sagte er und biss ein Stück von seiner Wurst ab, »statt genervter Autofahrer, die nach stundenlanger Warterei mürrisch ihr Nummernschild in Empfang nehmen, treffe ich jetzt lauter interessante Typen. So wie euch. Ich möchte mit niemandem mehr tauschen.«

Bevor die drei sich wieder auf die Reise machten, zeigte Dieter uns noch stolz sein kleines Reich, im Grunde auch eine Art Wohnmobil. Hinter den Sitzen hatte er sich eine plüschige kleine Schlafkammer eingerichtet. Alles, sogar die Wände und die Decke, war mit flauschigem dunkelrotem Teppich ausstaffiert, sein Bett war mit FC-Bayern-Bettwäsche bezogen und über dem Kopfende baumelte eine rot leuchtende Lichterkette.

»Bist ja ein richtiger Romantiker«, sagte ich. »So jemanden wie dich vermutet man gar nicht hinterm Steuer, wenn man mal wieder genervt hinter einem Brummi klebt, der unbedingt ein zähes Überholmanöver durchziehen muss.« Diese Bemerkung fand Dieter gar nicht witzig. Ich musste mir erst mal einen Vortrag darüber anhören, wie rücksichtslos sich Pkw-Fahrer verhalten würden, die laut hupend und obszön gestikulierend am Lkw vorbeirasen, der doch verdammt noch mal auch das Recht habe, ein langsameres Auto hinter sich zu lassen.

Als die Jungs wegfuhren, war ich fast ein bisschen wehmütig. »Wie das Leben manchmal so spielt«, sagte ich und winkte versonnen den Rücklichtern des Scania hinterher.

»Wenn uns nicht ausgerechnet hier die Müdigkeit überfallen hätte, hätten wir vielleicht nie diesen Einblick ins Trucker-Universum bekommen. Von jetzt an werde ich überholende Lkws mit ganz anderen Augen sehen.« Der Ingenieur gähnte.

»Und wenn ich jetzt nicht ganz schnell was gegen meine Müdigkeit tue, kommen wir morgen nicht ans Ziel.«

So aufschlussreich unser kleiner Grillabend mit Dieter und seinen Kumpels auch war, irgendwann hatte ich die Nase voll von improvisierten Übernachtungen zwischen Zapfsäulen und brummenden Lkw-Klimaanlagen. Wir fuhren nicht mehr so weit bis uns fast die Augen zufielen, sondern suchten uns nette kleine Camping- oder Stellplätze auf dem Weg. Und glauben Sie mir, auch die können zum Erlebnis werden. Neulich erst wollten wir auf dem Weg an die Côte d'Azur im Elsass übernachten. Ich hatte einen Platz in Colmar ausgesucht, zentral gelegen, beste Empfehlungen, vor meinem geistigen Auge sah ich uns schon durch die malerischen Gässchen schlendern.

»Vielleicht rufst du mal kurz an und fragst, ob auch was frei ist«, sagte der Bedenkenträger auf dem Fahrersitz neben mir, »immerhin ist Ferienzeit und ein langes Wochenende mit dem dritten Oktober am Montag.« Ich verdrehte die Augen, suchte aber die Nummer heraus.

»Machen Sie Witze, Madame?«, der Mann am anderen Ende kriegte sich gar nicht wieder ein. »Wir haben Anfang Oktober, Ferien und langes Wochenende, da hätten Sie schon vor langer Zeit reservieren müssen!« Ich legte enttäuscht auf.

»Dann eben Straßburg«, sagte ich, »da wollten wir doch auch schon immer mal hin.« Ich rief bei dem Platz an, der sehr groß zu sein schien und in Fußweite zur Stadt. Fehlanzeige. Alles ausgebucht. Leider ging es so weiter, Mühlhausen, Freiburg, Dreiländereck, selbst in den kleinsten Orten war kein Platz mehr frei.

»Gleich fange ich an zu weinen«, seufzte ich, nachdem auch der zehnte Campingplatz mich abgewimmelt hatte, »ich will nicht auf die Autobahnraststätte!« Mittlerweile hatte es auch noch angefangen in Strömen zu regnen und es wurde langsam dunkel. Eine letzte Option hatte ich noch. Der Platz lag fernab jeder Ortschaft, dafür aber so dicht an der Autobahn, dass ich mir beim besten Willen nicht vorstellen konnte, dass hier großer Andrang herrschte.

»Jaja«, sagte eine desinteressiert klingende Männerstimme, »mer habbe nochn Plätzsche frei, kommense mal vorbei.« Ich jubelte.

»Da ist auf der Karte sogar ein kleiner See eingezeichnet«, sagte ich voller Vorfreude zu meinem Mann.

»See? Es ist gleich dunkel, mein Schatz, und draußen sind es nur 10 Grad. Aber gut, dass du noch was gefunden hast.« Die Zufahrt führte parallel zur Autobahn durch ein kleines dunkles Waldstück. Hinter der Schranke ein Holzhäuschen. »Roman ik-Camp ng Mondsee – Re eption« stand in Neonbuchstaben über der Tür.

»Na, da müssten aber mal ein paar Birnen ausgetauscht werden«, bemerkte der Ingenieur scharfsinnig. Ich rannte durch den Regen zu der Hütte. Drinnen saß ein alter Mann und starrte mürrisch auf einen großen Fernseher.

»Guggense sisch des an«, rief er, »die verliere scho widder! Gurgen sin des.« Dann wandte er sich mir kurz zu. »Übernachtung zwanzsch Euro, nur Cash, Brötsche un Duschmarge inne Kneibe.« Klare Ansage, dachte ich. Der Platz war sehr groß und im vorderen Bereich fast leer. Wir parkten mitten auf der Wiese.

»Erst mal die Brötchen«, rief ich und lief über den vom Regen aufgeweichten Rasen zur Kneipe.

Das Frühstück ist für mich beim Campingurlaub die wichtigste Mahlzeit. Kaffee und Brötchen oder Baguette sind ein Muss. Ich liebe es, die erste Mahlzeit des Tages lange und ausgiebig zu zelebrieren, vorzugsweise natürlich in der Sonne. Früher haben wir unseren Kaffee immer in einer italienischen Espressomaschine auf dem Gaskocher zubereitet, aber seit der Ingenieur mich irgendwann mit der »kleinsten Kaffeemaschine der Welt« überrascht hat, brauche ich einen Stromanschluss, um schon kurz nach dem Aufwachen glücklich zu sein. Das Maschinchen hängt an der Wand über der Spüle und befüllt auf Knopfdruck eine kleine Tasse randvoll mit heißem Kaffee. Seit dieser Innovation kann ich schon im Bett sitzend mit einer kleinen Dosis Koffein den Urlaubstag begrüßen. Herrlich – es sei denn, die Kaffeepads gehen zur Neige und man befindet sich in Kroatien ... dann hängt der Haussegen schief. Aber dazu später mehr.

Jetzt ging es um die Brötchen. Als ich die schummerige Bar betrat, schlug mir Trostlosigkeit entgegen. Drei betrunkene Männer stritten sich lautstark, hinter dem Tresen lehnte eine resigniert aussehende Frau und rauchte.

»Hier eintragen«, murmelte sie und schob mir eine Liste mit Brötchenbestellungen hin.

Als ich zurück zum Bus lief, waren meine ehemals weißen Turnschuhe bereits dem Schlamm zum Opfer gefallen.

»Komm«, sagte der Ingenieur, »wir gucken mal, ob wir hier noch was Romantisches zu Essen bekommen.« Mindestens eine Viertelstunde irrten wir im Regen zwischen von Gartenzwergen umzingelten Wohnwagen und mobilen Unterkünften auf dem schlecht beleuchteten Platz hin und her, bis uns endlich ein paar rauchende Jugendliche über den Weg liefen.

»Restaurant?«, sagte einer von ihnen achselzuckend, »keine Ahnung, wir grillen immer.« Wir suchten weiter und fanden schließlich den versteckten Eingang. Es herrschte gähnende Leere, nur ein Mann stand hinter der Bar. Er sah uns an und zeigte auf ein Schild: »Ab 20 h nur Schnitzel« stand da.

»Äh, ja, dann zwei Schnitzel bitte«, sagte ich und betrachtete mit leichtem Schaudern die Gummibäume und scheußlichen Ölgemälde, mit denen der Raum dekoriert war.

»Hier möchte man nicht tot überm Zaun hängen, geschweige denn Urlaub machen«, sagte der Ingenieur trocken. Die Schnitzel waren riesig und schmeckten gut – um auch mal was Positives zu sagen.

»Da hast du deinen See«, sagte mein Mann, als wir im Dunkeln zurück zu unserem Platz stolperten. Durch den dichten Regenvorhang sah ich im Mondlicht eine etwas größere Pfütze schimmern. Na bitte.

Die erste Person, die mir am nächsten Morgen begegnete, als ich um acht Uhr zum Duschen ging, war ein Mann im Schlafanzug mit Kippe im Mund. Die zweite war die Putzfrau, die mich erschrocken anstarrte, als ich nackt aus der Dusche huschte, weil kein Wasser rauskam. Ich konnte ja nicht ahnen, dass um die Uhrzeit jemand direkt vor meiner Tür stand.

»Musst du andersrum Münze machen«, sagte sie und zeigte mir, wie ich die Duschmarke in den Kasten zu stecken hatte. Du meine Güte, ich kann gar nicht mehr zählen, wie oft ich schon nass und auch gerne mal eingeseift und mit Shampoo auf dem Kopf hilflos in Campingduschkabinen herumgestanden habe, weil plötzlich das Wasser versiegte und ich ohne Lesebrille natürlich die klein gedruckte Bedienungsanleitung an der Wand nicht entziffern konnte. Und nicht immer steht eine freundliche Putzkraft bereit, die einem helfen kann. Ich habe schon in angstgeweitete Augen von unschuldigen Mitcampern geblickt, die nicht wussten, was sie mit der hektischen, schaumgekrönten großen Frau anfangen sollten, die notdürftig mit einem Handtuch bekleidet auf Englisch um Rat fragte.

Wo war ich eigentlich stehen geblieben? Ach ja, Romantik-Camping. Ein Ort, den man getrost schnell wieder vergessen könnte, wenn ich ihm hiermit nicht ein Denkmal gesetzt hätte.

Als Zwischenstopp sehr zu empfehlen ist ein Stellplatz in Rothenburg ob der Tauber. Er ist nett gelegen in unmittelbarer Nähe der Stadtmauer, nie überfüllt und mit sauberen Toiletten ausgestattet. Gern haben wir dort mit den Kindern Station gemacht und mit ihnen das historische Städtchen besichtigt, zusammen mit Unmengen an Chinesen, Japanern und Amerikanern. Der Ort gehört offenbar zum Pflichtprogramm jeder Europareise.

Die wohl romantischsten Stunden auf dem Rothenburger Womo-Platz bescherte uns Pink. Ja genau, die amerikanische Sängerin. Just an dem Abend, als wir auf der Durchreise waren, gab sie auf der Freilichtbühne im Taubertal ein Konzert, das weithin sehr gut hörbar war. Sollten Sie zufällig in jener Nacht auch anwesend gewesen sein: Die vier Pappnasen, die im Mondlicht »Dear Mr. President« singend in ihren Klappstühlen Feuerzeuge geschwenkt haben, das waren wir.

Auch denkwürdige Fußballereignisse haben wir schon auf der Durchreise erlebt, zusammen mit fremden Menschen vor fremden Fernsehern in Städtchen, die wir danach nie wiedergesehen haben. Den legendären Kopfstoß von Zinédine Zidane beim WM-Endspiel 2006 haben wir zum Beispiel in Amboise an der Loire gesehen. Umringt von Franzosen saßen wir in einem Straßencafé und mussten fassungslos zuschauen, wie dieser exzellente Fußballspieler und französische Nationalheld die Selbstbeherrschung verlor und seinen Schädel gegen den seines italienischen Gegenspielers rammte. Kaum hatte er den Platz verlassen, fingen die Franzosen um uns herum an, im Chor immer dasselbe zu grölen.

»Mama, was singen die da?«, fragte mein Sohn, der noch immer ganz geschockt vom Aussetzer des Fußballstars war. Ich brauchte trotz meiner Sprachkenntnisse eine ganze Weile, bis ich es verstand. »Zidane il a raté, Zidane il va manquer« (»Zidane hat's vermasselt, Zidane wird uns fehlen«). Mit jedem weiteren Bier steigerte sich die Lautstärke und auch der Frust, mit dem die französischen Fans ihr Idol singend verabschiedeten. Ich habe die Melodie heute noch im Ohr.

Sehr viel erfreulicher war das Endspiel 2014, das Deutschland den Weltmeistertitel bescherte. Wir konnten aus Zeitgründen das Spiel nicht mehr zu Hause abwarten, sondern suchten uns irgendwo in Bayern eine Kneipe mit großem Fernseher. Den Namen des Ortes habe ich vergessen, ich weiß auch nicht mehr, wie der Campingplatz aussah. Nur dass wir selig wildfremde fahnenschwingende Menschen umarmten, das ist mir in sehr guter Erinnerung geblieben.

Das französische Dole lernten wir unfreiwillig kennen. Als Übernachtungsort auf der Rückreise aus den Herbstferien war eigentlich ein Campingplatz in Baden-Württemberg geplant, den unsere Kinder frei nach Helge Schneider »Katzenklo« getauft hatten (in Wirklichkeit heißt er Katzenkopf und liegt verkehrstechnisch günstig an der Nord-Süd-Achse), doch daraus wurde nichts. Wir lauschten gerade gespannt einer Harry-Potter-CD, als es hinten rechts plötzlich komisch rumpelte. Der Ingenieur zuckte zusammen und umklammerte fluchend das Lenkrad.

»Irgendwann musste das ja mal passieren«, rief er und schaffte es mit Mühe und Not, den Bus auf den Standstreifen zu lenken. »Reifenpanne!« Wir stiegen aus. Tatsächlich, der rechte Hinterreifen war platt.

»Erst mal das Warndreieck aufstellen«, sagte mein Mann, »und dann muss ich, um an das Reserverad zu kommen, alles hinten abmontieren, die Fahrräder, Tisch, Stühle, die Kiste, Olli Kahn, einfach alles.« Warnwesten hatten wir nicht, das war damals noch nicht Vorschrift, also verkrümelte ich mich mit Theo und Pia hinter die Leitplanke, während mein Mann sich am Auto zu schaffen machte.

»Was machst du denn da?«, fragte ich meine Tochter, die dabei war, sich vom Scheitel bis zur Sohle mit gelben Post-it-Zettelchen zu bekleben.

»Statt Warnweste«, sagte sie aufgeregt, »damit mich die anderen Autofahrer sehen und nicht umfahren.« Gerührt nahm ich sie in den Arm.

»Uns passiert nichts, Kinder«, sagte ich, »Papa schafft das schon.«

Als Udo fertig war und mit verdreckten Händen wieder hinters Steuer kletterte, mussten wir erst mal eine Werkstatt suchen, um ein neues Reserverad zu besorgen. Als wir endlich eine gefunden hatten, fing es schon an zu dämmern. Ich rief beim nächstgelegenen Campingplatz an.

»Sie haben Glück«, sagte die Frau am Telefon, »morgen machen wir nämlich zu, Winterpause.« Und so landeten wir in Dole am Fluss Doubs, das eine nette historische Altstadt und leckere Pizza zu bieten hatte.

Meistens allerdings führte auf dem Heimweg im Herbst kein Weg am Europapark Rust vorbei. Jedenfalls solange die Kinder uns begleiteten. Noch nie in meinem Leben war ich vorher in so einer gigantischen Vergnügungs-Satellitenstadt gewesen, nicht mal bis zum Heide Park Soltau hatte ich es geschafft, geschweige denn in die Disney Parks dieser Welt. Kirmesbesuche sind auch nichts für mich, schon vom Geruch nach Zuckerwatte und gebrannten Mandeln wird mir ganz anders. Logischerweise hatte ich deshalb auch noch nicht in einer Achterbahn oder ähnlichen lebensgefährlichen Fahrgeschäften gesessen.

Als ich das Gelände zum ersten Mal betrat, kam ich aus dem Staunen nicht mehr heraus. Im Oktober steht im Europapark alles unter dem Motto: Gruseln, was das Zeug hält, it's Halloween. Kürbisse in allen Größen und Formen, überdimensionale Spinnennetze, überall Hexen, Zauberer, Skelette, Gespenster und andere Bewohner des Geisterreichs.

»This is Halloween, this is Halloween«, dröhnte es hell und schrill aus sämtlichen Lautsprechern, »this is Halloween, pumpkins scream in the dead of night.« Ich war überwältigt und auch ein bisschen abgestoßen. Eigentlich bin ich nämlich auch kein Freund von Halloween und Horrorfilmen, meine zutiefst christliche Erziehung hat mir eine instinktive Abneigung gegen solche Dinge eingeimpft. Aber den Kindern zuliebe war ich fest entschlossen, dieses Trauma zu überwinden, jedenfalls für einen Tag im Jahr.

»Komm, Mama!« Meine Kids zogen mich freudig erregt an den Händen hinter sich her. Zuerst mussten wir uns an einer schon von außen bedrohlich aussehenden Kombination aus Achterbahn und Kinderkarussell anstellen.

»Nur eine halbe Stunde Wartezeit«, freute sich Theo. Was? Eine halbe Stunde sollte ich hier rumlungern, nur um dann zweieinhalb Minuten lang Todesangst auszustehen? Ich wollte auf dem Absatz kehrtmachen. Die Kinder versicherten mir wortreich, dass die halbe Stunde wie im Flug vergehen würde. Wir warteten also. Als sie endlich losging, meine Premiere, schlotterte ich schon beim Hochfahren vor Angst. Wir saßen Schulter an Schulter im Kreis in einer runden, engen Schüssel, gesichert mit Bügeln quer über dem Bauch. Ich rüttelte panisch daran.

»Ist das auch wirklich sicher?«, fragte ich den Ingenieur, der nur milde lächelte.

Ich fing an zu schwitzen. Als wir oben angekommen waren und ich einen Blick nach unten riskierte, wurde mir schwindelig. Ein Wunder, dass mein Mann das trotz Höhenangst aushielt. An das, was folgte, habe ich nur noch schemenhafte Erinnerungen. Unsere Kapsel fing an, sich zu drehen und heftig hin und her zu schaukeln, immer schneller, immer schneller – und dann stürzten wir mit einem Affenzahn kopfüber nach unten. Ich schloss die Augen und schrie.

»Du musst die Augen aufmachen, Mama«, kreischte Pia, »dann macht's doch viel mehr Spaß!« Ich öffnete ganz kurz ein Auge. Wir rasten gerade wieder nach oben. Dann eine Rechtskurve. Und wieder im Sturzflug der Erde entgegen. Verkrampft und zitternd klammerte ich mich an meinen Bügel und betete zum lieben Gott, dass er uns alle bitte, bitte lebend da unten zwischen den Hexen und Kürbissen ankommen lassen möge. Er erhörte mich.

»Das war's, Kinder«, stöhnte ich, als ich mich aus der fliegenden Untertasse herausgequält hatte, »das ist nix für mich.« Alles drehte sich vor meinen Augen. Um mich herum lauter quietschende Kinder, die alle sofort noch mal fahren wollten, dazu dieses nervtötende »This is Halloween«-Gequake aus allen Himmelsrichtungen ... ich war plötzlich todmüde.

Natürlich hat die Geschichte ein Happy End. Schon beim zweiten Fahrgeschäft ging es mir besser, mein Mann hatte ein harmloses Piratenschiff ausgesucht, das nur träge hin- und hergondelte. Dann die Wildwasserbahn, aus der wir zwar komplett nass, aber auch sehr vergnügt wieder herauskletterten. Ein Kettenkarussell noch und dann war ich bereit für die nächste Herausforderung: die Dunkelbahn. Eine riesige Kugel, als Kürbis verkleidet, in deren Innerem sich eine Achterbahn verbarg. Alles spielte sich im Stockfinsteren ab. Begleitet von gruseligem Gelächter und einer bunten Lasershow wurde man in rasendem Tempo hinauf- und hinabkatapultiert. Seltsamerweise machte mir das weniger aus als beim ersten Achterbahnerlebnis, weil ich die Schikanen ja nicht sehen konnte.

Mit der Zeit entwickelte ich eine fast schon abgebrühte Routine im Benutzen der immer neuen, noch höheren, noch schnelleren Erfindungen. Wenn's mir zu steil wurde, schloss ich zwar immer noch die Augen, aber ich muss zugeben, dass es mir Spaß machte, dieses flaue Gefühl im Magen zu spüren – einmal im Jahr. Auf Fallschirm- oder Bungee-Springen kann ich trotzdem gut verzichten.

Was den Europapark aber, ganz abgesehen von der Spiel- und-Spaß-Offensive, zu einem attraktiven Zwischenstopp macht, ist der Camping- oder besser gesagt Stellplatz. Man steht zwar dicht an dicht (logisch, bei dem Andrang), wird dafür aber mit den vermutlich saubersten und bestgewarteten Sanitäranlagen Europas belohnt. Die kann man richtig genießen, wenn man aus dem Süden kommt. Außerdem (darauf haben unsere Kinder sich immer besonders gefreut) gibt es einen Western-Saloon, wo man zünftig Currywurst mit Pommes verzehren kann und eine Bullriding-Arena. Fast wie im Wilden Westen kann man Rodeo reiten, nur mit einem künstlichen Stier und einem Luftkissen drumherum, damit es nicht so wehtut beim Sturz. Ich weiß nicht, wie viele Stunden lang wir in all den Jahren zugesehen haben, wie Theo und Pia tapfer gegen den tobenden Stier ankämpften. Auf jeden Fall war allein diese Abendunterhaltung den Zwischenstopp bei Freiburg wert.

Ich merke gerade, dass ich allein mit all den Durchreise-Erlebnissen ein ganzes Buch füllen könnte. Avignon, Arles, Aix-en-Provence, Dijon, Metz, Regensburg, Bamberg, Dinkelsbühl, Bozen, Kalterer See, Genua ... Stopp. Genua bescherte uns eine unvergessliche Begegnung, die hier unbedingt festgehalten werden muss.

Eigentlich wollten wir die Mittagsfähre von Korsika nach Genua nehmen und dann noch einige Stunden fahren, um am übernächsten Tag nicht allzu spät zu Hause zu sein. Alle Passagiere waren an Bord, doch das Schiff fuhr und fuhr nicht los. Irgendwann wurden wir über eine Durchsage darüber informiert, dass wir erst die Ankunft einer anderen Fähre abwarten müssten, um deren Passagiere mitzunehmen. Schnell machte das Gerücht die Runde, dass es auf dem anderen Schiff gebrannt habe, aber Genaueres war nicht zu erfahren. Irgendwann sahen wir, wie die offenbar fahruntüchtige Fähre in den Hafen geschleppt und ein Teil der Reisenden auf unser Schiff gebracht wurde. Die Leute sahen alle sehr müde aus, die meisten legten sich sofort auf die Bänke oder einfach mit ihren Schlafsäcken auf den Boden und schliefen. Das Wort »Feuer« schwirrte zwar durch die Luft, aber niemand wusste so recht, was passiert war.

Erst als wir nach der Ankunft in Genua spätabends notgedrungen auf einem wenig vertrauenerweckenden Parkplatz in Hafennähe anhielten, erfuhren wir mehr, als uns lieb gewesen wäre. Als der Ingenieur gerade dabei war, unser Fort Knox gegen die zu befürchtenden Horden italienischer Hafenstrolche zu errichten, bog ein alter VW-Bulli mit holländischem Kennzeichen um die Ecke.

»Ein Glück«, sagte ich, »dann stehen wir wenigstens nicht so ganz alleine hier in dieser düsteren Gegend.« Ein sympathisch aussehender, grauhaariger Lockenkopf stieg aus, nachdem er sein Auto direkt neben uns eingeparkt hatte. Ohne große Umschweife sprach er uns an.

»Wart ihr auch auf dem Schiff, das gebrannt hat?«, fragte er. Jetzt erst sah ich, dass er Ringe unter den Augen hatte und ein bisschen zitterte. Als wir verneinten, verschwand er kurz in seinem Bulli und kam mit einer Flasche Rotwein zurück.

»Sorry, Leute«, sagte er mit holländischem Akzent, »aber ich muss das jetzt mal loswerden, stehe noch immer total unter Schock.« Er goss sich ein Glas ein und trank es in einem Schluck aus. Dann noch eins. Und dann brach alles aus ihm heraus. Atemlos erzählte er, was er erlebt hatte. Mitten in der Nacht hatte es an Bord der Fähre von Livorno nach Bastia plötzlich Feueralarm gegeben. Sämtliche Passagiere mussten sich auf dem Oberdeck versammeln und wurden darüber unterrichtet, dass im Maschinenraum ein Feuer ausgebrochen und Hilfe unterwegs sei. Bei starkem Seegang hatten die Menschen frierend in dunkler Ungewissheit ausgeharrt, bis irgendwann Rettungshubschrauber über ihnen zu kreisen begannen, aber schließlich wieder abdrehten.

»Der Wind war zu stark und die Wellen so hoch, dass die uns nicht da rausholen konnten«, berichtete der Mann erschöpft. »Wir hatten alle solche Todesangst! Und ich Idiot habe immer nur zum lieben Gott gebetet, dass er bitte nicht nur mich, sondern auch den verdammten Kahn retten soll, weil da unten auf dem Parkdeck doch mein uralter Bulli stand, den ich mühsam und liebevoll in jahrelanger Kleinarbeit selbst restauriert habe.« Er tätschelte den Kotflügel seines wirklich außergewöhnlichen Autos und trank den letzten Schluck aus seiner Flasche. »Nie wieder setze ich einen Fuß auf so'ne Fähre, das kann ich euch sagen. Danke, dass ihr mir zugehört habt.«

Nachdem er in seinem Auto verschwunden war, guckten unsere Kinder uns mit angstgeweiteten Augen an. Genau wie wir hatten sie an den Lippen des Holländers gehangen und sich die ganze Gänsehaut-Geschichte angehört.

»Ich will auch nie wieder Fähre fahren, Mama«, sagte mein Sohn. Pia nickte zustimmend. Obwohl mir in diesem Moment Ähnliches durch den Kopf ging, beruhigte ich sie.

»So was kommt nur ganz selten vor, Kinder«, sagte ich, »keine Sorge. Und außerdem ist der nächste Korsika-Urlaub ja noch lange hin. Bis dahin haben wir das hier alle wieder vergessen.« Pustekuchen. Jahre hat es gedauert, bis wir dieses flaue Gefühl im Bauch wieder los waren, das uns von da an jedes Mal beschlich, wenn wir auf die Fähre fuhren.

Nackedeis und andere Herausforderungen

Reisetagebuch, Juli 2009
Ich bin ja nicht verklemmt. Aber dieser Freiburger Exhibitionist ... Keine Ahnung, warum wir uns nicht getraut haben, was zu sagen. Bin ich spießig, weil ich es komisch finde, wenn jemand ohne Unterhose auf dem Campingplatz rumläuft und so tut, als sei das völlig normal? In Deutschland hätte ihn bestimmt irgendjemand angezeigt. Hier auf Korsika zuckt man nur mit den Schultern und fährt am nächsten Morgen woandershin.

Beim Camping lernt man Menschen kennen. Meistens aus sicherer Distanz, aber gelegentlich kommt man sich auch näher. Aus einer Zufallsbegegnung kann Freundschaft werden, so wie bei Andreas und Svenja aus Hamburg. Wir haben sie bei einem unserer Korsika-Urlaube getroffen und uns auf Anhieb gut verstanden. Andreas ist ein unkomplizierter, offener und sehr kommunikativer Typ, der die ganze Welt bereist hat und irgendwann die kleine Mittelmeerinsel für sich zum schönsten Platz auf Erden erklärt hat. Jedes Jahr verbringt er mit Frau und Kindern die gesamten Schulferien dort, zusammen mit einer riesigen norddeutschen Clique. Wir lieben es, gelegentlich dazuzustoßen, mit ihnen Partys am Strand zu feiern, zu lachen und zu kochen.

Andreas besitzt ein uraltes Schlauchboot mit dem gleichen antiquierten Außenborder wie wir, was ihn und meinen Mann schon bei der allerersten Begegnung zu Seelenverwandten gemacht hat. (»Wo hast du den denn her? eBay? Meiner ist vom Flohmarkt, findet man nur noch sehr selten. Unverwüstlich.«)

Abends fährt er immer zum Fischen raus. In Begleitung aller Kinder und Jugendlichen, die das kleine Boot tragen kann, legt er mit Seegurkenstückchen (weltbeste Köder) gespickte Leinen aus, die er am nächsten Morgen mit mehr oder weniger fetter Beute wieder einholt.

»Lasst uns doch mal wieder Soupe de poisson machen«, schlug seine Frau vor, als er einmal mit einem besonders reich gefüllten Eimer zurückkam. Französische Fischsuppe schmeckt zwar köstlich, gehört aber nicht unbedingt zu den Campinggerichten, die schnell und praktisch zuzubereiten sind.

»Aber nur, wenn alle helfen, das Gemüse zu schnippeln«, sagte ich mit Seitenblick auf die Männer und Jugendlichen. Der Ingenieur kocht zwar zu Hause oft und hervorragend, nimmt aber im Urlaub nur ungern Messer und Kochlöffel in die Hand. Deshalb gibt es bei Tietjens im Campingmodus meistens Grillware mit Couscous oder Nudeln.

Wir besorgten also alles, was außer Fisch noch in die Suppe gehörte und zerlegten gemeinschaftlich Berge von Lauch, Tomaten, Fenchel, Knoblauch und Zwiebeln. Meisterköchin und Improvisationstalent Svenja erledigte den Rest. Sie liebt es, unter freiem Himmel zu kochen und hat meistens zwei Elektroplatten, Gaskocher und Grill gleichzeitig in Gebrauch.

Nach zwei Stunden Köcheln war die Soupe zum Verzehr bereit.

»Essen ist fertig!«, rief sie. Wir setzten uns alle erwartungsvoll um die zur großen Tafel zusammengeschobenen

Klapptische und sahen hungrig Andreas entgegen, der sich mit dem randvollen, dampfenden Topf in den Händen einen Weg zwischen den Zelten der Kinder, meiner Hängematte und seinem Wohnwagen hindurchbahnte. Ahnen Sie, was passierte? Der Hering. Dieser dumme, rostige, warum auch immer zu weit aus dem Boden ragende Hering! Andreas blieb mit dem Fuß daran hängen, stolperte, strauchelte, taumelte, versuchte verzweifelt, mit dem Topf in der Hand das Gleichgewicht zurückzugewinnen ...

»Neiiiiin!«, schrien wir im Chor und mussten mit ansehen, wie er und der Topf kopfüber auf einem der Zelte landeten und der gesamte Topfinhalt sich in selbiges ergoss. Fassungslos starrten wir alle auf die bräunliche, noch immer dampfende und sehr verführerisch riechende Suppe, die sich auf ihm und vor allem auf dem hellgrünen Zelt großflächig verteilt hatte.

»Aua«, stöhnte er, »ich habe mich verbrannt!« Langsam richtete er sich auf. »So ein Mist, die ganze Arbeit umsonst.« Svenja rettete wie immer die Situation, lief zum Wohnwagen und kam mit einem Flyer vom Pizza-Lieferservice zurück.

»Heute gibt's ausnahmsweise mal Pizza, Kinder«, rief sie, »ich nehme die Bestellungen entgegen!«

Wir haben das traumatische Soupe-de-poisson-Erlebnis mittlerweile alle verarbeitet und kochen seitdem nur noch unkomplizierte Gerichte, jedenfalls, wenn wir uns fern der Heimat treffen. Nur an dem hellgrünen Zelt ist das Malheur nicht spurlos vorübergegangen. Trotz mehrfacher Reinigung riecht es bis heute ein bisschen nach Fischsuppe.

Zelte haben sich so ganz allmählich in unser Campingleben eingeschlichen. Je älter die Kinder wurden, desto enger wurde das maßgeschneiderte Stockbett für sie. Irgendwann, Theo war so um die dreizehn, da kam er morgens mit schmerzverzerrtem Gesicht aus seiner Koje gekrochen.

»Aua«, stöhnte er, »ich bin jetzt fast 1,80 Meter groß, ich brauche mehr Bewegungsfreiheit, mir tut alles weh. Und außerdem hätte ich gern ein bisschen Privatsphäre.«

Das war der Tag, an dem die berühmten Quechuas in unser Leben geflogen kamen. Wurfzelte. Eine extrem praktische Erfindung. Es gibt sie in allen Farben und Größen. Der Clou daran: verpackt sehen sie aus wie eine fliegende Untertasse. Sobald man sie aus der Hülle befreit, wirft man sie einfach mit Schwung in die Gegend und schwupps – wird ein Zelt daraus. Je nach Wind und Bodenbeschaffenheit kann man es noch mit ein paar Heringen sichern, das muss aber nicht unbedingt sein. Nachdem die Kinder in der Pubertät freiwillig in diese Satellitenunterkünfte umgezogen waren, hatten wir im Wohnmobil wieder etwas mehr Platz. Die ehemaligen Kinderbetten konnten nun als Ablage benutzt werden und verwandelten sich im Handumdrehen in undurchschaubare Klamottenberge, in denen man nur noch mit Stirnlampe wühlen konnte. (»Wo ist verdammt noch mal die schwarze Bikinihose? Ich weiß ganz genau, dass ich die gestern Abend hier abgelegt habe ...«)

Zum Problem wurden die Zelte nur, wenn es ans Weiterreisen ging. So leicht sie aufzubauen sind, umso komplizierter ist es nämlich, die praktische Behausung wieder in ihrer Hülle unterzubringen. Selbst der Ingenieur, der sonst mit oder ohne Gebrauchsanweisung aus jedem unübersichtlichen Materialhaufen Schränke, Regale oder andere Gebrauchsgegenstände zusammenbaut, hat in dem kleinen Raumwunder seinen Meister gefunden. Was haben wir schon mit den Dingern gekämpft! Kaum hat man das Zelt leer geräumt, ausgefegt und nach Anleitung sorgfältig zusammengefaltet, flutscht es einem in einem unaufmerksamen Moment unter den Fingern weg und – zack – steht es schon wieder bezugsfertig da. Es ist zum Verzweifeln. Natürlich nur, solange es einen selbst betrifft.

Am Strand habe ich mich neulich köstlich amüsiert, als ich eine junge Familie dabei beobachtete, wie sie erfolglos versuchte, ihre Wurf-Strandmuschel wieder im Beutel zu verstauen. Mindestens eine halbe Stunde lang waren sie damit beschäftigt, zunächst fröhlich lachend, dann zunehmend genervt. Immer wieder entwischte ihnen das kleine rote Sonnenzeltchen, hüpfte einen Meter und baute sich von alleine wieder auf. Ich versteckte mich hinter Sonnenbrille und Buch und kicherte in mich hinein. Helfen konnte ich ja leider nicht, denn mir ist es noch nicht ein Mal gelungen, so ein aufmüpfiges Zelt zu bändigen. Irgendwann gab der junge Mann auf (Frau und Kinder waren schon weg) und schleifte die ungehorsame Strandmuschel einfach in voller Größe hinter sich her.

Unsere Kinder hatten den Dreh übrigens irgendwann raus. Mittlerweile haben sie Wurfzelte in jeder Farbe und Größe (man kann sie ja auch für Festivals immer gut gebrauchen), die sie innerhalb von Minuten in flache runde Scheiben zurückverwandeln und wieder in ihren Hüllen verstauen können.

Mal ganz abgesehen von jeglicher Wurf- und Falttechnik bin ich sicher, dass ich für einen Urlaub im Zelt nicht geeignet wäre. Dafür bin ich zu ungeschickt, zu bequem und zu rückensensibel. Immer wieder sehe ich gebannt zu, wie mehrköpfige Familien routiniert enorm große Hauszelte auf- und abbauen. Aus einem kleinen quadratischen Päckchen entsteht in Windeseile ein luftiges Appartement mit Vorraum, Flur und mehreren Zimmern. Jeder hat seine Aufgabe, jeder Handgriff sitzt, da wird nicht geflucht und nicht gestritten. Respekt.

»Bekommen Sie gar keine Rückenschmerzen auf dieser Luftmatratze?«, habe ich einmal eine Zelturlauberin gefragt, die gerade dabei war, ihr Schlafzimmer einzurichten.

»Doch«, lachte sie, »aber die bekommt meine Physiotherapeutin nach den Ferien wieder in den Griff. Kleine Opfer müssen gebracht werden.« So muss man es wohl sehen. Zur Qual wird das Zelten ja vor allem, wenn es regnet. Was vor allem am unberechenbaren Atlantik häufiger mal passiert. Nie werde ich das verliebte junge Paar vergessen, das am Strand vom Gewitter überrascht worden war und triefend nass Zuflucht in seinem Zelt suchen wollte. Leider zu spät, es hatte durchgeregnet.

»Wollt ihr hier bei uns im Bus warten, bis es aufhört zu regnen«, rief ich den beiden mitfühlend aus dem Fenster heraus zu.

»Och nö«, sagte das Mädchen, »nett von euch, aber wir wärmen uns lieber drüben in der Kneipe auf.« Hand in Hand rannten die beiden barfuß durch den Regen davon. Als der Himmel eine Stunde später endlich wieder aufriss, kamen sie wieder. Während ich unsere Campingmöbel trocken wischte, sah ich, wie der Mann das Zelt leer räumte. Isomatten, Schlafsäcke, Klamotten – alles war klatschnass. Aber anstatt einen Nervenzusammenbruch zu bekommen (was mir an ihrer Stelle ganz sicher passiert wäre), schienen die beiden ihren Spaß an dem Missgeschick zu haben. Vergnügt schnatternd drapierten sie die nassen Sachen in den Sträuchern ringsherum, damit sie in der Sonne trocknen konnten. Dann hockten sie sich im Schneidersitz unter eine Pinie und leerten erst einmal die Rotweinflasche, die sie aus dem nassen Zelt gerettet hatten.

»Heute Abend ist alles wieder trocken«, sagte der Typ grinsend, als er meinen ungläubigen Blick sah, »immer schön cool bleiben.« Ein bisschen beneidete ich die jungen Leute in diesem Moment um ihre Gelassenheit. Trotzdem weiß ich, dass ich auch mit achtzehn so einer nassen Überraschung nichts Positives hätte abgewinnen können. Man muss auch zu seinen Schwächen stehen. Yes, we camp – aber Zelt, nein danke.

Tipp für Neucamper: Um herauszufinden, ob Sie eher der Zelt- oder Bustyp sind, sollten Sie sich einfach mal ein Wurfzelt ausleihen und im strömenden Regen eine Nacht im Wald verbringen. Wenn Sie am nächsten Morgen nass, verschnupft und mit Rückenschmerzen aufwachen und trotzdem gute Laune haben, sind Sie hartgesotten genug, um einen Zelturlaub zu wagen. Und wenn Sie es dann auch noch schaffen, Ihr klammes Instant-Nachtquartier in seinen Urzustand zurückzufalten und in den Beutel zu quetschen, sind Sie ein Naturtalent und haben in einem komfortablen Wohnmobil nichts verloren.

Zurück nach Korsika. Nach dem fischigen Abend parkten wir unseren Bus nebst dem von Doraden-Duft umwölkten grünen Zelt auf einem Campingplatz, den Wanderer gern als Ausgangspunkt für Touren auf dem berühmten GR 20 nutzen. 180 Kilometer ist dieser Fernwanderweg lang, er führt von Nord nach Süd durch die noch fast unberührte Bergwelt der Insel und gilt als sehr anspruchsvoll. Korsika hat nämlich noch viel mehr zu bieten als Strand und türkisblaues Wasser: hohe Berge, einsame Dörfer, Kastanienwälder, wilde Schluchten und den Fluss Fango mit seinen Badegumpen.

Je abgelegener und wilder die Campingplätze, umso schräger werden übrigens auch das Personal und die Gäste.

»Hilfe, Hilfe! Mama, Papa, da schießt einer«, völlig außer sich weckten uns eines Morgens die Kinder, die die Nacht draußen in der Hängematte verbracht hatten. Verschlafen und zerzaust krochen wir aus unseren Schlafsäcken.

»Habt ihr schlecht geträumt, oder was?«, schimpfte der Ingenieur. »Wir sind hier auf Korsika und nicht im Wilden Westen.« Da hörten wir es. Peng! Peng! Schüsse, ganz eindeutig.

»Wo kommen die her?«, fragte ich beunruhigt. »Gehen die hier vielleicht auf Wildschweinjagd?« Mein Mann schüttelte den Kopf und schlüpfte in seine Jeans.

»Eher unwahrscheinlich mitten auf dem Campingplatz«, sagte er. Im Gänsemarsch pirschten wir durch den Frühnebel. Peng! Die Schüsse waren immer deutlicher zu hören. Plötzlich sahen wir ihn. Wie ein gespenstischer Schattenriss zeichnete er sich vor dem hellrosa Morgenhimmel ab: der Platzwart. Oben auf dem Dach des Klohauses. Mit einer Flinte in der Hand stand er dort.

»Putain, je vous attraperai!« (»Scheiße, ich krieg euch!«) fluchte er und schoss immer wieder auf irgendetwas am Boden, das offensichtlich flinker war als seine Kugeln. Wir hockten uns hinter einen Busch und sahen uns das skurrile Spektakel aus sicherer Entfernung an.

»Da!«, zischte mein Mann auf einmal und zeigte auf die Mülltonnen, die direkt neben dem Waschhaus standen. Ein graues Etwas mit langem Schwanz drückte sich geschmeidig an der Wand entlang, genau in dem toten Winkel, wo der aufgebrachte Schütze es nicht sehen konnte.

»Ratten!« Wir sahen uns angewidert an. »Der Typ jagt Ratten«, flüsterte Udo. Ich war nicht sicher, was ich schlimmer fand – die Tatsache, dass die Tiere sich dort herumtrieben oder die Methode, mit der Monsieur dem Ungeziefer zu Leibe rückte.

Wir blieben trotzdem noch eine weitere Nacht. Die Umgebung war einfach zu verlockend. Auch ohne Wanderausrüstung konnte man durch den Wald streifen und sich im glasklaren Wasser der Felsgumpen erfrischen.

Als wir abends zurück zu unserem Bus kamen, wartete die nächste schräge Begegnung auf uns. Neben uns hatte sich eine Familie aus Freiburg niedergelassen. Kleine Kinder tollten um ein Wohnmobil herum und es roch nach Holzkohle und Grillfleisch.

Während ich noch überlegte, ob ich auch unseren Grill anwerfen oder lieber Spaghettiwasser aufsetzen sollte, zupfte meine Tochter mich am Ärmel.

»Guck mal, Mama«, sagte sie, »der hat untenrum nichts an.« Verblüfft sah ich sie an.
»Wer?«, fragte ich. Sie zeigte auf den Nachbarn, der hoch konzentriert sein Grillfleisch bearbeitete.
»Wieso«, sagte ich, »der trägt doch ein Holzfällerhemd.« Pia verdrehte die Augen.
»Ich sagte doch untenrum«, sagte sie leise, »guck doch mal genau hin!« Sie hatte recht. Bei näherem Hinsehen fiel auch mir auf, dass der Mann außer seinem karierten Hemd nichts anhatte. Im Schein der Holzkohle baumelte vor sich hin, womit der liebe Gott ihn ausgestattet hatte.
»Will noch einer Filet?«, rief er jetzt laut seiner Familie zu, nahm einen Schluck aus der Bierflasche und kratzte sich genüsslich da, wo Männer gerne mal Hand anlegen, wenn keiner guckt.
»Igitt«, sagte meine Tochter und drehte sich weg. Ich versuchte, sie abzulenken. Als der Mann aber zwei Stunden später noch immer wie selbstverständlich unten ohne herumspazierte, konnte ich mich selbst kaum noch zurückhalten.
»Sag doch mal was«, forderte ich den Ingenieur auf, »das grenzt doch schon an unsittliches Verhalten! Schließlich sind wir hier nicht auf einem FKK-Campingplatz.« Mein Mann guckte ratlos.
»Was soll ich denn sagen?«, fragte er. »Ziehen Sie sich bitte mal eine Unterhose an? Vielleicht ist es ja gar nicht verboten, so rumzulaufen. Er belästigt ja niemanden.« Ich riskierte einen unauffälligen Blick zwischen Weinflasche und Kniffelbecher in Richtung Nachbarparzelle. Der Mann war plötzlich verschwunden. Ein paar Minuten später kam er wieder aus seinem Wohnmobil herausgeklettert. In Shorts. Er stemmte die Hände in die Hüften und sah zu uns herüber.
»Wurde doch ein bisschen frisch um die Eier«, rief er und lachte herausfordernd.

Beim Gedanken an den Freiburger Exhibitionisten fällt mir eine andere Begegnung mit Anhängern der Freikörperkultur ein, die Jahre zurückliegt. Ende der 90er-Jahre, damals noch mit unserem VW-Bulli, machten wir mit den Kindern einen Wochenendausflug nach Mecklenburg-Vorpommern. Wir suchten uns einen Campingplatz, erfreuten uns am Blick auf die Ostsee und den nahe gelegenen Strand. Erst als ich mit den Kindern unsere Decke im Sand ausbreitete, fiel mir auf, dass außer uns niemand Badekleidung trug. Alle waren nackt.

»Warum sind die Leute alle Nackidei?«, fragte mein Sohn und starrte neugierig auf die mehr oder weniger ansehnlichen unbekleideten Körper um uns herum. Verwirrt suchte ich nach einem FKK-Schild. Nirgendwo gab es einen Hinweis darauf, dass man sich hier nur hüllenlos am Strand tummeln durfte. Offenbar war das hier so üblich, bekanntlich ist man in der DDR ja in dieser Hinsicht nicht so verklemmt gewesen wie wir im Westen.

»Die finden das schön«, sagte ich und strich eifrig mein Handtuch glatt. »Muss ein befreiendes Gefühl sein, so nackt in Wind und Wellen ...« Theo nickte nachdenklich.

»Und warum machen wir das nicht auch?«, fragte er.

»Keine Ahnung«, sagte ich achselzuckend, »das ist wahrscheinlich eine Gewohnheitssache.« Natürlich gab das Kind sich mit dieser halbherzigen Antwort nicht zufrieden. Ob die Menschen hier auch nackt zur Schule und zur Arbeit und zum Einkaufen gingen, wollte er von mir wissen. Ob sie vielleicht nicht genug Geld für Klamotten hätten? Ob sie sich vielleicht freuen würden, wenn er ihnen seine Jeans und sein T-Shirt überließe? Er löcherte mich so lange mit Fragen, bis ich mir schließlich mit ihm an der Hand und der kleinen Schwester auf dem Arm den Weg zwischen den Nackten zurück zum Campingplatz bahnte. Der Ingenieur saß vor dem Bus auf dem Klappstuhl und las Zeitung.

»Papa, hier sind alle nackt«, rief Theo ihm entgegen, »das ist hier Eskakar.«

»FKK?«, fragte mein Mann. »Ach, du meine Güte, wie gut, dass ich nicht mit zum Strand gekommen bin.«

Das ist natürlich nichts im Vergleich zu dem Campingerlebnis, von dem mir letztens eine Freundin berichtete. Spätabends war sie mit Mann und Kindern irgendwo in Südfrankreich auf der Suche nach einer Unterkunft.

»Überall ausgebucht«, erzählte sie. »Wir waren schon am Ende mit den Nerven und die Kinder total übermüdet, als wir endlich diesen Platz gefunden haben. Der Mann an der Rezeption war total freundlich, sprach aber nur französisch und sagte immer »naturiste, naturiste!«. Sie hatten sich zwar gewundert, dass er die Naturfreundlichkeit so betonte, hatten aber erleichtert eingecheckt und waren sofort schlafen gegangen. Am nächsten Morgen erwartete sie der nackte Wahnsinn.

»Wir haben uns kaum aus dem Zelt rausgetraut«, sagte sie, »wir waren umzingelt von Nackten. Naturiste – das einzige französische Wort, das ich nie wieder vergessen werde!«

Die Kombination aus Freikörperkult und Camping ist ja weitverbreitet. Es mag spießig klingen, aber so ein Urlaub nur unter Nackten ist für mich unvorstellbar. Man möge es mir verzeihen, aber allein bei der Vorstellung, schon morgens beim Brötchenholen anderer Leute Geschlechtsteile vor Augen zu haben, vergeht mir der Appetit. Mal ganz abgesehen davon, dass ich es auch nicht erstrebenswert finde, splitterfasernackt von anderen Nackten um ein Autogramm gebeten zu werden (»Frau Tietjen, könnense mal aufm Popo unterschreiben?«). Nee danke.

Als wir nach diesen denkwürdigen Ferien mit nackigem Nachbarn, schießwütigem Platzwart und verschütteter Fischsuppe wieder gen Norden rollten, fragte Theo: »Und wo fahren wir nächsten Sommer hin?«

»Solange ihr noch mit uns in Urlaub fahrt, könnte man ja mal was ganz Neues wagen«, sagte ich mit Seitenblick auf meinen Mann, »wie wär's mit Übersee?«

»Vielleicht Kanada«, sagte Udo, »das soll doch so ein Wohnmobilparadies sein. Skandinavien XXL, heißt es immer.« Die Kinder jubelten.

»Und dann mieten wir uns so ein Riesenauto«, rief Theo, »da haben wir endlich mal richtig viel Platz!«

»Wir recherchieren das mal ganz in Ruhe«, sagte ich, »ich habe zwar ein bisschen Angst vor den Bären, aber man muss ja auch mal Mut zum Abenteuer haben!«

Auf Bärenjagd

> *Reisetagebuch, Juli 2010*
> *Wie aufregend! Unser allererster Familienurlaub in Übersee steht bevor. Letzte Nacht haben wir alle kaum geschlafen, das Taxi hatten wir vorsichtshalber schon für fünf Uhr bestellt, obwohl wir erst um halb neun fliegen. Zum Glück haben unsere Koffer kein Übergewicht. Jetzt sitzen wir auf dem Flughafen und frühstücken. Gleich geht's nach Frankfurt, Toronto, Vancouver. Und dann ab auf Bärenjagd!*

Der Traum wurde wahr. Als die Kinder vierzehn und sechzehn waren, ließen wir uns auf das Abenteuer Kanada ein. Ich war zwar schon ein paarmal in den USA gewesen, hatte sogar mal ein halbes Jahr in New York gelebt, aber vier Wochen mit Kind und Kegel im Wohnmobil durch die kanadische Wildnis empfand ich als große Herausforderung.

Wir hatten die Reise gut vorbereitet. Das war wichtig, denn auch in Kanada ist Camping nicht gleich Camping. Wer es eher wild und gefährlich mag, wandert mit Rucksack und Zelt auf dem Rücken die berühmten »Trails« entlang, Wanderwege durch die weitgehend unberührte Natur, unkalkulierbare Begegnungen mit wilden Tieren inbegriffen. Auch auf vier Rädern sind die Möglichkeiten vielfältig, vom in die Jahre gekommenen VW-Bus über den trendigen Airstream-

Wohnwagen bis hin zum mobilen Palast, alles Geschmackssache. Und natürlich auch eine Frage des Preises.

Ein auf diese Art von Trips spezialisiertes Reisebüro hatte für uns ein für Übersee-Dimensionen eher bescheidenes Wohnmobil in der Nähe von Vancouver reserviert, außerdem hatten wir uns diverse Reiseführer besorgt und Insidertipps von Freunden und Bekannten gesammelt. Den Rat, in den beliebtesten Nationalparks mindestens ein halbes Jahr vorher einen Platz zu reservieren, hatten wir allerdings in den Wind geschlagen. Wir wollten uns wie immer zeitlich nicht festlegen. Nur die ersten beiden Nächte im Hotel in Vancouver waren gebucht, wir hatten vor, die Stadt zu besichtigen und dann als erstes Ziel Vancouver Island anzusteuern.

Schon beim Anflug waren wir begeistert von dem, was wir aus dem Fenster sahen. Unendliche Weiten, tiefgrüne Wälder, schneebedeckte Berge, riesige dunkelblaue Seen. Von Vancouver bekamen wir erst einmal nicht viel mit, weil uns im Taxi schon fast die Augen zufielen, so müde waren wir von dem Flug. Eigentlich wollten wir uns nur kurz im Hotelzimmer ausruhen, schliefen aber alle ein. Mitten in der Nacht schreckte ich hoch. Es war stockdunkel im Zimmer. Draußen vor den bodentiefen Fenstern glitzerte Vancouver Downtown.

»Ist noch jemand wach?«, flüsterte ich in die Stille hinein.

»Jahaa«, echote es leise aus den anderen Betten.

»Wisst ihr was?«, sagte der Ingenieur. »Ich war noch nie in meinem Leben so weit weg von zu Hause.« Wir mussten alle kichern. So'n waschechter Harburger Jung klebt nun mal an seiner Scholle.

»Keine Angst, Papa«, sagte Theo glucksend, »wir sind ja alle bei dir.« Voller Vorfreude auf die bevorstehenden Erlebnisse schliefen wir irgendwann alle wieder ein.

Vancouver ist eine wunderbare Stadt. Zwei Tage lang erkundeten wir alles zu Fuß und als krönenden Abschluss durften wir noch ein großartiges Feuerwerk miterleben. Zusammen mit zigtausend anderen standen wir am Strand, alle waren entspannt und friedlich, Kopf im Nacken, Schulter an Schulter, Arm in Arm. Kein Geschubse, keine Aggression, kein Alkohol. Kaum war der letzte Funken geflogen, machten sich alle fast geräuschlos wieder zu Fuß auf den Rückweg.

»Sagenhaft«, sagte ich zu meinem Mann, »wie gesittet das hier zugeht. Kannst du dir so eine Megaveranstaltung in Deutschland vorstellen? Ohne Polizei, ohne Schnapsleichen und Schlägereien? Nicht mal Müll liegt hier rum. Extrem gut erzogen, die Kanadier.«

Als wir am nächsten Morgen auf das vorbestellte Taxi warteten, das uns zum Wohnmobil bringen sollte, musste ich noch mal kurz zur Toilette. Als ich mir die Hände wusch, kam Pia hereingestürmt.

»Mama, du musst schnell kommen«, rief sie, »der Taxifahrer will schon losfahren und Papa ist so aufgeregt, dass er kein Englisch mehr kann, er redet wirres Zeug.«

Ich trocknete eilig meine Hände ab und lief aus den Waschräumen zurück zum Parkplatz. Das Taxi stand mit laufendem Motor da und daneben mein Mann, der wild gestikulierte. Als ich neben ihm auftauchte, starrte der indische Fahrer mich überrascht an. Er sah zu meinem Mann, dann wieder zu mir, dann zu den Kindern – und brach in hysterisches Lachen aus.

»Hahahaha«, gackerte er los. »You know what, Madam, he told me he was waiting for his husband.« Ich begriff. Er hatte meinen Mann für schwul gehalten. Zwei Männer mit zwei Kindern, warum auch nicht?

»Wife«, sagte ich grinsend, »I'm his wife.« Betreten guckte Udo zur Seite.

»Kann ja mal passieren«, brummte er, »soo lustig finde

ich das jetzt auch wieder nicht.« Der Inder sah das offensichtlich anders. Die ganze Fahrt über kriegte er sich nicht wieder ein. Immer wieder sah er in den Rückspiegel und fixierte mich. »My husband«, quietschte er und brach wieder in hysterisches Lachen aus. Wir waren alle ganz erleichtert, als wir endlich beim Vermieter aussteigen konnten. »Husband«, sagte er noch mal kopfschüttelnd und gab uns allen zum Abschied die Hand. Ich schätze mal, die Geschichte wird er noch seinen Enkeln erzählen.

Das Wohnmobil war größer, als es auf den Fotos ausgesehen hatte. 8,50 Meter lang, 2,50 Meter breit. Unser alter Bulli hätte zweimal in dieses Riesengefährt hineingepasst. Und man konnte es sogar noch um etwa 60 Zentimeter verbreitern! Slide-out nennt sich das. Auf Knopfdruck schob sich mit leisem Surren die linke Wand langsam nach außen, sodass im Innenraum deutlich mehr Platz war. Das funktionierte natürlich nur bei abgestelltem Motor, wurde von den Kindern aber am Anfang exzessiv genutzt. Sobald wir irgendwo anhielten, rein, raus, rein, raus – so lange, bis mein Mann es ihnen irgendwann verbot.

Auch sonst übertraf das Gefährt alles, was wir kannten. Logisch, unsere Erfahrungen beschränkten sich ja bis dahin auf den VW-Bulli und unseren Ducato. In fast perfektem Deutsch führte uns der freundliche Mitarbeiter von »Cana Dream« in die wunderbare Welt dieses Rundum-sorglos-Reisemobils ein. Kingsize-Bett im Heck für die Eltern, Doppelbett für die Kinder im Alkoven, Bad mit WC und Dusche, Ledersitzgruppe, Herd, Backofen, Mikrowelle, Tiefkühlschrank, Toaster, Kaffeemaschine – alles sah genauso aus wie in den Werbeprospekten, die wir immer zugeschickt bekommen.

»Ich empfehle Campgrounds mit Pull-Trough und Full Hook-Up«, sagte der Einweiser. Als wir ihn verständnislos ansahen, erklärte er uns, was es damit auf sich hat. Ein Full

Hook-Up-Stellplatz hat Strom-, Frisch- und Abwasseranschlüsse, Kabel- oder Satellitenfernsehen und WLAN.

»Sie fahren vorwärts rein, docken überall an und fühlen sich wohl. Und am nächsten Tag fahren Sie vorwärts wieder raus«, sagte er begeistert und lächelte so entrückt, als schildere er uns gerade das Paradies. Dann zeigte er uns noch diverse Klappen und Türen in der Karosserie, hinter denen sich Campingmöbel, Sonnenschirme und andere nützliche Dinge verbargen. Zum Schluss drückte er dem Ingenieur einen kleinen Gegenstand in die Hand und nuschelte irgendetwas von Kühlschrank, das aber keiner von uns verstand.

»Wird schon nicht so wichtig sein«, sagte ich, »lasst uns jetzt mal durchstarten, Leute.«

Wir verstauten unsere Siebensachen in den zahllosen Schränken und fuhren zur Fähre. Alle Befürchtungen, dass das Rangieren mit dem unbekannten Fahrzeug vielleicht problematisch sein könnte, erwiesen sich als unnötig. Die Einweiser waren nämlich freundlich, cool und sehr professionell. Alles Frauen! (Überhaupt fiel mir die gesamte Reise über auf, dass Jobs, die in good old Europe rein männlich besetzt sind, in Kanada durchgegendert sind: Bauarbeiterinnen, Rangerinnen, Schiffsführerinnen – sehr fortschrittlich.) Bei unglaublich schönem Wetter setzten wir über. Das Schiff bahnte sich den Weg durch die Gulf Islands, idyllische, kleine, bewaldete Inseln mit roten Holzhäusern und Stegen, an denen Boote vor sich hin dümpelten – Astrid-Lindgren-Land in der kanadischen Übersetzung. Plötzlich hörten wir ein lautes Tuten. Die Schiffssirene.

»Orcas ahead«, dröhnte es durch die Lautsprecher. Und wirklich, direkt vor uns ragten vier Rückenflossen aus dem Wasser. Einer der schwarz-weißen sogenannten Killerwale schoss aus dem Wasser, drehte eine Pirouette und tauchte wieder ab. Das alles ging so schnell, dass wir es kaum schafften, unsere Handys zu zücken. Schwer beeindruckt ließen wir uns wieder in unsere Liegestühle fallen.

»So habe ich mir Kanada vorgestellt«, sagte mein Mann.

Nach dem Anlegen fuhren wir erst einmal zum nächsten Supermarkt, ein XXL-Shopping-Eldorado, extrem gut ausgestattet, extrem teuer und fast menschenleer. Es gab alles, was das Herz begehrt, und alles in zigfacher Ausführung. 50 Sorten Müsli, Orangensaft, Joghurt, Milch, Käse, Wurst. Lactosefrei, glutenfrei, fettarm, ohne Zusatzstoffe, Bio ... mir schwirrte der Kopf. Dazu eine riesige Abteilung mit verschreibungsfreien Medikamenten und Nahrungsergänzungsmitteln. Das Einzige, wonach wir vergeblich suchten, war Alkohol.

»Genau wie in den USA«, sagte ich zu meinem Mann. »Wenn wir Wein kaufen wollen, müssen wir in einen Liquor Store.« Nach längerer Suche fanden wir einen Getränkehandel mit Alkohollizenz, etwas außerhalb gelegen und in einem ziemlich heruntergekommen aussehenden Gebäude. Drinnen waren die Regale bis zur Decke mit völlig übertreuerten Spirituosen gefüllt, allein eine Flasche Weißwein war nicht unter zwölf Dollar zu haben. Kein Wunder, dass wir die einzigen Kunden waren. An der Kasse saß eine Frau, die aussah, als hätte sie einen Teil der Ware selbst ausgetrunken.

»Puh«, sagte ich, als wir bezahlt hatten, »man kommt sich wie ein Aussätziger vor, wenn man hier Alkohol kauft.« Ein Eindruck, den wir die ganze Reise über nicht loswurden. Auch Alkoholgenuss in der Öffentlichkeit wird nicht gerne gesehen, viele kleinere Restaurants haben gar keine Lizenz. Und die Gaststätten mit Lizenz haben immer zwei Bereiche. Wir mit unseren minderjährigen Kindern wurden natürlich in der alkoholfreien Zone platziert. Gewöhnungsbedürftig, aber auch vorbildlich.

Nachdem wir also unser neues Zuhause mit dem Inhalt zweier randvoller Einkaufswagen beladen hatten, machten wir uns zu unserem ersten Übernachtungsquartier auf, einem sogenannten RV Park (Wohnmobilstellplatz), den der Vermieter uns empfohlen hatte. Als wir nach der ersten Ampel links abbogen, passierte es. Ein ohrenbetäubendes Getöse: Rumpeln, Scheppern, das Geräusch von splitterndem Glas. Die Kinder kreischten, der Ingenieur hielt mit quietschenden Bremsen am Straßenrand an.

»Was um Himmels willen ...«, rief ich und sah nach hinten. Der Boden war übersät mit Lebensmitteln. Zwischen den Scherben eines Gurkenglases schwammen Tomaten, Käsestücke und Mini-Salamis, ein Trinkjoghurt mit Vanillegeschmack hatte dem Ruck auch nicht standgehalten und seinen Inhalt über die Cornichons ergossen. Lecker.

»Der Kühlschrank ist aufgegangen«, stellte meine Tochter nüchtern fest.

»O Mann, jetzt weiß ich, was dieses kleine Ding war, das er mir zugesteckt hat«, stöhnte mein Mann, »eine Sicherung für die Kühlschranktür. Das geht ja gut los.«

Wir machten uns also erst einmal über die reichlich vorhandenen Putzlappen und Reinigungsmittel her und bemühten uns, das Auto wieder in seinen Originalzustand zurückzuversetzen. Als wir den RV Park erreichten, war es schon fast dunkel.

»Full Hook-Up?«, fragte die Frau an der Rezeption. Ich nickte wissend. Sie zeigte uns den Weg zu unserer Parzelle. Ein bisschen enttäuscht nahmen wir zur Kenntnis, dass das hier noch meilenweit von der viel gepriesenen kanadischen Wildnis entfernt war. Betonierte, dicht nebeneinanderliegende Stellplätze, fast alle mit enorm großen Wohnmobilen belegt, neben denen sich unseres als klein und bescheiden entpuppte. Immerhin war jeder Platz mit einem Holztisch, Bänken und einer Feuerstelle ausgestattet. (Das ist Standard auf kanadischen Campingplätzen. Selbst wenn man sich als Backpacker mit Mini-Zelt in die einsamsten Ecken der Nationalparks aufmacht, ist immer schon jemand vor einem da gewesen und hat fürsorglich Bänke, Tisch und Grillplatz installiert. Enorm praktisch.) Erstaunlicherweise saß niemand draußen, obwohl es erst kurz nach acht war.

»Hmm«, sagte der Ingenieur, »der kanadische Camper hält sich anscheinend lieber drinnen auf.« Wir beschlossen, unser Domizil erst einmal näher kennenzulernen, kochten Spaghetti und machten es uns in unserer feudalen Sitzecke gemütlich.

Am nächsten Tag begann das Abenteuer Kanada erst wirklich. Unser erstes Ziel war Tofino, der wohl bekannteste Ort auf Vancouver Island, Anziehungspunkt für Surfer, Wanderer und Whale-Watcher aus der ganzen Welt. Gleich nebenan ist der berühmte Pacific-Rim-Nationalpark, den wir natürlich sehen wollten. Dort im Sommer ohne Reservierung einen Platz zu ergattern, ist so gut wie ausgeschlossen, darauf waren wir gefasst. Wir versuchten trotzdem unser Glück. Schon von Weitem sahen wir die Schilder: »No vacancy.« Alles ausgebucht.

»Ist ja wie in Südfrankreich zur Hochsaison«, brummte mein Mann.

»Gleich kommt das Mackenzie Beach Resort«, sagte ich und blätterte im Reiseführer. »Die nehmen als Einzige keine Reservierungen entgegen. First come, first serve, steht hier.« Wir hatten Glück. Zwei Plätze waren noch frei. Der Platz lag nur ein paar Hundert Meter entfernt vom megabreiten, schönen Pazifik-Strand, war allerdings abgesehen davon alles andere als idyllisch. Enge, relativ kleine Stellplätze, kein Blick, keine Bäume (egal, ich hatte ja ohnehin keine Hängematte dabei), stattdessen wieder Full Hook-Up. Stets verfügbares Wasser zum Nachfüllen, ein Schlauch, den man einfach nur auf den Toilettenabfluss stülpen musste, um deren Inhalt loszuwerden – das war ein Luxus, den wir nach unseren Korsika-Erfahrungen natürlich zu schätzen wussten.

»Wer kommt mit baden?«, fragte ich und zog meinen Bikini an. Flankiert von den Kindern rannte ich dem Meer entgegen. Rein in die Wellen – und Sekunden später schreiend wieder heraus. Der Pazifik ist selbst im Hochsommer so eisig kalt, dass einem die Ostsee zu Pfingsten dagegen wie ein beheizter Whirlpool vorkommt. Vor allem mit dem Kopf unterzutauchen ist ein grober Fehler.

»Hilfe!«, schrie ich, »meine Schädeldecke ist eingefroren«, und rubbelte hektisch meine nassen Haare trocken. Auch die Kinder wickelten sich schlotternd in ihre Handtücher ein. Der Ingenieur betrachtete uns voller Genugtuung.

»Sag ich doch«, bemerkte er mit zufriedenem Lächeln, »das Baden im Meer wird einfach überbewertet.«

Weil wir alle Hunger hatten, machten wir uns zu Fuß auf die Suche nach einem Restaurant. Links und rechts des Weges fielen uns alle paar Meter die Schilder auf, die vor Bären warnten: »Bear crossing«, »Caution: Bears«, »This park is frequented by bears«, »Do not feed bears«. Mir wurde allmählich mulmig.

»Das hört sich an, als kämen die Bären jeden Moment in Scharen durchs Unterholz geprescht, um uns an den Kragen zu gehen«, sagte ich. Die Warnschilder sollten uns den gesamten Urlaub über begleiten, allerdings dauerte es noch eine ganze Weile, bis uns der erste Bär über den Weg lief.

Statt eines Restaurants entdeckten wir irgendwann eine Ansammlung kleiner Holzhütten, die sich bei näherem Hinsehen als Fast-Food-Imbissbuden und Souvenirstände entpuppten. Tacos, Burger, Waffeln, Schokolade, Popcorn – zu stolzen Preisen konnte man hier immerhin seinen Hunger stillen.

»Sieht irgendwie aus wie auf dem Weihnachtsmarkt in Hamburg«, sagte mein Sohn und biss in seinen Cheeseburger.

»Oder wie bei den Karl-May-Spielen in Bad Segeberg«,

ergänzte seine Schwester und deutete auf eine Bude, in der ein indianisch aussehender Mann mit Federschmuck auf dem Kopf silberne Ketten, Armbänder und kleine Friedenspfeifen aus Ton verkaufte. Die Mahlzeit in diesem kleinen Touristendorf war übrigens eine der wenigen in diesen vier Wochen Kanada, die wir nicht selbst zubereiteten. Restaurants waren überall Mangelware, wenn überhaupt, gab es Fast-Food-Läden. Und je geringer die Auswahl auf der Speisekarte, umso mehr Fernseher waren im Angebot. Einmal habe ich tatsächlich 23 Stück in einer Kneipe gezählt, und auf allen lief dasselbe Baseballspiel.

In Tofino gönnten wir uns erst einmal einen Whale-Watching-Ausflug. Ein teurer, aber unvergleichlicher Spaß. Niemals werde ich den Moment vergessen, als direkt vor uns zwei Grauwale aus dem Wasser auftauchten, sich aufbäumten und mit einem machtvollen Schlag mit der Schwanzflosse wieder abtauchten. Was für eine Naturgewalt! Mit aufgerissenen Augen und Mündern saßen wir in unseren roten Schutzanzügen und Schwimmwesten da und kamen aus dem Staunen nicht mehr heraus.

»Come on guys, let's see some other animals«, rief Tony, unser Führer, und brachte uns mit seinem Schnellboot zu den versteckten Treffpunkten der heimischen Robben, Otter und Seeadler. Als wir Stunden später schwankend von Bord gingen, waren wir völlig überwältigt.

»Allein dafür hat sich die weite Reise gelohnt«, sagte mein Mann, als wir mit unseren Mietfahrrädern zurück zum Campingplatz fuhren. Wir stimmten ihm alle zu. Noch ganz beseelt von unseren Erlebnissen ließen wir uns im Schein des Lagerfeuers unsere Burger schmecken.

Als wir uns nach den Tagen am Meer immer weiter von der Zivilisation entfernten, fuhren wir eine gefühlte Ewigkeit durch dichte, total einsame Nadelwälder. Einziger Makel: hier und da kahle Flecken, große gerodete Flächen.

Die Baumstämme begegneten uns später als Lkw-Ladungen wieder, oder als imposante Flöße auf den Flüssen. So etwas habe ich in dieser Dimension in Deutschland noch nie gesehen.

»Jetzt verstehe ich, was die Leute mit Skandinavien XXL meinen«, sagte mein Mann, »dagegen ist Schweden ja ein dicht besiedeltes Land.«

Am Buttle Lake legten wir einen Stopp ein. Nachdem wir uns einen Platz in dem weitläufigen, wildromantischen Strathcona Provincial Park gesucht hatten, war selbst mir, die ja sonst immer nach einer noch besseren Option Ausschau hält, sofort klar: Das hier war so schnell nicht zu toppen. Direkt vor uns das schillernde Wasser mit kleinem Badestrand, ringsherum hohe Bäume, dichtes Unterholz, der obligatorische Holztisch mit Bänken und Feuerstelle. Die Größe der Stellplätze auf diesen Natur-Campingplätzen war mit nichts zu vergleichen, das wir von unseren bisherigen Urlauben kannten. Kein Nachbar in Sicht, nirgends. Man hatte das Gefühl, ganz allein mitten in der Wildnis zu sein.

»Das nenne ich mal schön stehen«, freute ich mich, »schade, dass es so was nicht auf Korsika gibt!«

Kein Internet, kein Handyempfang, keine Duschen, nur ein paar Plumpsklos und Wasserpumpen. Statt einer Rezeption gibt es am Parkeingang Umschläge mit Zetteln, auf denen man seine Daten einträgt und zusammen mit der Campinggebühr in einen Holzbriefkasten einwirft. Einen kleinen Abschnitt zum Abtrennen klemmt man hinter den Scheibenwischer, irgendwann kommt ein Ranger zur Kontrolle vorbei.

So unkompliziert funktioniert es in fast allen kanadischen Provincial Parks. Es gibt weder Schlangen beim Anmelden, noch nummerierte Parzellen oder lärmende Mitcamper. Noch nicht einmal Menschen, die mit Klorollen über den Platz laufen. Die Toiletten sind zwar spartanisch, aber alle mit Papier ausgestattet. So ein Plumpsklo hat übrigens auch noch einen anderen Vorteil: Man sitzt ganz alleine dort und hört nicht links und rechts, wie es um die Stuhlbeschaffenheit des Nebenmannes bestellt ist.

Tipp für Neucamper: Falls Sie sich irgendwann nach Kanada aufmachen und keine Lust haben, die Reise schon ewig vorher von A bis Z durchzuplanen, müssen Sie zwar auf die absoluten Camping-Hotspots in den Nationalparks verzichten, haben aber die Freiheit, spontan zu entscheiden. Die Nationalparks kann man auch mit dem Bus oder Fahrrad besichtigen. Zum Campen sind die zahlreichen Provincial Parks perfekt, ebenfalls wunderschöne Naturparks, die von den Provinzen verwaltet werden. Sie sind nie ausgebucht, immer weitläufig und idyllisch gelegen. Und außerdem relativ günstig. Eine Bären-Garantie gibt es da natürlich auch nicht – es sei denn, Sie lassen Ihren Müll draußen stehen.

Nachdem wir in dem (im Vergleich zum Pazifik) relativ warmen See gebadet hatten, wanderten wir durch den dichten Wald und erkundeten die Umgebung. Ich hatte ein bisschen Proviant in den Rucksack gepackt, bereute es aber, als ich überall die Hinweisschilder »Don't feed bears« sah.

»Meinst du, die riechen, dass ich was Essbares bei mir habe?«, fragte ich besorgt den Ingenieur. Er schüttelte den Kopf.

»Quatsch«, sagte er, »zeig mir mal den Bär, der durch den verschlossenen Lederrucksack wittert, dass da vier Snickers und 'ne Tüte Chips drin sind.« Ich war trotzdem nervös und vermutete hinter jedem Baum einen potenziellen Angreifer. Irgendwann entdeckten wir einen völlig einsamen See mit Blick auf sehr hohe Berge. Die Kinder stürzten sich sofort voller Energie auf das Schwemmholz, das überall herumlag und fingen an, ein Floß zu bauen. Wir setzten uns ans Ufer sahen ihnen dabei zu.

»So fühlt sich Glück an«, sagte ich und lehnte meinen Kopf an die Schulter meines Mannes. Er nahm mich in den Arm.

»Ja«, sagte er, »keine Mücke weit und breit.«

Der Ingenieur hatte sich nach unserer Schweden-Erfahrung selbstverständlich auf das Schlimmste vorbereitet. Bei der Menge an stehenden Gewässern war mit massenhaft Stechtieren zu rechnen. Davor wurde auch in den Reiseführern gewarnt. Deshalb hüllte mein Mann sich jeden Abend in eine hieb- und stichfeste Montur, die Cargohose und das Langarmhemd waren aus einem speziellen Material (gibt es nur im Abenteuerreisen-Fachhandel). Erst nach etwa einer Woche sah er ein, dass diese Kostümierung unnötig war. Unser kanadischer Sommer blieb nämlich komplett mückenfrei, was wahrscheinlich an der untypischen Hitze lag.

Auf dem Rückweg vom See hörten wir in der Ferne lautes Röhren. Ein Elch? Es klang irgendwie unheimlich, nach einem Tier in Not, ein Hilfe suchendes Brüllen. Genau in diesem Moment stolperte Pia über etwas. Es lag direkt vor uns auf dem Weg und sah aus wie … ein haariges, blutiges Bein.

»O mein Gott«, rief ich, »das ist bestimmt ein Elchbein. Und das Tier wurde von einem Bären gerissen. Kommt bloß schnell hier weg.« Hektisch rannten wir zurück zu unserem Campingplatz.

»Jetzt mach doch die Kinder nicht verrückt mit deiner Hysterie«, schimpfte mein Mann. »Wer weiß, wie das Bein da hingeraten ist, das hat vielleicht ganz andere Gründe.« Pia sah ihn mit hochgezogenen Augenbrauen an.

»Was für Gründe bitte, Papa?«, fragte sie.

»Vielleicht hat das ein Jäger da verloren oder so …«

»Ja, nee ist klar«, sagte Theo, »der kanadische Jäger an sich schleppt ja auch seine Beute in Einzelteilen durch den Wald.«

Noch beim Essen spekulierten wir wild über das Schicksal des Tieres, zu dem das Bein gehört hatte. Irgendwann hörten wir auf zu sprechen und lauschten nur noch in die unbeschreibliche Stille. Plötzlich war da ein leises Rascheln. Brummen. Ich bekam Schnappatmung. Da – wieder, dieses Mal noch näher.

»Ein Bär!«, flüsterte ich, sprang auf und stieß vor Schreck meinen Stuhl um, »wir müssen sofort ins Wohnmobil.« Komischerweise hatte niemand außer mir das Brummen gehört. Trotzdem sammelten wir unsere Essenreste zusammen (Müll und Lebensmittel außerhalb des Autos sind in den kanadischen Wäldern strengstens verboten) und zogen uns in die sichere Trutzburg zurück.

»So ein spießiger Platz irgendwo an der Ostsee hat ja auch seine Vorteile«, sagte ich, als wir in unserer Komfort-Sitzecke noch eine Runde knifelten, »da ist man jedenfalls nicht in Lebensgefahr.«

Natürlich bekamen wir auch in den nächsten Tagen keinen Bären zu Gesicht, auch wenn wir unterwegs immer wieder auf jede Menge Warnschilder stießen.

»Vielleicht ist das mit den Bären ja nur so 'ne Masche der Tourismusindustrie«, sagte mein Mann, »und in Wirklichkeit gibt's hier gar keine ...«

Dass es doch welche gibt, sollten wir an einem Ort erfahren, an dem wir es am wenigsten erwartet hätten. Eine unserer Stationen war Whistler, der berühmte Skiort oberhalb von Vancouver, wo 2010 die Olympischen Winterspiele ausgetragen wurden. In diesem schicken Retortenstädtchen gibt es natürlich wenig Einsamkeit, dafür aber viele durchtrainierte tätowierte Kanadier, die zum Wandern oder Downhill-Biken herkommen. Eine Sportart, die unsere Kinder natürlich auch unbedingt ausprobieren mussten. Wir meldeten sie zu einem mehrstündigen Kurs an und lieferten sie am nächsten Morgen bei einem coolen Lehrer namens Chris ab. Sie bekamen Helme, Arm- und Knieschützer und zwei Mountainbikes und ab ging's mit dem Lift auf den Berg.

Wir wagten uns stattdessen in die »Peak 2 Peak«-Seilbahn, die höchste der ganzen Welt. Man schwebt 436 Meter über dem Boden, da wird es einem ganz anders beim Blick nach unten. Nach einer längeren Wanderung durch Geröll und Schnee nahmen wir eine Sesselbahn nach unten, um die Kinder wieder in Empfang zu nehmen.

Und da endlich war es so weit. Ein Bär! Direkt unter uns. Ein kleiner, friedlich grasender Schwarzbär. Ich flippte aus vor lauter Freude.

»Bist du sicher, dass der echt ist?«, fragte der Ingenieur und zückte seinen Fotoapparat. »Vielleicht ist das ja auch nur ein Student im Bärenkostüm, der vom Tourismusamt bezahlt wird.« Doch spätestens, als Theo und Pia uns atemlos und schlammbespritzt erzählten, dass sie vom Fahrrad aus eine Bärenmutter mit zwei Jungen gesehen hatten, wussten wir: Es gibt sie wirklich, die kanadischen Bären. Ausgerechnet an dem Ort, wo die meisten Touristen anzutreffen sind. Wahrscheinlich war das kein Zufall, schließlich werden die Tiere ja von Essen angelockt.

Richtig abenteuerlich wurde es im Banff Nationalpark. Nirgendwo sonst war die Dichte der Warnschilder größer als hier. Überall hingen beängstigende Fotos von Bären, die sich über parkende Autos hermachten, um sie zu plündern, dazu immer wieder der Hinweis: »You are in bear country!«

Wir beschlossen trotzdem zu bleiben, schließlich wollten wir zum weltbekannten Lake Louise wandern. Der Campground war riesig groß und es gab auch ein Areal nur für Zelte, das vorsichtshalber mit einem Elektrozaun gesichert war.

Mit Rucksäcken (diesmal sicherheitshalber ohne Proviant) ausgestattet, machten wir uns auf den fünf Kilometer weiten Weg durch den Wald zum See. Es ging durch völlige

Einsamkeit die ganze Zeit bergauf, immer an einem Wildbach entlang. Alle paar Meter entdeckten wir Kotspuren.

»Bärenkacke!«, rief Theo fröhlich. Er konnte es offenbar kaum erwarten, einem Grizzly über den Weg zu laufen.

»Wir müssen Krach machen«, sagte ich. »Im Reiseführer steht, man soll laut klatschen und singen, das mögen die Tiere nicht, dann laufen sie weg.«

»Aber ich will ja gar nicht, dass sie weglaufen«, protestierte mein Sohn, »ich will endlich mal einen von Nahem sehen!« Er wurde überstimmt. Während wir »Wir lagen vor Madagaskar« und »Meine Oma fährt im Hühnerstall Motorrad« grölten und dazu eifrig in die Hände klatschten, betete ich, dass uns nicht ausgerechnet jetzt eine norddeutsche Wandergruppe entgegenkommen möge. Meine Bitte wurde erhört. Stattdessen kam eine bayerische Familie hinter der nächsten Baumgruppe hervor. Alle hielten Kuhglocken in der Hand und machten damit noch mehr Lärm als wir. Es war zum Schreien komisch, was wir Touristen da mitten im Wald für ein Bauerntheater aufführten. Als Bär hätte ich mir dieses Elend auch nur aus der Ferne angesehen.

Als wir oben am Lake Louise ankamen, traf uns beinahe der Schlag. Tausende Touristen drängten sich am Ufer. Vor lauter Menschen und Bussen, die die großflächigen Parkplätze belegten, war das Wasser kaum noch zu sehen. Zwischen Japanern, Chinesen und anderen Schaulustigen erhaschten wir einen Blick auf den Gletscher. Es war gar nicht so einfach, ein Fotomotiv zu finden, auf dem weder ein Sonnenhut noch ein Auto oder eine Ecke des imposanten 1000-Betten-Hotels namens »Château Lake Louise« zu sehen war.

Als wir auf dem Rückweg waren, hatten wir dann doch noch einmal Bärenglück. Ausgerechnet in dem Moment, als wir es gar nicht mehr erwarteten und auch vor Erschöpfung schon aufgehört hatten zu singen, waren sie plötzlich da.

Drei Bären, nicht einmal 20 Meter von uns entfernt. Eine Mutter mit zwei Jungen, hellbraun und ziemlich groß. Regungslos standen sie da und sahen aufmerksam zu uns herüber. Wir vier waren ebenfalls zu Salzsäulen erstarrt und guckten. Es waren wahrscheinlich nur ein paar Sekunden, die wir dastanden, Auge in Auge, die Bärenfamilie auf der einen, die Tietjenfamilie auf der anderen Seite. Uns kam es vor wie eine Ewigkeit.

Als Erstes regte sich der Ingenieur. Er holte sein Portemonnaie aus der Tasche und hielt es sich vor die Augen.

»Was machst du denn da?«, wisperte ich. »Das ist nicht dein Handy.«

»Oh«, sagte er, »vor lauter Aufregung verwechselt«, und holte sein Telefon raus. Jetzt lösten wir anderen uns auch aus der Schockstarre und fingen an zu fotografieren. Schon wendete sich die Bärin gelangweilt wieder ab und trottete gemächlich mit ihrem Nachwuchs in die Büsche. Wir konnten es kaum fassen und redeten alle gleichzeitig drauflos.

»Wo kamen die denn so plötzlich her? So dicht am Ort? Die sahen ja total süß aus. So kuschelig und freundlich!« Ganz beglückt von dieser besonderen Begegnung marschierten wir Richtung Campingplatz, als uns zwei Ranger mit Walkie-Talkies entgegenkamen.

»Did you see any bears around here?«, fragte uns der eine. Wir nickten und sahen beunruhigt auf die Gewehre der beiden.

»Hoffentlich werden die jetzt nicht erschossen«, flüsterte Pia. »Bestimmt dürfen die gar nicht so nah an die Wohngebiete rankommen. Aber woher sollen die armen Bären das denn wissen?«

Den ganzen Abend lang horchten wir bang auf eventuelle Schüsse, es fielen aber keine. Offenbar hatten die Tiere rechtzeitig das Weite gesucht.

Unser letzter Bär auf dieser Reise war tatsächlich ein

Grizzly. Selbst im Zoo habe ich noch nicht so ein riesenhaftes Exemplar gesehen. Wir wurden auf ihn aufmerksam, weil am Rand des wenig befahrenen Highways plötzlich mehrere Autos parkten. Menschen mit Fotoapparaten kletterten auf der Böschung herum. Da sahen wir ihn. Nur wenige Meter oberhalb der Leute fraß er seelenruhig vor sich hin.

»Papa, halt an«, schrie Theo, »ein Grizzly, wir müssen auch aussteigen!« Udo bremste widerwillig.

»Eigentlich ist das Schwachsinn«, schimpfte er, »und lebensgefährlich. Erstens hält man nicht mitten auf der Autobahn an und zweitens soll man sich niemals so dicht an einen Grizzly heranwagen. Das ist viel zu riskant. Die Leute müssen sich nicht wundern, wenn sie angegriffen werden.«

Wir stiegen natürlich trotzdem aus, hielten aber genügend Abstand. Fotos konnten wir schließlich auch aus etwas größerer Entfernung machen. Es war beeindruckend, wie majestätisch der Bär wirkte. Offenbar interessierte ihn sein Fressen mehr als alles Menschliche, das da ehrfürchtig um ihn herumschlich. Was allerdings hätte passieren können, wenn Mister Grizzly gerade einen schlechten Tag gehabt hätte ... male ich mir lieber nicht aus.

Einige Fähren und unendlich viele Autostunden später landeten wir irgendwann wieder in Vancouver. Unsere letzte Nacht verbrachten wir notgedrungen in einem ziemlich unromantischen RV Park dicht beim Vermieter unseres Wohnmobils, irgendwo zwischen Highways und dem Flughafen. Wir mussten ja am nächsten Tag das Auto rechtzeitig wieder abgeben und unser Flugzeug bekommen. Das tat unserer Stimmung aber keinen Abbruch. Eingequetscht zwischen zwei Giganten auf Rädern, so groß wie Einfamilienhäuser, hockten wir bei Kerzenlicht an unserem Holztisch und ließen die vergangenen vier Wochen noch mal Revue passieren.

»4500 Kilometer«, sagte mein Mann, »da haben wir ganz ordentlich was abgerissen.«

»Zehn Fähren, zwei Zeitzonen, 15 Campingplätze«, ergänzte ich. »Zum Glück habe ich Tagebuch geführt, sonst wüsste ich das schon nicht mehr.«

»Und insgesamt neun Bären!«, rief Theo. »Das macht im Schnitt mehr als zwei pro Woche.«

»Nicht zu vergessen das Bein vom Elch«, erinnerte uns Pia schaudernd.

Tja. Was es damit wohl auf sich hatte … wir werden es nie erfahren.

Riesenbabys an Bord

Reisetagebuch, August 2014
Ich freue mich so, dass die Kinder noch immer gern mit uns in den Urlaub fahren. Ist ja nicht selbstverständlich. Und es ist echt angenehm entspannt mit den erwachsenen Gören. Die schmutzen nicht, können kochen und Theo kann sogar schon unser Wohnmobil fahren. Gestern haben wir ein total romantisches Dinner am Strand veranstaltet. Das hätten wir alleine nie so gemacht.

Erinnern Sie sich noch an meinen Lieblingsplatz in Dänemark? Genau, unser Geheimtipp an der Steilküste mit weitem Blick über die Ostsee. Seit mittlerweile 27 Jahren fahren wir jedes Jahr Pfingsten dorthin, zusammen mit einer riesigen Clique von Freunden. Der Kreis hat sich im Laufe der Zeit komplett geändert, die Surfer-Gang wurde allmählich durch neue Freunde aus unserer Nachbarschaft ersetzt, die wir durch die Kinder kennengelernt haben. Von Jahr zu Jahr wurde die Gruppe größer, wer weder Wohnmobil noch Zelt besaß, mietete sich eine Hütte. Und so waren es zeitweilig fast 50 große und kleine Leute, die sich morgens und abends an der kaum noch überschaubaren Tafel aus Campingtischen versammelten.

Wenn ich mir Fotos ansehe, kann ich die Jahre nur anhand des Alters der Kinder auseinanderhalten. Die Motive sind immer dieselben. Genau wie der schon ritualisierte Tagesablauf. Morgens Frühstück mit Unmengen von pappigem dänischen Weißbrot, dann Sonnen, Baden, Beachvolleyball oder Strandspaziergang. Eine Runde Joggen oder Fußballspielen. Nachmittagskaffee mit Bergen von selbst gebackenem Kuchen. Ermattetes Ausruhen am Strand. Allmählicher Übergang zum Abendessen. Emsig werden Salate zubereitet, Kartoffeln gekocht, Quark angerührt. Der überdimensionale Grill wird angeworfen und mit Frischware bestückt, von Spareribs über Scampispieße, vegane Klöpse bis hin zur stinknormalen Grillwurst ist alles dabei. Natürlich ist es ein Ding der Unmöglichkeit, das alles so zu timen, dass 50 Personen gleichzeitig zu ihrem Recht kommen.

»Wo ist denn das in Curry eingelegte Schweinefilet, das ich mitgebracht habe?«

»Wieso sind keine Kartoffeln mehr da, ich hatte doch noch gar keine Wurst!«

»Mama, jetzt hat Oskar meine Gemüsefrikadelle gegessen, dabei ist er doch gar kein Vegetarier ...«

Nach dem Essen setzt sich die Geschirrspül-Karawane in Bewegung. Wenn wir mit 20 Leuten in den Spülraum einrücken, geht die Post ab. Eine völlig unübersichtliche Menge an Tellern, Schüsseln, Besteck und Gläsern türmt sich auf und wird unter lautem Geschnatter und Gelächter gesäubert, nebenbei wird meistens auf dem großen Fernseher (ja, die Dänen gönnen sich sogar im Waschhaus einen Flachbildschirm) der Eurovision Song Contest geschaut. Lena Meyer-Landrut, Cascada, Elaiza und wie sie alle hießen – wen habe ich nicht schon alles für Deutschand singen gesehen, während meine Hände mechanisch Wurstfett von Plastiktellern schrubbten.

Auch wenn unsere Kinder mittlerweile alle erwachsen sind, lassen sie kaum ein Pfingst-Camping ausfallen. Jede Menge Freunde wurden schon mitgeschleppt, Neuzugänge werden stets herzlich aufgenommen. Es ist rührend zu sehen, wie die nächste Generation sich an denselben schlichten Dingen freut wie wir Eltern. Und auch irgendwie merkwürdig zu beobachten, wie die Kleinen von damals heute mit dem eigenen Auto anreisen, Bierkästen ausladen und am Strand Feuer machen. Habe ich dem coolen Typen mit dem XXL-Kapuzenpulli nicht gerade erst die Windeln gewechselt?

Campingurlaub mit erwachsenen Kindern ist anders, aber auch schön. Irgendwann hatten Theo und Pia keine Lust mehr, im Sommer vier Wochen am Stück mit uns zu verreisen. Ganz auf Camping verzichten wollten sie aber auch nicht. Also kamen sie entweder hinterhergeflogen oder reisten früher ab. Manchmal wurde es eine organisatorische Herausforderung, weil wir unsere Reiseroute nach den Wünschen der Jugendlichen richten mussten, was den Ingenieur mehr nervte als mich.

»Muss es denn immer nur nach den Kindern gehen?«, schimpfte er, als wir mal wieder Korsika von Süd nach Nord durchquerten, um rechtzeitig am Flughafen zu sein und unsere Riesenbabys in Empfang zu nehmen.

»Sei doch froh, dass die Kinder überhaupt noch mitkommen«, sagte ich, »da kann man doch mal einen kleinen Umweg in Kauf nehmen. Andere haben schon mit vierzehn keinen Bock mehr auf Urlaub mit den Eltern.«

Natürlich machten die Kinder mit sechzehn, siebzehn nicht mehr das, was wir wollten. Eher lief es umgekehrt.

»Los, heute kochen wir mal am Strand, mit Blick auf den Sonnenuntergang«, rief Theo, als wir uns nach einem extrem heißen Tag gerade mental auf einen gemütlichen Abend vor unserem Bus eingestellt hatten.

»Wie, am Strand?«, fragte mein Mann ungläubig, »der ist zwei Kilometer entfernt, da müssen wir doch mit dem Fahrrad hin …«

»Na klar«, sagte unser Sohn fröhlich, »wir nehmen alles in den Rucksäcken mit, Gaskocher, Töpfe, Geschirr. Es gibt Reis mit Gemüse, ich koche!« Voll motiviert packten er und Pia alles ein, ächzend schwangen wir uns schwer beladen auf unsere Räder und fuhren los.

Es wurde ein unvergesslicher Abend. Im Schneidersitz saßen wir auf unseren Handtüchern und tranken Rosé aus Pappbechern, während Theo auf dem wackeligen Kocher im Reis rührte und Pia ein Brettchen auf den Knien balancierte und Gemüse schnippelte. Wir waren die Einzigen am Strand. Selten hat mir ein Abendessen köstlicher geschmeckt als dieser von ein paar Sandkörnern durchsetzte Reiseintopf.

»Romantischer kann auch bei Capri die rote Sonne nicht im Meer versinken«, sagte ich und löffelte zufrieden mein Strand-Dinner in mich hinein. »Man sollte öfter mal auf seine Kinder hören. Geht nicht, gibt's nicht!« Der Ingenieur nickte.

»Und morgen fahren wir mit den Rädern hoch zu den Gumpen«, kündigte Pia an, »denkt bloß nicht, ihr könnt den ganzen Tag nur so rumchillen.«

Die Gumpen, die vom Wasser des Flusses Fango ausgehöhlten Felsbassins, sind teilweise mehrere Meter tief, sodass man aus schwindelerregender Höhe hineinspringen kann. Ein großer Spaß für die Jugendlichen, die sich kopfüber von den Felsvorsprüngen herunterstürzten, je gefährlicher, desto besser. Bis wir die richtigen Stellen gefunden hatten, mussten wir aber erst einmal kilometerweit die Berge hinaufradeln. Oben angekommen, konnte man sich noch lange nicht zur Ruhe setzen.

»Irgendwo hier war's!« Erbarmungslos schleiften uns die Kinder durch dichtes, dorniges Gebüsch und steile Geröllabhänge herunter, bis wir endlich das versteckte Fleckchen gefunden hatten, wo man angeblich am allerbesten springen konnte. Das letzte Stück mussten wir fast schwimmen, das kalte Wasser reichte uns bis zur Brust, den Korb mit Handtüchern und Proviant balancierte Theo auf dem Kopf.

»Stell dich doch nicht so an, Papa!«, lachte Pia und reichte dem Ingenieur die Hand, um ihn ans Ufer zu ziehen. Mein Mann schimpfte schon seit 20 Minuten und wäre beinahe aus Protest zurückgeblieben.

»Ich stelle mich nicht an«, grummelte er. »Früher musste ich euch hier auf den Schultern durch die Wildnis schleppen, weil Mama unbedingt die idyllischste Gumpe aufspüren wollte. Und jetzt geht das wieder von vorne los ...« Während die Kinder unermüdlich Kopfsprünge machten, versuchten wir, zwischen den Felsen ein halbwegs gemütliches Plätzchen zu finden. Ich ließ mich zwischen den Sträuchern nieder und wollte mich gerade meinem Buch widmen, als ich von einem schwarzen Monsterkäfer angegriffen wurde. Mit dem neuesten Jonathan Franzen wedelnd, versuchte ich hektisch barfuß über die spitzen Felsbrocken zu fliehen, bis der Käfer nicht mehr in Sicht war. Kopfschüttelnd beobachtete mein Mann mich dabei.

»Das mit deiner Insektenphobie scheint im Alter schlimmer zu werden«, bemerkte er und blätterte weiter in seiner Zeitschrift.

Nach einer halben Stunde entspannten Lesens in flirrend heißer Stille spürte ich plötzlich ein Kribbeln auf dem Kopf. Als ich das vermeintliche Gestrüpp aus meinen Haaren entfernen wollte, bewegte sich etwas unter meinen Fingern. Der Käfer! Hysterisch headbangend lief ich kreischend zum Wasser und stürzte mich hinein. Vor Schreck und Ekel hatte ich ganz vergessen, dass ich mich ja eigentlich gar nicht traue, aus zwei Metern Höhe irgendwohin zu springen.

»Igitt!«, rief ich prustend dem Ingenieur zu, »der hat die ganze Zeit auf meinem Kopf gesessen und ich habe es nicht gemerkt. Allein bei der Vorstellung kriege ich schon eine Gänsehaut.« Erwartungsgemäß stieß ich auch bei den Kindern auf wenig Verständnis für meine Aufregung, als sie irgendwann wiederauftauchten. Nur als ich die mitgebrachte Melone aufschnitt und wir sofort von einem Wespenschwarm umringt waren, brach auch beim Rest meiner Familie eine leichte Nervosität aus. Alle schlugen um sich und ich versuchte, mit dem aufgeklappten Leatherman einem besonders aufdringlichen Insekt zu Leibe zu rücken. Leider kam ich dabei ins Straucheln und die Messerspitze landete in meinem Oberschenkel.

»Hilfe, ich bin verletzt«, rief ich und starrte ungläubig auf den Schnitt, aus dem Blut quoll.

»Moderatorin beim Nahkampf mit Wespe verblutet!«, witzelte mein Mann und versuchte, mein Bein mithilfe von Papiertaschentüchern zu verbinden.

Plötzlich donnerte es. Durch die Wespenattacke hatten wir gar nicht bemerkt, dass ein Gewitter aufgezogen war. Im Nu verdunkelte sich der Himmel und am Horizont zuckten die ersten Blitze.

»Wir müssen sofort los«, sagte der Ingenieur, »ihr wisst ja, dass Gewitter in den Bergen gefährlich werden können.«

Mühsam traten wir den Rückzug an. Gar nicht so einfach, mit Gepäck auf dem Kopf und klaffender Fleischwunde (jaja, ich übertreibe, es war nur ein Ritz, tat aber trotzdem weh) durch den Fango zu waten und zu unserem Ausgangspunkt zurückzufinden. Als wir keuchend bei den Fahrrädern ankamen, regnete es schon.

»Los!«, sagte Theo, »nix wie weg hier, bevor wir noch vom Blitz getroffen werden.«

Die Rückfahrt durch Donner und Blitz, steil bergab im prasselnden Regen über schlammverschmierte Straßen gehört nicht zu meinen schönsten Urlaubserinnerungen.

»Können wir bitte morgen mal einen Ruhetag einlegen?«, fragte ich die Kinder, als ich abends endlich mit frisch verbundener Wunde in meiner Hängematte baumelte.

»Na ja«, sagte mein Sohn, »wir wollten doch noch die Wanderung am Meer entlang zu diesem Traumstrand machen. Papa hat ja Angst, mit dem Auto dahin zu fahren.«

Traumstrand. Auch so ein Schlüsselwort in unserer Camping-Familienkonstellation. In diesem Falle handelte es sich um eine im Reiseführer als Insidertipp aufgeführte Bucht mit kleinem Campingplatz am Ende einer kilometerlangen Schotterpiste. Diesen Ort hatten wir noch nie zu Gesicht bekommen, denn der Ingenieur weigerte sich standhaft, seinen Bus diesem Risiko auszusetzen.

»Was heißt hier Angst«, sagte Udo prompt, »ich bin nun mal nicht scharf darauf, dass wir da im Geröll irgendwo liegen bleiben. Der ADAC kommt hier nicht hin.«

»Ich kann ja fahren«, bot Theo großzügig an. Er hatte mittlerweile seinen Führerschein und durfte auch unsere Autos benutzen. Sogar hinters Steuer des wie seinen Augapfel gehüteten Wohnmobils hatte sein Vater ihn schon ab und zu gelassen.

»Nee, lass mal«, sagte der Ingenieur abwehrend, »dann wandere ich lieber.«

Wir wanderten. Stundenlang. Unter sengender Sonne, über Stock und Stein, mit fantastischem Ausblick aufs Meer und ausgedörrter Kehle (ich hatte vergessen, das Wasser in den Rucksack zu packen). Die Riesenbabys hüpften federnden Schrittes in ihren Flipflops voran, wir hechelten in Sneakers hinterher, immer auf der Hut, nicht über eine Wurzel zu stolpern und die Böschung hinunterzukullern. Meine noch immer schmerzende Wespen-Kriegsverletzung reichte mir schon. Irgendwann lag er vor uns, der karibische Strand. Alles sah genauso aus wie beschrieben: weißer Sand, ein paar Segelboote, die sanft im Wind hin und her schaukelten, leises Wellengeplätscher und trotz Hochsaison nur wenige Badegäste. Wir sprinteten ins Wasser und freuten uns.

»Komisch, die meisten Wohnmobile sehen gar nicht aus

wie Wüstenfahrzeuge«, sagte ich zu meinem Mann, als wir den Campingplatz inspizierten.

»Alles Glückssache«, sagte er, »ein Steinschlag und das war's. Ich bleibe dabei. Mein Bus fährt hier nicht runter. Basta.«

Bisher ist er eisern dabei geblieben. Ich hoffe noch immer auf den Tag, an dem die Straße dorthin endlich ausgebaut wird. Aber dann wird aus dem Traumstrand mit Sicherheit ein Touristenmagnet. Schon in den letzten Jahren hat die Zahl der Segelboote stetig zugenommen, Freunde haben uns erzählt, dass an manchen Tagen vor lauter Masten das Meer kaum noch zu sehen sei. In Zeiten von Facebook, Instagram und Reiseblogs bleibt eben leider auch der letzte Geheimtipp irgendwann nicht mehr geheim.

Trotz des nicht minder anstrengenden Rückwegs waren die sportlichen Urlaubsgelüste unserer Kinder damit noch lange nicht befriedigt. Gerne hätten sie uns auch zu einem Paraglider-Tandemflug überredet. Seit Jahr und Tag beeindruckten uns alle die coolen Dreitagebart-Typen, die mit ihren verstaubten Geländewagen im Stundentakt Touristen auf den Berg karrten, um sie dann mit dem Gleitschirm wieder hinunterzufliegen. Ich weiß nicht, wie oft ich im Sand gelegen und zugesehen habe, wie diese ungleichen Paare hoch über mir in großen Bögen herabgondelten und schließlich punktgenau am Strand landeten. Einmal so dicht neben meinem Handtuch, dass der Schirm mich unter sich begrub. Nicht jeder, der da seinem Geschirr wieder entstieg, machte übrigens einen beglückten Eindruck. Manche strahlten, aber der eine oder die andere verabschiedeten sich auch hastig mit grünlicher Gesichtsfarbe in Richtung Strandhafer.

»Also nein, Kinder,« sagte mein Mann, »diese Extremsportarten könnt ihr mal ausprobieren, wenn ihr ohne uns unterwegs seid.«

Trotzdem wollten wir natürlich coole Eltern sein. Deswegen mieteten wir im nächstbesten Hafen ein Motorboot. Ein schickes weißes Geschoss mit weißen Ledersitzen, Sonnensegel und einem 150-PS-Motor. (Nichts gegen Olli Kahn, aber so ein paar Pferdestärken mehr können schon Freude machen.) Wir kreuzten über das Mittelmeer und fühlten uns wie … na ja, wie diese Hollywoodstars in den Klatschblättern, die sich an der Côte d'Azur auf ihren Luxusjachten rekeln. Also fast.

Das absolute Highlight unseres Ausflugs waren aber die Delfine. Wie aus dem Nichts tauchten sie plötzlich rechts vom Boot auf, so dicht, dass wir sie hätten berühren können. Eine ganze Flipperfamilie, mindestens acht große und kleine Tiere. Munter sprangen sie aus dem Wasser und tauchten wieder ab, bestimmt fünf Minuten lang begleiteten sie uns. Verblüfft und entzückt hingen wir zu viert über der Reling. Beinahe hätte Käptn Quicksilver vergessen, das Steuer herumzureißen, als mit einem Mal eine pompöse silbergraue Riesenjacht hinterm Felsen hervorgeschossen kam.

»Puh! Das ging ja gerade noch mal gut«, sagte mein Mann und wischte sich den Schweiß von der Stirn. Beseelt von unserem Delfin-Erlebnis klatschten wir anderen Beifall. Noch Tage später sprachen wir von dieser wundervollen Begegnung. Schwer zu erklären warum, aber ein vergleichbares Glücksgefühl habe ich noch nicht oft im Leben gespürt.

Es kam das Jahr, in dem Theo Abitur machte und danach mit zwei Freunden aufbrach, die Welt zu erkunden. Work and Travel in Kanada, danach ein Roadtrip im notdürftig zum Wohnmobil umfunktionierten Dodge entlang der amerikanischen Westküste. Wir freuten uns, dass unser Sohn die Freude am Unterwegssein von seinen Eltern übernommen hat, mussten aber gleichzeitig dafür sorgen, dass die kleine Schwester auch noch Spaß am Familienurlaub hatte.

»Kann ich eine Freundin mitnehmen?«, fragte Pia.

»Na klar«, sagte ich, »wenn sie Spaß am Camping hat, jederzeit!«

Von da an kam Lisa ins Spiel. Mindestens drei Mal war sie mit uns auf Reisen. Für Pia und uns die ideale Lösung, denn welcher Teenager hat schon Lust, ganz alleine mit den Eltern zu verreisen? Lisa passte sich problemlos unseren Gewohnheiten an, nur mussten auch wir uns an gewisse Dinge erst einmal gewöhnen.

»Seit wann ist das hier ein Schminkmobil?«, witzelte der Ingenieur, wenn der Bus mal wieder übersät war von Make-up-Tiegeln, Rouge- und Lidschattentöpfchen, Nagellack und was sich sonst noch so in harmlos aussehenden pinkfarbenen Kulturbeuteln verbirgt. Die Mädchen verbrachten viel Zeit mit Körperpflege und blockierten abends auch mal eine Stunde lang das Auto, bevor sie sich aufmachten, die meist leider nur mäßig aufregende Umgebung nach attraktiven männlichen Wesen zu durchforsten.

Irgendjemand fand sich aber immer. Am Atlantik zum Beispiel lernten sie eine Clique von Surfern kennen, die wild campten und die Mädels einluden, noch einen Drink bei ihnen im VW-Bus zu nehmen. Dagegen ist ja nichts einzuwenden. Trotzdem lag ich bis um vier Uhr morgens wach, bis ich endlich die Stimmen der Mädchen hörte, die kichernd den Reißverschluss ihres Zelts öffneten. Erleichtert kuschelte ich mich an meinen Mann, der längst eingeschlafen war.

Ich weiß, dass es unlogisch und im Grunde idiotisch ist, aber ich kann nicht anders. Auch wenn die Kinder bereits die weite Welt bereist haben und absolut selbstständig sind – sobald ich sie in meiner Nähe habe, fühle ich mich zuständig und mache mir Sorgen. Fast so schlimm wie meine Mutter. Sie wartete damals im wehenden Bademantel an der Haltestelle auf mich, wenn ich mal den Bus verpasst hatte – auch als ich schon längst volljährig war.

Einmal hatten Pia und Lisa sich zu einem Dorffest aufgemacht, es klang harmlos und war überall in der Gegend plakatiert. Hübsch geschminkt und aufgerüscht waren sie abends um acht aufgebrochen, wir gingen irgendwann ins Bett. Gegen fünf Uhr morgens wurde ich wach. Von irgendwoher hörte ich Geräusche. Erst ein Geschrei, dann wieder Stille. Ein unheimliches Gebrüll und wieder diese spitzen Schreie. Ich bekam Angst und spähte aus dem Fenster. Das Zelt der Mädchen war verschlossen, keine Schuhe, keine Kleidungsstücke auf den Stühlen, normalerweise die Anzeichen dafür, dass sie wieder zurück waren. Ich rüttelte den Ingenieur wach.

»Da stimmt was nicht«, sagte ich panisch, »die Mädels sind noch nicht zurück und da schreit irgendjemand.« Mein Mann wälzte sich unwillig auf die andere Seite.

»Was soll denn sein?«, fragte er. »Die sind erwachsen und haben Handys, du Helikopter-Mutter!« Ich hörte wieder Schreie, dann plötzlich Stille. So leise wie möglich öffnete ich die Schiebetür. Draußen war es stockfinster. Da sah ich in der Ferne das Licht einer Taschenlampe tanzen. Es kam immer näher und auf einmal standen die beiden vor mir. Leicht schwankend, aber bester Dinge.

»Was machst du denn hier mitten in der Nacht?«, fragte meine Tochter.

»Ich warte auf euch«, flüsterte ich, »ich habe komische Schreie gehört.« Die Mädels mussten einen Lachkrampf unterdrücken.

»Die Kühe«, kicherte Pia, »da waren plötzlich ganz viele Kühe auf der Straße.«

»Ja«, sagte Lisa, »wir haben vor Schreck geschrien, weil wir Angst hatten, dass die uns angreifen. Und dann haben die Kühe zurückgemuht.«

Manchmal gibt es so einfache Erklärungen für unsere Albträume.

Nach wie vor genießen wir es sehr, wenn die Kinder uns

beim Camping begleiten, ob mit oder ohne Freunde. Im Grunde gab es bisher auch erst einen einzigen Sommerurlaub, den der Ingenieur und ich ganz alleine verbracht haben. Kroatien 2016.

Die Entdeckung der Vorsaison

Reisetagebuch, Juni 2016
Unglaublich, wie wenig hier los ist. Es herrscht eine Art Aufbruchstimmung. Die Ruhe vor dem Sturm. Wir genießen das. Immer Plätze in der ersten Reihe, Premiumblick aus der Hängematte, glasklares Wasser. Nur an diese sexy Badeschuhe muss ich mich noch gewöhnen. Strand ist hier nämlich Mangelware, dafür gibt's Seeigel wie Sand am Meer.

Wir wollten schon immer mal nach Kroatien fahren. Ein Insel-, Bade- und Camperparadies, so wurde es überall angepriesen, blaues Meer, freundliche Menschen, günstiges und gutes Essen. In den Reiseführern und Fernseh-Dokus sah alles verlockend aus, allerdings nur in der Vor- und Nachsaison. Vor der Hauptsaison wurde gewarnt: dann seien die Campingplätze und Strände überfüllt und die malerischen Orte voller Reisegruppen, die mit Bussen und Kreuzfahrtschiffen herangekarrt werden.

Unsere Kroatien-Premiere fiel auf den ersten Sommer, in dem sich keins der Kinder zu uns gesellte, weil beide auf längeren Fernreisen waren, Pia in Mittelamerika und Theo in Asien.

»Zum ersten Mal Vorsaison«, sagte der Ingenieur voller

Vorfreude, »da wird die Stellplatzsuche bestimmt einfacher sein. Ich bin sehr gespannt!«

»Ich auch«, sagte ich, »und es ist das erste Land, in dem ich kein einziges Wort der Landessprache verstehe. Komisches Gefühl.« Ich finde es immer ganz beruhigend, wenn man sich zumindest grob verständigen kann. Französisch und Englisch spreche ich fließend, weil ich einige Zeit im Ausland verbracht habe. In Spanisch habe ich Grundkenntnisse und wenn es sich nicht gerade um so komplizierte Themen wie Wurzelspitzenbehandlungen handelt, bekomme ich selbst ein bisschen Italienisch hin, habe schließlich in grauer Vorzeit mal Latein gelernt. Mir macht es Spaß, mit den Einheimischen zu reden. Ich werde nie vergessen, wie mein Mann und ich uns vor Jahren mal von einem Taxifahrer die Insel Gomera haben zeigen lassen. Vier Stunden waren wir unterwegs, der Fahrer und ich haben uns ununterbrochen unterhalten, was allerdings nicht heißt, dass wir uns auch verstanden haben. Aber wir hatten alle drei viel Spaß.

Mitte Juni brachen wir nach Kroatien auf. Wir hatten vor, von Opatija an der Adria aus einige Inseln zu bereisen und dann an der Küste entlang bis nach Dubrovnik zu fahren. Unser erstes Ziel war ein kleiner Ort namens Medveja. Ein paar gepflegte Häuser, eine hübsche Bucht mit weißem Kiesstrand, ein Campingplatz mit freier Sicht auf die Berge und vom Meer nur durch die wenig befahrene Küstenstraße getrennt. (»In der Hauptsaison schiebt sich hier von morgens bis abends Stoßstange an Stoßstange die Autokarawane entlang«, hatte ich im Reiseführer gelesen.) Jetzt standen außer uns nur einige wenige Wohnmobile herum, aber die Größe des Areals zeigte, dass hier locker 20 Mal so viele Autos und Zelte Platz hätten. Leider war der Rasen total aufgeweicht, weil es offenbar stundenlang geregnet hatte.

Nachdem wir (mit Panoramablick) aufgebaut hatten,

wollten wir erst einmal das kroatische Essen testen. Im angrenzenden Restaurant waren nur zwei Tische besetzt, neben uns saß eine britische Familie. Alle waren unfassbar dick, selbst der Hund, der ununterbrochen mit Essensresten vollgestopft wurde und bei jedem Happen so durchdringend jaulte, dass man nicht sicher war, ob er damit Freude signalisieren wollte oder einfach nur die Botschaft, dass das Fressen oben wieder herauszuquellen drohte.

»Was darf ich Ihnen bringen?« In fließendem Deutsch unterbrach der Kellner meine Beobachtungen. Auch die Speisekarte war mehrsprachig. Wir bestellten gegrillten Tintenfisch. Über die massigen Engländer hinweg spähte ich in die offene Küche.

»Da wurschteln mindestens sieben Leute rum«, sagte ich zu meinem Mann, »was machen die da bloß? Hier ist doch nichts los.«

»Das sind bestimmt Saisonarbeiter«, sagte Udo, »die werden für den ganzen Sommer verpflichtet und haben jetzt noch nichts zu tun, dafür ab Juli umso mehr.«

Der Kellner brachte das Essen.

»Was heißt Danke auf Kroatisch?«, fragte ich ihn.

»Hvala«, sagte er lächelnd, »Danke heißt hvala. Aber das brauchen Sie sich nicht zu merken, ich kann sehr gut Deutsch, ich bin in Frankfurt aufgewachsen, meine Eltern waren Gastarbeiter.« So viel zum Thema Sprachprobleme. Wo auch immer wir in Kroatien anhielten, es wurde überall deutsch oder zumindest englisch gesprochen. Trotzdem freute ich mich, wenn ich ab und zu ein freundliches »hvala« unterbringen konnte.

Der Tintenfisch schmeckte köstlich. Der Hauswein auch. Wir beobachteten noch eine Weile die unterbeschäftigte Service-Crew, die sich in einer Ecke des Restaurants zum Essen versammelt hatte und unter lautem Palaver tafelte, dann stapften wir im grellen Licht der LED-Laternen durch den

Matsch zum Bus zurück und freuten uns auf unseren Streifzug durch die Vorsaison.

Als ich am nächsten Tag vor dem Frühstück mein Morgenbad nehmen wollte, schreckte ich schon beim ersten Schritt in das kristallklare Wasser zurück. Überall Seeigel. Natürlich war ich darauf vorbereitet, dass die Strände in Kroatien steinig sind und man auch im Wasser mit vielen scharfkantigen Felsbrocken rechnen muss, aber dass all diese Steine mit Kolonien von kleinen schwarzen Stacheltieren übersät sein würden – damit hatte ich nicht gerechnet. Mit nassen Füßen lief ich zu dem kleinen »Konzum« direkt neben dem Campingplatz.

»Badeschuhe? Shoes for the water?«, sagte ich zu dem jungen Mann an der Kasse und zeigte auf meine Füße. Er lächelte und zeigte auf ein Regal, das vollgestopft war mit hässlichen Gummischuhen in allen erdenklichen Größen und Farben. Ich wählte ein Paar in schwarz-grün in Größe 43.

»First time in Croatia?«, sagte der Verkäufer und dirigierte mich am Arm zu einem Tisch mit gepolsterten Badematten. »Then you should buy this too.« Als ich ihn verständnislos ansah, fasste er sich mit schmerzverzerrtem Gesicht an den Rücken. »The stones are very hard, you know«, sagte er, »it hurts!«

Ich kaufte also die ersten Badeschuhe meines Lebens zusammen mit einer blau-weiß gestreiften Unterlage und ahnte in diesem Moment noch nicht, dass wir drei in den kommenden vier Wochen unzertrennlich sein würden, die Schuhe, das Polster und ich. So fantastisch klares Wasser wie an der kroatischen Adria habe ich selten gesehen. Aber es hat seinen Preis: immer Gummi an den Füßen, um nicht den Seeigelstacheln zum Opfer zu fallen. Und Rekeln im Sand war gestern. Stattdessen muss man sich eine halbwegs ebene Stelle zwischen den Steinen suchen und die »Rentnermatte« (Wortschöpfung meines Mannes) ausbreiten, um einigermaßen weich zu liegen. Aber daran gewöhnte ich mich schnell.

Vorsaison. Schon am allerersten Tag verliebten wir uns in dieses ... nun ja ... Wort. Eigentlich ist es viel mehr als das. Ein Gefühl, eine Stimmung, die über allem liegt. Es ist die Ruhe vor dem Sturm. Die Touristenmassen sind noch nicht da, aber man spürt, wie sich alle gemächlich darauf vorbereiten. Da werden Fassaden und Gartenzäune frisch gestrichen, Boote und Stege auf Vordermann gebracht, der Strand geharkt und von angeschwemmtem Müll befreit. Bars werden aufgebaut, Holzpodeste gezimmert, Liegen und Sonnenschirme in Stellung gebracht. Wir sahen zu, wie ein paar junge Leute eine lässig-elegante Chill-out-Lounge mit weißen Sesseln unter Pavillons mit wehenden weißen Vorhängen einrichteten. Als sie mit dem Aufbau fertig waren, holten sie sich etwas zu trinken und fingen an Musik zu machen. Die Klänge von Gitarre, Akkordeon, Geige und dem Gesang eines Mädchens wehten zu uns herüber. Außer uns und ihnen war kaum jemand am Strand, aber es war schon so warm wie im Juli.

»Is the bar already open?«, rief ich zu den Musikanten herüber.

»Not yet«, antwortete das Mädchen und strich sich die dunklen Locken aus der Stirn, »next week. It's still pre-season, you know.«

»Ich mag die Vorsaison«, sagte der Ingenieur, »auch wenn noch nicht alles geöffnet hat. Alles ist so frisch und unverbraucht.«

»Genau«, sagte ich, »so eine Art Vorpremiere. Das Publikum darf noch nicht rein, nur wir sind schon da.«

Das beglückende Gefühl, vor den anderen da zu sein, zog sich durch den Urlaub. Unser nächstes Ziel war die Insel Cres. Wir quartierten uns auf einem sehr großen Campingplatz direkt am Meer ein. Auch hier war wenig los und wir bekamen problemlos einen Platz in der ersten Reihe, hängemattentauglich, Blick auf den Sonnenuntergang, das volle Programm. Einziger Nachteil: Das nächste Sanitärgebäude war so weit entfernt, dass ich fast Blasen an den Füßen hatte, als ich endlich da war. Aber die Wanderung lohnte sich. Toiletten, Waschbecken, Duschen – alles war extrem sauber. Wann auch immer man die Waschräume betrat, immer sah es so aus, als wären gerade eben die Putzleute da gewesen. Das war übrigens keine Ausnahme. Wohin man auch kam, überall war es blitzsauber. Da kann mein Badezimmer zu Hause kaum mithalten. Und auch unsere korsischen Freunde könnten sich an kroatischen Hygienestandards mal ein Beispiel nehmen.

Von den Mitcampern bekamen wir kaum etwas mit, weil nur so wenige Parzellen belegt waren. Slowenen, Kroaten, Polen, Tschechen, auch ein paar Deutsche. Auffällig war, dass die meisten von ihnen Boote dabeihatten, denn Kroatien ist ein Inselparadies. Wir hatten Olli Kahn dieses Mal leider zu Hause gelassen, weil wir ja nicht allzu lange an einem Ort bleiben wollten und mein Mann keine Lust hatte, das Schlauchboot alle zwei Tage aufzupumpen, zu Wasser zu lassen und dann das Ganze wieder retour. Über meine herausragenden Fähigkeiten als Leichtmatrosin habe ich ja bereits berichtet.

Stattdessen hatten wir aber die Honda Dax dabei. Ein Original aus den 70er-Jahren, das ich dem Ingenieur mal zu Weihnachten geschenkt habe. Blaumetallic, sehr gepflegt, ein Schmuckstück, auf das wir ständig angesprochen werden, wenn es dekorativ hinten am Ducato hängt. Mein Mann liebt es, mit dem kleinen Moped »auszudaxen« und die Gegend zu erkunden. Ich darf leider nicht mit, denn die Honda ist zu klein, um zwei Menschen unseres Kalibers zu transportieren. Schon der Ingenieur ist ihr eigentlich zu schwer, jedenfalls schwächelt sie, wenn er sie einen steilen Berg hinaufjagt. Alleine kann ich mit ihr auch nicht los, denn bedauerlicherweise habe ich nicht den passenden Führerschein. Also düste Udo mit seinem Gefährt die Küstenstraßen entlang, während ich am Meer entlangjoggte oder auf meiner Rentnermatte in der Sonne lag, las und zwischendurch mit meinen stylishen Badeschuhen den Seeigeln Guten Tag sagte.

Als ich wie jeden Abend mit meinem Glas Wein in der Hängematte lag, die Sonne überm Meer untergehen und am Horizont bereits den köstlichen gegrillten Pulpo mit Mangold und Knoblauch aufsteigen sah, der im Restaurant auf mich wartete, hörte ich plötzlich einen Hilferuf. Eine angsterfüllt klingende Frauenstimme.

»Hört mich denn niemand«, rief sie auf Deutsch, »meine Tochter ist verschwunden, bitte helfen Sie mir! Lena, wo bist du denn, Leeeeenaaaa, antworte doch!«

Ich quälte mich aus der Hängematte.

»Da ist jemand in Not«, sagte ich zu meinem Mann, »wir müssen helfen.« Ich lief zum Wasser. Eine junge Frau mit einem Baby auf dem Arm kletterte panisch auf den Felsen herum.

»Leeenaaa!« Immer wieder rief sie den Namen ihrer Tochter, die offensichtlich verloren gegangen war. Als sie mich sah, stürmte sie auf mich zu und drückte mir ihr winziges Baby in den Arm.

»Bitte passen Sie kurz auf Ole auf«, sagte sie und brach in Tränen aus. »Sie sehen aus, als könnte man Ihnen vertrauen. Ich muss meine Tochter finden.«

Verdutzt nahm ich das Baby in Empfang. Es trug einen blauen Strampelanzug und ein hellgrünes Häkelmützchen und quengelte.

»Schschsch«, flüsterte ich und überlegte krampfhaft, mit welchen Wiegenliedern ich noch mal vor Urzeiten meine Kinder in den Schlaf gewiegt hatte. Die Mutter meines Pflegekindes flippte währenddessen völlig aus.

»Lieber Gott«, schrie sie und fiel auf den Steinen auf die Knie, »bitte mach, dass mein Kind nicht ertrunken ist. Bitte!«

Hilflos drückte ich das Baby an mich, das jetzt lauter weinte. Mein Mann und andere Mitcamper waren mittlerweile zwischen den Felsen unterwegs und suchten nach dem kleinen Mädchen.

»Hier ist sie!«, rief plötzlich jemand. Ich stolperte hinter der völlig aufgelösten Mutter her. Da saß die kleine Lena zwischen den Steinen an einer Wasserpfütze. Seelenruhig spielte sie mit zwei anderen Kindern und rührte in ihrem roten Plastikeimerchen herum. Ich fühlte mich in die Zeit zurückversetzt, als unser kleiner Theo zu seinen Expeditionen aufgebrochen war.

Den Rest der Geschichte kann man sich ausmalen. Ich hatte ein bisschen Mühe, der Mutter ihr anderes Kind wieder in Erinnerung zu rufen, so überglücklich und erleichtert klammerte sie sich an die wiedergefundene Lena, aber dann gelang es mir doch, den genervt krähenden kleinen Ole wieder loszuwerden.

Natürlich war ich genau wie alle anderen Zaungäste froh über das Happy End. Und mit einem Mal verspürte ich Sehnsucht nach meinen Kindern.

»Wie es unseren Kleinen wohl geht, da draußen in der Ferne«, sagte ich zu meinem Mann. »Pia war schon seit Tagen nicht mehr online und Theo hat sich aus Singapur auch noch gar nicht gemeldet …« Udo nahm mich in den Arm.

»Welche Kleinen?«, fragte er lachend. »Wenn man nichts hört, geht's ihnen gut, das war doch bei uns früher auch so.«

»Ja, aber es wäre doch schön, wenn sie das hier mit uns teilen könnten«, seufzte ich, wohl wissend, dass das, was unsere Kinder in diesem Moment im Blick haben mochten, womöglich ungleich spektakulärer war als unser Blick auf das Adriatische Meer. Nebenan spielten laut quietschend ein paar kroatische Kinder und bewarfen sich mit Steinchen. Der Kleinste fing plötzlich an zu weinen, lief zu seiner Mama und kletterte auf ihren Schoß. Wehmütig sah ich zu ihnen hinüber.

»Kommt es dir nicht auch vor, als wäre es erst gestern gewesen?«, fragte ich den Ingenieur.

»Doch, doch«, sagte er nüchtern, »aber ich bin heilfroh, dass Theo im Nu 1,95 Meter groß war, keine Windeln mehr braucht und schon ganz alleine nach Asien fliegen kann.«

»Ach du«, sagte ich, »ich freue mich ja auch, dass unsere beiden mit dem Leben alleine gut klarkommen. Und ich genieße es auch, mal ganz in Ruhe zu zweit zu verreisen. Trotzdem vermisse ich sie manchmal.«

Vielleicht lag es an diesen nostalgischen Anwandlungen, jedenfalls machten wir auf unserem Weg zu dem historischen Städtchen Zadar noch einen Abstecher nach Novalja auf der Insel Pag. In der Partyhochburg hatten nämlich unsere beiden Kinder nach Schulabschluss ihr Abi gefeiert. Busreise, Schaumpartys, Discoschiff und so weiter, sie kamen jedenfalls sehr übernächtigt, aber happy zurück.

Schon auf der Fähre bereute ich die Idee. Um uns herum nur schwer angetrunkene Jugendliche, die sich offensichtlich schon in Stimmung für die bevorstehende Feierwoche brachten.

»Alder«, lallte ein höchstens 17-Jähriger mit BVB-Basecap, dem die Hose schon fast in den Kniekehlen hing, »das wird so was von geil!«

Ich sah meinen Mann an. Betreten und sehr ernüchtert beäugten wir die jungen Menschen um uns herum.

»Manches möchte man gar nicht so genau wissen«, murmelte ich, »lass uns bloß schnell weiterfahren, den Ort muss ich wirklich nicht auch noch besichtigen.«

»Och«, feixte der Ingenieur, »warum nicht mal 'ne Schaumparty mit lauter bekifften Abiturienten? Wir sind doch jung geblieben und unkonventionell.«

Wir ließen Pag hinter uns und fuhren nach Zadar. Der Campingplatz lag gut drei Kilometer außerhalb der Stadt, in einem lichten Wald direkt am Meer. Auch hier war wenig los, nur vorne am Strand tummelten sich viele einheimische Familien mit Kindern, logisch, es war Wochenende. Nicht weit von uns zeltete eine größere Gruppe kroatischer junger Männer. Sie hatten Unmengen an Biervorräten neben sich aufgebaut und hörten sehr laut Hip-Hop-Musik.

»Na hoffentlich schlafen die schon, wenn wir wiederkommen«, sagte ich, als wir uns mit den Fahrrädern Richtung Zadar aufmachten.

Zadar ist zauberhaft. Natürlich sahen wir uns die besondere Attraktion, die Meeresorgel an. Zusammen mit Hunderten von meist jungen Menschen hockten wir im Sonnenuntergang auf den Stufen an der Promenade und lauschten den mystischen Klängen dieses Instruments, das sich der Architekt Nikola Bašić ausgedacht hat. Unterirdische Orgelpfeifen, die vom Meer in Gang gesetzt werden und je nach Brandung mal laut, mal leise tönen. Ein beseelendes Erlebnis. Und ein stimmungsvolles Vorspiel für den weniger romantischen Rest des Abends.

Nach der Besichtigung der wunderschönen Altstadt trafen wir eine folgenschwere Fehlentscheidung. Wir aßen das Tagesmenü in einem der zahllosen sehr touristisch anmutenden Restaurants. Fischspieß. Schon beim Servieren roch er etwas streng. Wir verspeisten natürlich trotzdem brav alles, weil wir Hunger hatten. Schon als wir zum Campingplatz zurückradelten, fühlte mein Mann sich komisch.

Kaum saßen wir vor unserem Bus, machte er sich auf Richtung Toilette. Ich betrachtete die Umgebung und stellte überrascht fest, dass der Männerabend nebenan sich bereits erledigt hatte. Die Jungs waren offenbar so betrunken, dass sie es sich auf ihren Isomatten im Freien bequem gemacht und die Zelte gar nicht mehr aufgebaut hatten. Das einzige

Geräusch, das sie noch von sich gaben, war lautes Schnarchen.

»Mannomann«, stöhnte der Ingenieur, als er von der Toilette zurückkam, »der Fischspieß hatte es in sich. Ich habe schlimme Bauchkrämpfe und Durchfall. Spürst du gar nichts?«

»Nee, ist ja seltsam, wir haben doch beide ...« Noch während ich sprach, fing es auch bei mir an. Ich rannte los und schaffte es gerade noch zur Toilette. Auf dem Rückweg kam mein Mann mir schon wieder entgegengelaufen. So ging das bestimmt zwei Stunden lang, ein ständiges Hin und Her, dazu schmerzhafte Koliken. Eine handfeste Lebensmittelvergiftung.

»Hast du die Schweden gesehen?«, fragte mein Mann mich, als wir zwischen unseren Sprints mal kurz gleichzeitig ermattet in unseren Stühlen hingen.

»Ja allerdings«, sagte ich und musste trotz der Schmerzen lachen. In unmittelbarer Nähe des Sanitärgebäudes stand ein riesengroßes schwedisches Wohnmobil. Davor saß ein Rentnerpaar sich am Campingtisch gegenüber, beide trugen karierte Hemden und Schirmmützen und tranken Dosenbier. Und sie hörten Musik. Rockmusik. Extrem laut.

»Eben lief Uriah Heep«, sagte ich.

»Bei mir war's noch Meat Loaf«, rief mein Mann mir über die Schulter zu, während er sich wieder schnellen Schrittes davonmachte.

Bei jedem unserer Klo-Ausflüge hatten die beiden eine Dose Bier mehr auf dem Tisch stehen und waren in ihren Klappstühlen ein bisschen tiefer gerutscht. Unermüdlich und unerbittlich laut ließen sie sich beschallen, Deep Purple, Jethro Tull, Status Quo. Ich fühlte mich auf eine meiner Oberstufenpartys in den Siebzigern zurückversetzt.

»Jetzt sind sie eingeschlafen«, rief Udo, als er zurückkam. Tatsächlich. Als ich das nächste Mal an ihnen vorbeiflitzte, lag die Frau mit der Stirn auf dem Tisch und der Mann hatte den Kopf in den Nacken gelegt und schnarchte mit weit offenem Mund. Die Musik dröhnte erbarmungslos weiter.

»Hiiighway to hell!«, blökten AC/DC über den nächtlichen Campingplatz. Niemand schien sich daran zu stören. Als unser ganz persönlicher Highway to hell endlich am Ende angelangt schien und ich ein letztes Mal erschöpft an den Schweden vorbeitrottete, war die Musik plötzlich aus und die beiden waren verschwunden.

»Nie wieder Fischspieß«, ächzte der Ingenieur, als wir endlich im Bett lagen.

Am nächsten Morgen war das schwedische Wohnmobil weg.

»Gab's die wirklich oder war das eine Fata Morgana?«, fragte ich meinen Mann verwirrt.

»Also von Halluzinationen als Begleiterscheinung einer Fischvergiftung habe ich noch nie was gehört«, lachte er. Wir packten und fuhren weiter Richtung Hvar.

»Wir müssen unbedingt irgendwo Kaffeepads kaufen«, sagte ich unterwegs, »sonst war's das mit dem Kaffee auf Knopfdruck im Bett.« Wir klapperten mehrere Supermärkte ab. Fehlanzeige. Nirgendwo gab es Pads. Stattdessen alle möglichen Kaffeesorten, stark, mild, entkoffeiniert, als Bohnen, Pulver, Instant, in Kapseln, Beuteln und Tüten.

»Ich setze nicht nach Hvar über ohne meine Pads«, sagte ich, »wozu gibt es Google?«

»Wo gibt es in Kroatien Kaffeepads?«, tippte ich in mein Handy, in der Hoffnung, dass ich die Antwort in irgendeinem Womo-Forum finden würde. Volltreffer.

»Die Pads gibt es in Kroatien nur bei Müller«, schrieb jemand, »aber auch da nur in den größeren, gut sortierten Läden.« Ich googlte »Müller, Kroatien« und fand tatsächlich einen Eintrag in einem Shoppingcenter in Split.

»Da kommen wir doch vorbei«, sagte ich zu meinem Mann.

»Ich habe keine Lust, mich nur wegen der Pads in Split zu verfahren. Außerdem gibt es da bestimmt keine Parkplätze für unser Auto. Wir können doch auch Kaffee in der Espressokanne kochen«, protestierte er.

»Ich will aber meinen Kaffee aus der kleinsten Kaffeemaschine der Welt!«, rief ich trotzig. »Es ist echt kein Umweg, ich lotse dich dahin.«

Zugegeben, ganz so einfach wie gedacht war es nicht. Wir verfuhren uns drei Mal, es dauerte eine Weile, bis wir den Parkplatz gefunden hatten und in dem Mega-Einkaufszentrum irrte ich auch eine ganze Weile herum, bevor ich den Müller-Markt gefunden hatte ... aber es lohnte sich. Freudestrahlend und beladen mit mehreren XXL-Packungen Kaffeepads kehrte ich zu unserem Bus zurück.

»Jetzt kann die Reise weitergehen«, rief ich dem Ingenieur fröhlich zu.

»Hauptsache, du bist glücklich, mein Schatz«, sagte er. Manchmal bin ich bei ihm nicht sicher, wann er etwas ironisch meint.

Hvar hielt für meinen Mann weitere Schikanen bereit. Als wir von der Fähre hinunterfuhren, mussten wir erst einmal 50 Kilometer weit über die Insel kurven, um zu dem Ort zu kommen, den wir uns ausgesucht hatten. Die Straße führte durch totale Einsamkeit und war so schmal, dass kaum zwei Autos nebeneinanderpassten. Außerdem ging es links und rechts mindestens einen Meter steil bergab, die Straße war über lange Strecken wie ein Steg in die Landschaft hineinbetoniert und ein echter Balanceakt für den Fahrer. Dementsprechend schwitzte er hoch konzentriert bei Tempo 40 vor sich hin und hatte wenig Sinn für meine Begeisterungsschreie. Egal ob man nach links oder nach rechts schaute, das Panorama war einmalig. Macchia, Olivenhaine, dazwischen überall in leuchtendem Lila üppiger blühender Lavendel und dahinter das unglaublich blaue Adriatische Meer. Ich gebe zu, dass ich kurz ins Grübeln kam, ob wirklich Korsika die schönste Insel der Welt ist.

»Halt doch mal kurz an«, sagte ich, »dann kannst du auch mal in Ruhe die Landschaft betrachten.« Exakt in diesem Moment kam uns das erste Auto entgegen. Ein Betonmischer. Sehr breit, sehr hoch. Und er machte keine Anstalten auszuweichen. Logisch, der Fahrer wollte ja genauso wenig wie wir die Böschung hinabstürzen.

»Idiot!«, rief mein Mann und fuhr so weit es eben ging an den rechten Rand des gefährlichen Straßenstegs, »jetzt fahr doch mal ein Stück zur Seite.«

Kurz vor uns bremste der andere dann doch, Zentimeter für Zentimeter schoben wir uns aneinander vorbei. Ein Drahtseilakt. Erleichtert beugte ich mich über meinen Mann hinweg zum Fenster.

»Hvala!«, rief ich lachend und winkte dem finster blickenden Mann hinterm Steuer zu.

»Wieso bedankst du dich auch noch?«, fragte Udo und sah grimmig in den Seitenspiegel. »Wahrscheinlich ist das einer von denen, die diese lebensgefährliche Straße hier auf die Schnelle gebaut haben.«

Nach dieser etwas anstrengenden Anfahrt erreichten wir unser Ziel. Ein Campingplatz hoch über dem Meer beim Örtchen Jelsa mit fantastischem Blick, Bäumen, die extra für mich dort hingepflanzt zu sein schienen, ein paar wenigen gechillten Nachbarn und einer kleinen Bar. Wir blieben tagelang. Selten habe ich die Aussicht aufs Meer so genossen wie dort, morgens nach dem Aufwachen mit meinem heiß erkämpften Kaffee in der Hand.

Ein kleiner Wermutstropfen in unserem ansonsten ungetrübten Inselglück waren die Betonlaster, die jeden Morgen direkt hinter unseren Köpfen vorbeirumpelten, um frisches

Material für die im Bau befindliche neue Hafenmauer zu bringen. Unser Campingplatz lag nämlich direkt an der Straße nach Jelsa, auf der sonst nur ab und zu mal ein Moped entlangknatterte.

»Einer von denen ist bestimmt der Schwachkopf, der mich abgedrängt hat«, murmelte der Ingenieur jedes Mal von Rache erfüllt in sein Kissen, wenn das Betonmisch-Geschwader an uns vorbeidonnerte. Zum Glück war er als Morgenmuffel nie wütend genug, um aufzuspringen und den besagten Fahrer zur Rede zu stellen.

Unsere letzte Station auf dieser Reise war Dubrovnik. Gott sei Dank war Vorsaison. Nur ein einziges Kreuzfahrtschiff, nur eine überschaubare Anzahl an Reisebussen, nur ein Bruchteil der bis zu zwei Millionen Besucher, die hier jährlich übernachten ... wir erwischten die Perle der Adria in einem günstigen Moment. Zu den Stoßzeiten muss es manchmal unerträglich sein, sich in der sengenden Hitze durch die engen Gassen zu schieben, wir empfanden es noch als recht aufgelockert.

Insbesondere fielen uns große Gruppen von jungen, sehr modisch gestylten Asiaten auf, offenbar alle Fans der Serie *Game of Thrones*, die ja zum Teil in Dubrovnik gedreht wird. Mit großer Ausdauer fotografierten sie sich mit ihren Selfie-Sticks in immer neuen Konstellationen vor den berühmten Kulissen, immer fröhlich grinsend, immer die Hände zum Victoryzeichen geformt.

»Puh, bin ich froh, nicht in Asien geboren zu sein«, sagte der Ingenieur und zog mich an der Hand weiter, »dann müsste ich ja noch hundertmal mehr für Selfies stehen bleiben als mit dir.«

Wenn man so durch die Altstadt flaniert, kann man kaum glauben, dass in Dubrovnik 1991 bis 1995 der Krieg tobte. Drei Monate lang mussten die Menschen sich dort in ihren Kellern verstecken, weil die Stadt von der Wasser- und Landseite umzingelt war, sie hatten weder Wasser noch Strom. Heute sind kaum noch Spuren dieser Zeit zu sehen, obwohl damals 80 Prozent der Altstadt zerstört wurden.

Bereits auf unserer Reise entlang der Küste hatte uns überrascht, dass dort nur relativ wenige Überreste dieses furchtbaren Krieges zu sehen sind, der auch uns in Deutschland ja damals sehr erschüttert hat. Nicht nur die tägliche deprimierende Nachrichtenlage, sondern auch das persönliche Leid, da viele Nachbarn und auch Klassenkameraden unserer Kinder in ihren Familien Opfer zu beklagen hatten. Das Einzige, das wir auf dieser Reise wahrnahmen und was vielleicht auf diese schrecklichen Erlebnisse zurückzuführen ist: Bei vielen Menschen in Kroatien, vor allem der älteren Generation, die den Krieg miterlebt hat, liegt etwas Bitteres, Trauriges im Blick. Vielleicht habe ich es aber auch nur hineininterpretiert.

Bei der Rückfahrt im öffentlichen Bus zu unserem Campingplatz vor den Toren der Stadt kam übrigens noch leichte Nervosität auf. Wir verpassten die Haltestelle und der Busfahrer konnte uns leider auch nicht weiterhelfen. Offenbar hatten wir den einzigen Kroaten weit und breit erwischt, der weder englisch noch deutsch sprach. Und mit meinem »Hvala« kam ich bei ihm bedauerlicherweise auch nicht weiter. Irgendwann stiegen wir einfach aus. Dank Google Maps kamen wir nach einer halben Stunde Fußmarsch gegen ein Uhr nachts endlich am Campingplatz an. Dass sich links und rechts von uns imposante italienische Womos niedergelassen hatten, war uns um diese Uhrzeit auch egal. Hauptsache keine schwedischen Heavy-Metal-Fans. Wir krochen ins Bett.

»Auf der Rückfahrt ziehen wir uns noch den Wolfgangsee rein«, sagte mein Mann, »als Kontrastprogramm.« Ich nickte zustimmend.

»Ich wollte schon immer mal im selben Gewässer baden

wie der Kanzler der Einheit«, sagte ich, »und wohin fahren wir nächstes Jahr?«

»Wie wär's mit Korsika?«, fragte der Ingenieur und lachte leise vor sich hin. »Man muss ja auch alte Gewohnheiten pflegen.«

Frau am Steuer

Reisetagebuch, Juli 2017
Yes! Ich hab's getan. Zum ersten Mal nach all den Jahren. Einmal quer über die Insel. Wenn ich gewusst hätte, dass es so einfach ist, wäre ich schon viel früher mal gefahren. Ich bin nur ganz froh, dass er nicht danebensaß, bestimmt hätte er einen Herzinfarkt bekommen bei meinen waghalsigen Wendemanövern. Aber zum Glück ist ja alles gut gegangen.

»Vous n'avez pas changé« (»Sie haben sich nicht verändert«), sagte ich zu der netten Frau an der Rezeption. Ich weiß nicht, wie viele Male wir schon auf diesem familienbetriebenen Campingplatz in Saint-Florent Station gemacht haben. Das Gesicht ist mir total vertraut, trotzdem kenne ich nicht einmal ihren Namen. Sie hat ein schönes, Zufriedenheit ausstrahlendes Gesicht. Irgendwann habe ich sie mal gefragt, was sie eigentlich im Herbst und Winter macht, schließlich ist die Saison auf Korsika relativ kurz.
»Ich arbeite in Bastia«, sagte sie lachend und deutete dann mit dem Kopf nach hinten in die Küche, wo der Rest der Drei-Generationen-Familie gerade zu Mittag aß, »und die da drüben machen gar nichts.«
Jetzt sah sie mich mit einer Selbstverständlichkeit an, als sei ich vor einer Woche zuletzt da gewesen, dabei war es mindestens drei Jahre her.

»Sie sehen aber auch aus wie immer, Madame«, schmunzelte sie, »ab einem gewissen Alter verändert man sich eben nicht mehr.«

Da wir dieses Mal aus Termingründen leider wieder in der Hauptsaison unterwegs waren, konnten wir nur noch einen Platz ganz am Rand ergattern, was bedeutete, dass der Ingenieur sämtliche verfügbaren Verlängerungskabel aus seiner Zauberkiste holen musste, um mir mein Morgenkaffee-Ritual zu garantieren. Er war nicht begeistert, weil er es nicht mag, wenn ein Wohnmobil nach dem anderen mit schwerer Last über seine Stromkabel rumpelt, aber nun ja. Aus Liebe tut man so einiges.

Nachts entlud sich ein gewaltiges Gewitter über uns, es polterte so laut, dass ich jedes Mal zusammenzuckte. Außerdem stürmte und regnete es so stark, dass wir Angst um unsere Markise hatten. Die hielt aber bis zum nächsten Morgen stand. Stattdessen funktionierten Kaffeemaschine und Kühlschrank nicht mehr. Draußen war es schon wieder genauso heiß wie am Tag davor, das Gewitter hatte nur sehr kurzfristig eine Erfrischung gebracht, dafür aber anscheinend größeren Schaden angerichtet.

»Auf dem ganzen Campingplatz gibt's keinen Strom mehr«, sagte der Ingenieur, »der Blitz hat wohl irgendwo eingeschlagen.« Zum Glück kann man unseren Kühlschrank auf Gasbetrieb umstellen, sonst wären unsere Lebensmittel bei den Temperaturen schnell hinüber gewesen.

»Ich gehe jetzt erst mal baden und hole Baguette«, gähnte ich. »Wenn schon kein Kaffee fließt, müssen wenigstens die anderen Rituale beibehalten werden.«

Als ich zurückkam, war rings um unseren Stellplatz die Hölle los. Der Patron und sein Sohn waren dabei, mit zwei Minibaggern die Erde aufzuwühlen. Ein Mordslärm. Die Hälfte der Campinggäste stand drumherum und diskutierte aufgeregt.

»Er hat gesagt, sie legen das Stromkabel schon mal frei«, sagte unser Nachbar, »nachher kommen angeblich die Elektriker aus Bastia und verlegen ein neues. Ist wohl alles stillgelegt durch das Gewitter.« Ich hatte mich all die Jahre über schon gefragt, wozu eigentlich die beiden Bagger gut waren, die still in einer Ecke des Eukalyptuswäldchens vor sich hin schlummerten. Jetzt wusste ich es. Die Taskforce aus der korsischen Hauptstadt ließ nämlich auf sich warten. Besser gesagt, sie kam nie. Anscheinend waren alle verfügbaren Elektriker durch die überraschenden Gewitterschäden überlastet. Keine Ahnung, wie Vater und Sohn es geschafft haben, aber nachmittags war der Strom wieder da.

»Do it yourself!«, rief der Chef, wischte sich den Schweiß von der Stirn, nachdem er die Grube wieder zugeschaufelt hatte und knatterte mit seinem Bagger von dannen.

Wir hatten zwei Wochen zur freien Verfügung, danach hatten sich unsere Tochter und die bereits bekannte Freundin angesagt, sie wollten den Rest des Urlaubs mit uns und ihrem Schminkmobil verbringen. Bis dahin wollten wir ein paar Orte ansteuern, die wir noch nicht kannten. Einer davon war ein Campingplatz in einer abgelegenen Bucht an der Westküste, über den wir viel Gutes gehört hatten.

Nach kurviger Anreise über eine landschaftlich wilde Halbinsel landeten wir in einem abgelegenen Idyll. Ein weitläufiges Gelände, locker bepflanzt mit Olivenbäumen und ohne festgelegte Plätze. Es gab deutlich mehr Zelte als Busse und Wohnmobile, viele junge Paare und Familien mit Kindern, sehr reduzierte sanitäre Anlagen und ein »Minimarket« mit überschaubarem Angebot. Aber wer braucht schon Luxus, wenn man Naturschönheit im Überfluss haben kann.

»Voyons Madame« (»Schauen wir mal, Madame«), sagte der ältere Herr an der Rezeption, als ich beim Anmelden fragte, ob er und sein kleiner Laden vielleicht Haarshampoo im Angebot hätten. Er setzte seine Brille auf und studierte intensiv die Aufschriften der wenigen Kosmetikartikel, die in den beiden Holzregalen hinter seinem Schreibtisch standen. (Ich hatte wieder mal meine Lesebrille nicht dabei.) »Ah! Pour cheveux secs et colorés«, murmelte er und hielt mir mit Kennerblick die Flasche hin. Woher zum Teufel wusste der Alte, dass ich trockene und gefärbte Haare habe? Unwirsch nahm ich ihm das Shampoo aus der Hand.

»Oui oui, merci«, sagte ich, nahm noch ein Baguette und Klopapier aus dem Regal und bezahlte. Als ich zum Bus zurückkam, hatte der Ingenieur schon alles fertig, sogar die Hängematte hing schon dekorativ zwischen zwei Olivenbäumen. Trotzdem sah er nicht glücklich aus.

»Was ist mit dir?«, fragte ich. Er deutete nach rechts. Zwischen den Sträuchern sah ich einen VW-Bus mit deutschem Kennzeichen durchschimmern. Daneben waren ein überdimensionales Zelt, zwei aufblasbare Planschbecken, diverse Schwimmtiere, ein Bollerwagen und ein Baby-Buggy zu sehen.

»Warum um alles in der Welt ...?«, wollte ich gerade rufen. Wir waren uns doch nun schon seit Jahren einig, dass Familien mit vielen kleinen Kindern als direkte Nachbarn denkbar ungeeignet sind. Er legte den Finger auf den Mund.

»Sorry«, flüsterte er, »habe ich einfach übersehen, die waren durch das Gebüsch verdeckt.«

Schon am nächsten Morgen rächte sich diese kleine Unaufmerksamkeit. Um acht Uhr ging's los. Fünf Kinder wurden lauthals zum Frühstück gerufen. Die Namen haben sich bei mir eingebrannt, weil ich sie in den paar Tagen die wir nebeneinander verbrachten, ungefähr 500 Mal hören musste: Lina, Jan, Maik, Sven und natürlich nicht zu vergessen die etwa einjährige Emma. Permanent wurde in dieser Familie in extremer Lautstärke kommuniziert, entweder stritt Jan mit Maik (»Ich hau dir gleich aufs Maul!«), nervte Sven die jüngere Lina (»Du Dummchen weißt ja nicht mal, wie die Haupstadt von Frankreich heißt«) oder kreischte Emma vor Schmerz, Hunger oder Vergnügen. Manchmal übte Lina auch auf ihrer Flöte, was sich morgens früh um acht genauso schrecklich anhörte wie abends um neun. Und wenn alle Kinder mal ruhig waren, stritten sich die Eltern. Der schönste Tag von allen war der, an dem Familie Fürchterlich nach dem Frühstück in ihren Bus kletterte und einen Tagesausflug machte.

Abgesehen davon hielten die Bucht und der Strand aber alles, was Insider und der Reiseführer versprachen. Feinster Sand, klarstes Wasser zum Schnorcheln, viel Platz am Strand, ein paar unaufgeregte Bars und Restaurants. Mit Lana Del Rey's »13 Beaches« im Kopfhörer ließ sich das bestens aushalten. Einziges klitzekleines Problem: Wir hatten unseren Sonnenschirm auf dem vorherigen Campingplatz vergessen. Und im Minimarket gab es keine mehr.

»Wie wär's mit der Müll-Lösung?«, fragte mein Mann. »Das haben wir doch früher immer so gemacht.« Es mag befremdlich klingen, aber der Ingenieur hat irgendwann mal herausgefunden, dass viele Camper am Ende ihres Urlaubs Dinge, die sie als überflüssigen Ballast empfinden, einfach im Abfalleimer entsorgen. Man muss gar nicht lange danach suchen und findet die tollsten Sachen: Surfbretter, Strandmatten, Strandmuscheln, Campingstühle, Liegen, Laternen, Holzkohlegrills und eben Sonnenschirme – unglaublich, was die Leute so alles wegwerfen. Oft haben wir Sachen auf diese Weise recycled und am Ende unseres Urlaubs wieder irgendwo neben die Mülltonnen gestellt. Auch dieses Mal wurden wir fündig. Unsere Ausbeute: ein wie neu aussehender Sonnenschirm mit TUI-Werbeaufdruck, dazu noch eine leicht ramponierte Bastmatte, die wir dezent vor unseren Bus legten. »Sollte ich jemals mit einer Fußmatte ankommen, erschlag mich bitte«, hatte der Ingenieur mal ganz am Anfang unserer gemeinsamen Campinglaufbahn zu mir gesagt. »Das ist für mich der Inbegriff der Spießigkeit.« Nun ja ... das ist schon ein Weilchen her.

Falls mich irgendjemand beim Müll-Sharing beobachtet haben sollte: Keine Sorge, mein Job ist noch sicher. Aber auch so kann Nachhaltigkeit aussehen.

Nach zwei Wochen landeten wir schließlich in Ajaccio, der korsischen Hauptstadt im Süden der Insel, weil wir dort unsere Tochter treffen wollten. Sie sollte abends spät landen, am nächsten Tag wollten wir ihre Freundin am Flughafen abholen und dann weiterfahren. Was nicht geplant war: Mein Mann musste aus familiären Gründen ganz plötzlich für ein paar Tage zurück nach Hamburg fliegen. Ich war aber den Ducato noch nie selbst gefahren.

Also abgesehen von einem Mal ... Damals hatten wir meine alte Schulfreundin Heike auf Korsika besucht. Sie kennen sie und ihren Mann François bereits aus der Bretagne. Die beiden haben auch ein Haus auf der Insel. Das Grundstück mit Traumblick aufs Mittelmeer haben ihre französischen Schwiegereltern vor Jahrzehnten günstig erworben und dort viele Jahre mit Kind und Kegel gezeltet. Als sie eines Tages genug Geld beisammenhatten, bauten sie, zuerst ein Haus, dann das zweite. Heute ist es eine unbezahlbare Oase, in der wir gerne kurz Pause machen, um einen Hauch von hygienischem Luxus zu genießen, vor allem aber natürlich, um in vertrauter Runde zusammenzusitzen und in Jugenderinnerungen zu schwelgen.

Während eines dieser Stopps passierte allerdings etwas, das der Ingenieur mir bis heute übel nimmt. Normalerweise setze ich mich nicht hinters Steuer unseres Ducato. Er hat das Auto ausgebaut, es ist sein Schätzchen, das er wie seinen Augapfel hütet. Für mich kein Problem, schon gar nicht in den engen, schlecht ausgebauten Serpentinen des korsischen Hinterlandes. Nur dieses eine Mal habe ich eine Ausnahme gemacht.

Es war ein typisch mediterraner Nachmittag im Juli. Glühende Hitze. Siesta-Zeit. Alle schliefen oder dösten irgendwo im Haus oder im Schatten vor sich hin. Alle außer mir. Ich überlegte schon die ganze Zeit, wie man unseren Bus umparken könnte, weil der Ingenieur mal wieder einen Platz gewählt hatte, ohne Rücksicht auf meinen Hängemattentick zu nehmen. Nach intensiver Begehung des Geländes glaubte ich, die optimale Stelle gefunden zu haben. Ich beäugte kurz meinen Mann, der in seinem Campingstuhl selig vor sich hin schnarchte, nicht weit entfernt schlummerten die Kinder im Schatten eines Olivenbaums.

Jetzt oder nie, dachte ich, schnappte mir den Autoschlüssel und startete den Motor. Kurz rangiert, schon hatte ich den Wagen aus der Nische zwischen Oleanderbüschen herausmanövriert und gab Gas. Etwas zu viel Gas vielleicht. Ich wollte nur kurz in der Einfahrt wenden und dann direkt neben den beiden Bäumen einparken, die in einem so perfekten Hängematten-Abstand voneinander standen, dass man es einfach nicht übersehen konnte.

Doch daraus wurde nichts. Irgendetwas bremste mich. Ich gab mehr und mehr Gas – und kam nicht richtig vom Fleck. Auf einmal hörte ich ein entsetzlich lautes Scheppern. Mit Gerumpel und Getöse schoss das Auto plötzlich vorwärts. Als ich wendete, hatte ich das Gefühl, etwas hinter mir herzuschleifen. Ich hielt an und stieg aus. Bevor ich überhaupt begriffen hatte, was passiert war, kamen mir Heike, ihr Mann und der Ingenieur entgegengelaufen.

»Das Kabel!«, schrie mein Mann. »Du bist mit dem eingestöpselten Stromkabel losgefahren. Wie kann man nur so blöd ...« Verblüfft sah ich mir die Bescherung an und musste hysterisch lachen. Natürlich hatte ich weder bedacht noch gesehen, dass hinten links ein Stromkabel aus dem Auto hing und zum Haus führte. Geführt hatte, besser gesagt. Beim Gasgeben hatte ich nämlich geräuschvoll Stecker samt

Kabel aus der Steckdose im Hausflur gerissen, die wiederum die hübsche Wandverkleidung mit auf die Reise genommen hatten. Kurz gesagt: Mein klammheimlicher Versuch, unseren Stellplatz unbemerkt zu optimieren, war grandios in die Hose gegangen.

Also, abgesehen von diesem kurzen Abenteuer mit angeschlossenem Stromkabel konnte ich auf keinerlei Fahrerfahrung mit dem Bus zurückgreifen. Was tun? Tagelang mit den Mädchen auf dem Campingplatz in Flughafennähe ausharren, bis mein Mann wiederkam? Das war keine Option.

»Ich gebe dir morgen eine kurze Einweisung, bevor ich fliege«, sagte Udo, »irgendwie wird es schon gehen.« Mir war sehr mulmig zumute. Zur Erklärung: Unser nächstes Ziel lag hinterm Berg. Und auf der Insel bedeutet das genau das, wonach es sich anhört. 60 Kilometer durch die korsischen Berge sind nicht zu vergleichen mit der gleichen Strecke auf der A7. Schmal, teilweise unbefestigt, sehr steil und kurvig. Als meine Tochter spät mit dem Taxi vom Flughafen bei uns eintraf, beruhigte sie mich.

»Du packst das, Mama«, sagte sie, »zur Not fahre ich.«

»Nein!«, protestierte der Ingenieur, »du hast noch zu wenig Fahrpraxis. Dann noch lieber Mama.«

Eine Stunde, bevor mein Mann einchecken musste, übten wir auf dem Flughafenparkplatz. Ich hatte Schwierigkeiten, die Breite und Länge des Fahrzeugs einzuschätzen. Vor allem das Rückwärtsfahren war eine Mutprobe. Ich konnte mich ja nur auf die Außenspiegel verlassen. Wo das Auto zu Ende war, musste ich anhand eines Schuhspanners erahnen, den der Ingenieur in seinem Erfindungsreichtum am rechten Ende der hinteren Plattform angebracht hatte, die man ja sonst nicht sehen konnte. Der kleine blaue Knauf am Ende des Spanners war also der einzige Anhaltspunkt dafür, wo Ende Gelände war. (Ich nehme an, dass diese eigenwillige Konstruktion eine Konsequenz aus meinem Versagen beim

Herauswinken aus unserem Liebesnest unter Olivenbäumchen anno dazumal war.) Ich war ziemlich verunsichert. Natürlich ließ ich mir davon nichts anmerken, ich wollte ihn ja nicht unnötig beunruhigen.

»Alles easy, mein Schatz«, flötete ich, »ich schaffe das. Flieg du jetzt mal nach Hause, du hast Wichtigeres zu tun! Wir sehen uns in vier Tagen wieder.«

»Ach, noch was«, sagte mein Mann, bevor er durch die Sicherheitskontrolle entschwand. »Ich habe die ganze Zeit schon das Gefühl, dass am linken Hinterreifen irgendwas rumpelt. Vielleicht kannst du ja mal in Ajaccio eine Fiat-Werkstatt suchen und das kurz checken lassen. Besser wäre es.« Erschrocken sahen Pia und ich uns an. Fiat-Werkstatt? Wie sollten wir die denn finden?

»Komm«, sagte ich, »bis Lisa landet, haben wir noch zwei Stunden Zeit. Wir fahren jetzt erst mal einkaufen.« Sehr weit kamen wir nicht. Die erste Schikane lauerte bereits an der Schranke des Flughafenparkplatzes. Sie öffnete sich nämlich nicht, als ich den Parkschein in den Schlitz steckte. Nach mehreren vergeblichen Versuchen drückte ich den Notknopf.

»Ah«, plarrte eine Frauenstimme durch den Lautsprecher, »reculez s'il vous plaît, Madame. Vous devez sortir par la sortie à côté«. (»Setzen Sie bitte zurück, Sie müssen die Ausfahrt nebenan nehmen.«)

»Das geht ja gut los«, sagte ich zu meiner Tochter. Wir waren zwischen zwei halbhohen Mäuerchen eingekeilt, im Spiegel konnte ich nicht einmal den Schuhspanner erkennen. »Bitte steig aus und lotse mich hier raus.« Zentimeter für Zentimeter fuhr ich nach Pias Anweisung rückwärts, dann wieder vorwärts zur anderen Schranke, die sich zum Glück auch öffnete. Ich war leicht gestresst, wir mussten aber trotzdem sehr lachen.

»Hoffentlich hat Papa das nicht beim Start von oben beobachtet«, kicherte meine Tochter.

»Jetzt zum Supermarkt!«, rief ich unternehmungslustig und fuhr vorsichtig auf die Landstraße Richtung Ajaccio. Wir fanden schnell ein Geschäft, schwungvoll fuhr ich vorwärts in eine Parklücke und fragte mich, warum mein Mann bei jedem Supermarkt eine Ewigkeit braucht, bevor er sich für den optimalen Parkplatz entschieden hat. Als wir beladen mit Lebensmitteln wieder herauskamen, begriff ich es. Wir waren ringsherum so zugeparkt, dass an ein rückwärts Herauskommen mit dem großen Auto nicht zu denken war. Wir warteten also, bis einige der Umstehenden wieder weggefahren waren, dann erst winkte Pia mich heraus. Nächste Herausforderung: die Suche nach der Werkstatt. Je weiter wir in den sehr belebten Urlaubsort hineinfuhren, desto enger und hektischer wurde es. Keine Werkstatt in Sicht, stattdessen Reisebusse, Autos, Mopedfahrer, Fußgänger, Hupen, Hektik und Hitze.

»Wo soll ich hier bloß wenden?«, rief ich, »nirgendwo gibt es hier einen Kreisverkehr und die Straße wird immer enger.«

»Da vorne kannst du links abbiegen«, sagte Pia, »U-Turn und wieder zurück.« Ich setzte den Blinker und hielt etwas zu spät an, leider stand ich mit den Vorderreifen bereits auf den Schienen der kleinen Regionalbahn, die sich in diesem Moment mit lautem Tuten näherte.

»Zurücksetzen«, rief meine Tochter, »schnell!« Ohne in irgendeinen Spiegel zu sehen, schaltete ich reflexartig in den Rückwärtsgang. Schließlich wollte ich nicht vom Zug erfasst werden, auch nicht von diesem kleinen. Plötzlich hysterisches Hupen hinter mir.

»O mein Gott«, rief ich, als ich sah, dass der Schuhspanner Millimeter vor der Schnauze eines Cinquecento zum Stillstand gekommen war. Die Frau am Steuer stieg aus und beschimpfte mich lautstark. Ich betete leise, dass kein Schaden am Auto entstanden sein möge und blieb einfach sitzen.

Sie stieg kopfschüttelnd wieder ein, nicht ohne mir vorher den Mittelfinger zu zeigen.

»Bloß schnell weg hier«, sagte ich zu Pia und gab Gas. Auf dem Rückweg zum Flughafen verfuhren wir uns noch zwei Mal, was weitere hoch komplizierte Wendemanöver auf viel befahrenen, unübersichtlichen Kreuzungen nebst Baustellen beinhaltete. Jedes Mal stieg meine Tochter ungerührt aus und dirigierte mich auf die richtige Spur.

»Du bist viel cooler als Papa«, meinte sie, als wir endlich wieder am Flughafen ankamen, »der hätte niemals an diesen Stellen gewendet, alleine schon aus Angst um sein Auto!«

Nachdem wir die Freundin eingesammelt hatten, ging das Abenteuer weiter. Die anschließende Fahrt über die Berge bis zu unserem Campingplatz gehört zu meinen anstrengendsten Urlaubserlebnissen überhaupt. In jeder scharfen Kurve hatte ich das Gefühl, die Kontrolle über das Wohnmobil zu verlieren, weil es immer leicht schwankte. Den Abstand zum Abgrund konnte ich nur schlecht einschätzen und fuhr deshalb immer zu weit in der Straßenmitte. Da ich ziemlich langsam unterwegs war, hatte das zur Folge, dass ich andauernd von laut hupenden Korsen überholt wurde, die mir alle den Vogel oder Schlimmeres zeigten. Und während ich hoch konzentriert und sehr nervös das Lenkrad umklammerte und mir der Schweiß vorne und hinten herunterrann, plapperten die beiden Mädchen unentwegt vergnügt vor sich hin und tauschten ihre jüngsten Partyerlebnisse aus.

»Könnt ihr mal ein bisschen leiser reden«, sagte ich irgendwann entnervt, »ich kann mich gar nicht mehr auf die Straße konzentrieren.« Erstaunt sah Pia mich von der Seite an.

»Chill mal, Mama«, sagte sie, »jetzt fängst du ja auch schon so an wie Papa.«

Als wir endlich ankamen, stieg ich aus und lief zu unseren Freunden, die einen Platz für uns freigehalten hatten.

»Ich bin am Ende«, rief ich, »Andreas, kannst du bitte den Bus für mich einparken? Dazu bin ich nicht mehr in der Lage.«

Als mein Mann wiederkam, war er beeindruckt. Wenn er seitdem über zu enge Parzellen, Zufahrten oder schwierige Straßenverhältnisse schimpft, biete ich ihm jedes Mal ganz souverän an, das Steuer zu übernehmen. Überraschenderweise hat er sich noch nie darauf eingelassen. Aber als wir am Abend seiner Rückkehr zusammen mit den Mädchen und allen anderen Mitcampern das Feuerwerk aus Anlass des französischen Nationalfeiertags betrachteten und ausgelassen zur Musik der Band tanzten, rief er mir durch den Lärm zu: »Kompliment, mein Schatz, dir würde ich jederzeit wieder den Ducato anvertrauen. Aber nur, wenn ich nicht dabei bin!«

Bisher hat sich keine weitere Gelegenheit ergeben. Die gesamte Rückreise über war der Ingenieur ganz beglückt, das Steuerrad wieder in der Hand zu haben. Nicht einmal die extrem laute Beschallung mit dem neusten Dancefloor-Shit von den Playlists der Mädels konnte ihn aus der Ruhe bringen.

»Im nächsten Urlaub darf ich auch mal ran, okay Papa?«, schrie meine Tochter ihm über die wummernden Bässe hinweg zu.

»Mal sehen«, brüllte er zurück. Was so viel hieß wie »Vergiss es, meine Süße.« (Mann-Deutsch/Deutsch-Mann). In manchen Situationen sind auch 20 Jahre Rollentausch für die Katz.

Italienische Reise

Reisetagebuch, Juni 2018
Heute Morgen habe ich im Mini-Markt wieder in der Schlange gestanden und die Italiener um mich herum beobachtet. Herrlich. Ein Opi mit dickem Bauch und Shorts hat ewig über das Fleisch diskutiert, er wollte anscheinend, dass Veronica irgendwas von hinten aus dem Kühlschrank holt. Veronica ist die Verkäuferin, sie ist meine Freundin. Leider kapiere ich ja nur Wortfetzen, mein Italienisch ist einfach nicht gut genug. Aber mit ihr verstehe ich mich auch ohne große Worte.

Wir sind schon immer Italien-Fans gewesen. Seit 20 Jahren fahren wir in den Dolomiten Ski, wir sind im Herbst in der Cinque Terre gewandert, waren in Ligurien, der Toskana, in Rom, Genua, Mailand, Venedig. Unsere italienische Campingerfahrung beschränkte sich aber, mal abgesehen von kurzen Zwischenstopps, auf die von Zahnschmerzen getrübten Wochen auf Sardinien. Das lag ganz einfach daran, dass wir keine Lust auf Sommerferien in Gesellschaft von Millionen Italienern hatten, denn diese Nation macht ja, genau wie die Franzosen, ausschließlich im Juli und August Urlaub.

2018 war es endlich so weit. Wir konnten wieder in der Vorsaison aufbrechen und hatten uns als Ziel Apulien vorgenommen, also den Absatz des italienischen Stiefels. Ein Urlaub, auf den ich mich ganz besonders freute, weil der Ingenieur nämlich unseren Bus upgegradet hatte. Wir haben jetzt ein Badezimmer. Oder besser gesagt, ein Toilettenzimmer. Eine Dusche gibt es nach wie vor nicht, aber einen Raum mit Tür für die (neue und größere) Porta Potti. Dafür musste das Stockbett der Kinder dran glauben, das ja ohnehin seit zehn Jahren nur noch als Ablage benutzt wird. Jetzt kann man endlich mal ganz in Ruhe … einfach herrlich. Das schönste Geschenk, das mein Mann mir seit Langem gemacht hat.

Von Hamburg nach Apulien also. Eine ziemlich weite Reise. Nach Zwischenstationen in Bayern und am Gardasee wollten wir irgendwo an der italienischen Riviera haltmachen, die ja bekanntlich sehr dicht und auch wenig geschmackvoll bebaut ist.

»Gibt's da noch was Netteres als Rimini?«, fragte mein Mann, während wir die Küstenautobahn entlangfuhren. Von der aus sah man die ganze Zeit das türkis schimmernde Mittelmeer, vor dem sich die Umrisse der Bettenburgen abzeichneten.

»Im Reiseführer steht, dass die einzige Ecke, die sich lohnen würde, das Gebiet rund um den Monte Conero ist«, sagte ich. »Da gibt es auch zwei Campingplätze.«

Nachdem wir Ancona und eine sehr steile Küstenstraße hinter uns gelassen hatten, landeten wir auf einem Platz, der uns zunächst wie das Ende der Welt erschien. Ein kleines Holzhäuschen als Rezeption, ein Imbiss, aus dem es verlockend nach Pizza roch, reihenweise in die Jahre gekommene Wohnwagen unter Olivenbäumen sowie ein paar Zelte. (»Von Dauercampern geprägt« heißt das im Campingführer-Jargon). Wir checkten ein und wunderten uns, dass ringsherum trotz besten Sommerwetters niemand zu sehen war.

»Siesta«, vermutete mein Mann und warf einen neugierigen Blick auf den sehr großen weißen Plastiktisch mit rot-weiß karierter Tischdecke auf der Nachbarparzelle. Um den

Tisch herum standen mindestens 20 Stühle, im Baum daneben war eine Lichterkette drapiert. Indizien, die auf einen typisch geselligen italienischen Abend hindeuteten.

»Ob da wohl heute noch die Post abgeht?«, fragte er. Ich nickte.

Camping auf Italienisch, das hatten wir schon damals auf Sardinien festgestellt, ist irgendwie anders. Italienische Camper mögen es, nah beieinander zu sein, sehr nah. Das heißt, sie stellen sich mit ihrem Wohnwagen oder Wohnmobil ganz dicht nebeneinander. Wenn sie im Familienclan verreisen, was sehr häufig der Fall ist, bauen sie riesige Lager auf. Kühlschränke, Herde, Spülen, Duschen, lange Tische, alles wird ringsherum draußen aufgestellt. Zwischen den Bäumen spannen sie große grüne Planen auf, um sich vor der Sonne zu schützen. Abends beleuchten sie alles entweder mit grellem Neonlicht oder mit bunten Lichterketten. Sie kochen und essen ununterbrochen, sie singen und lachen und reden. Sehr laut und sehr fröhlich, von morgens bis abends.

»Die Italiener mögen anscheinend Plastik«, sagte mein Mann, »Plastikdecke, Plastikstühle, Plastikgeschirr.«

»Und Bademäntel«, ergänzte ich. Alle italienischen Camper gehen im Bademantel zum Duschen. Am frühen Abend, wenn wir meistens gemütlich beim Sundowner den Tag ausklingen lassen, ziehen sie in Scharen los. Kapuze auf, Badeschlappen an, Shampoo in der Hand. Meistens ganz in weiß, meistens in lang.

»Ich gehe jetzt erst mal das Beachlife checken«, sagte ich, »und zwar ohne Bademantel.«

Der Strand war weiß und kieselig, fast menschenleer – aber dafür gut bestuhlt. Fünf Reihen grüne Liegen und dazu passende Sonnenschirme, alle im selben Abstand, alle unbenutzt. Ich studierte die Preisliste. Ganz hinten war man mit zwölf Euro pro Tag dabei, um von der ersten Reihe aus aufs Meer schauen zu können, musste man in der Hauptsaison schon 20 Euro hinblättern. Ein gutes Geschäft, denn in der Hauptreisezeit sind die teuren Logenplätze ausgebucht. Ein Strand ohne »lettini« – das muss für die Italiener so unvorstellbar sein wie ein Himmel ohne Sterne. So traumhaft die Bucht, so überwältigend das Meer, so wunderbar das Panorama – immer, ja wirklich immer war schon jemand da und hat in Reih und Glied bunte Liegestühle aufgestellt und Schirmchen aufgespannt. Eine gewöhnungsbedürftige Tradition. Zumal man sich, wenn man lieber auf dem Handtuch sonnenbadet, mit den meist schmuddeligen schmalen Strandabschnitten zwischen den eng möblierten »bagni«, den sogenannten Badeanstalten, zufriedengeben muss.

Als noch unerfahrene Italien-Sommer-Camperin wollte ich natürlich nichts bezahlen und tastete mich barfuß auf der Suche nach einer liegenfreien Zone auf spitzen Kieseln den Strand entlang zur nächsten Bucht. Einen Moment lang sehnte ich mich nach meinen Badeschuhen, die ich am Ende des Kroatien-Urlaubs im Müll entsorgt hatte. Aber siehe da – der steinige Weg hatte sich gelohnt, denn die Nachbarbucht hielt eine Überraschung bereit: Restaurants. Eins neben dem anderen. Auf den ersten Blick schlichte Bretterbuden, die sich bei näherer Betrachtung als geschmackvoll eingerichtete Trattorias mit verlockenden Speisekarten entpuppten. Jede Menge Tische und Stühle (natürlich aus weißem Plastik) standen direkt am Wasser und waren alle noch unbesetzt.

»I want to reserve a table«, sagte ich zu dem einzigen Kellner, den ich entdecken konnte. Er überschüttete mich mit einem Schwall italienischer Worte und starrte auf meinen nassen Tankini. (Ich hatte in einer Frauenzeitschrift gelesen, dass man eigentlich schon ab vierzig keinen Bikini mehr tragen sollte und hatte mir schuldbewusst so einen neumodischen Kompromiss aus Badeanzug und Bikini zugelegt.)

»Tavolo«, sagte ich in fließendem Italienisch, »tavolo per

due«, und zeigte mit den Fingern die Uhrzeit an. »Mi chiamo Bettina.« Er nickte.

»Ich habe uns einen Tisch am Strand reserviert«, sagte ich freudestrahlend zu meinem Mann, als ich nach längerer Wanderung mit rissigen Fußsohlen wieder am Campingplatz ankam, »total romantisch, man sitzt praktisch mit den Füßen im Wasser.« Unsere Nachbarschaft war mittlerweile zum Leben erwacht. Köstliche Düfte und italienische Schlager lagen in der Luft.

»Hier sind nur Rentner«, sagte Udo, »der Rest des Landes kommt ja erst später.« Die 20 Stühle nebenan blieben nicht lange leer. Ein grauhaariges Pärchen nach dem anderen kam angepilgert, alle hatten Tupperdosen mit Essen und Rotweinflaschen dabei. Jeder Neuankömmling wurde mit fröhlichem Palaver begrüßt, irgendwann saßen alle am Tisch, redeten, lachten und tafelten. Als Hauptgang gab es gegrillten Fisch, mit Sicherheit war der selbst gefangen. Im Waschhaus hatte ich mehrere Schilder gesehen: »Es ist streng verboten, in den Spülbecken Fische zu waschen.« Ich nehme an, aus gutem Grund.

»Am Strand ist doch bestimmt jetzt kein Mensch mehr«, sagte mein Mann, als wir zum Essen aufbrachen.

»Warte ab«, sagte ich, »da standen lauter Namensschilder auf den Tischen.« Und tatsächlich. Die kleine Bucht war kaum noch wiederzuerkennen. Die Tische waren hübsch gedeckt und fast alle besetzt, überall fröhliche, weintrinkende Menschen vor dem spiegelglatten Meer, in dem sich der rosarote Abendhimmel spiegelte. Wir bahnten uns einen Weg durch das italienische Stimmengewirr und suchten unseren Tisch.

»Da«, rief ich, »Bettina! Das ist unserer. Wie gut, dass ich reserviert habe.« Der Ingenieur widersprach nicht. Wir fragten uns nur, wo all diese Menschen plötzlich herkamen.

»Ancona«, sagte der reizende junge Kellner, der uns bediente, in fließendem Englisch, »dieser Ort ist sehr beliebt bei den Leuten aus der Stadt, sie fahren extra zum Essen hierher. Signora, Sie müssen unbedingt unsere Muscheln probieren!« Die Muscheln waren fantastisch. Genauso wie alles andere, das wir im Laufe des Abends sonst noch so verzehrten. Als wir uns durch die Dunkelheit zurück zum Campingplatz gepirscht hatten, waren die Rentner auf der Nachbarparzelle schon außer Rand und Band.

»Gleich machen sie Polonaise«, sagte ich zu meinem Mann und prostete einem 1,60 Meter großen Berlusconi-Doppelgänger zu, der mich durch die Oleanderzweige hindurch anflirtete. »Nur schade, dass man nichts versteht.«

Am nächsten Morgen verstand ich immerhin, dass es keine Paninis (Brötchen) mehr gab.

»Piadina?«, fragte die Frau hinter dem Imbisstresen. Ich hatte keine Ahnung, worum es sich handelte, nickte aber, vom Hunger getrieben. Was sich hinter dem Wort verbarg, waren sehr schmackhafte, mit Schinken und Käse gefüllte hauchdünne Teigtaschen, die wir zufrieden zum Frühstück verzehrten.

»Und jetzt auf zur Gargano Halbinsel«, sagte der Ingenieur. Der »Stiefelsporn« wird überall als besonders sehenswerte Region Apuliens angepriesen. Die Anfahrt durch die großflächigen, völlig unbesiedelten hügeligen Olivenhaine war in der Tat beeindruckend schön.

»Jetzt bin ich gespannt auf die Spiaggia Lunga«, sagte ich, »das soll ein XXL-Strand sein, ein Camping-Paradies.« Als wir ankamen, waren wir zunächst enttäuscht. Der Strand war zwar breit und lang, aber zugepflastert mit Buden, Reklametafeln, lärmenden Animationsklubs, Campingplätzen und natürlich Liegestühlen.

»Bloß weg hier«, sagte mein Mann, »hier muss es doch noch was anderes geben.« Gab es zum Glück auch. Eine weitläufige, nur mäßig belegte Fünfsterne-Anlage an einer kleinen Bucht. Nachdem ein junger Mann mit uns geduldig mehrere Besichtigungsrunden im Caddy gedreht hatte, fanden wir einen wunderbaren Platz mit Blick aufs Meer und die für diese Region typischen »Trabucchi«, skurril aussehende Pfahlbauten mit jahrhundertealter Fischfangtradition.

»Hier können wir ein paar Tage bleiben«, sagte ich und mischte mich unter die Strandgäste, viele Deutsche, aber auch die ein oder andere italienische Drei-Generationen-Familie. Was mir an jedem Strand auffiel: Die italienischen Frauen scheren sich einen feuchten Kehricht darum, bis zu welchem Alter Stilberaterinnen das Tragen von Bikinis empfehlen. Sie laufen alle, wirklich alle im modischen Zweiteiler herum, egal ob 20 oder 85 Jahre alt, egal ob Konfektionsgröße 36 oder 46. Selbstbewusst tragen die Signoras ihre Bikinis zur Schau, braun gebrannt, stolz und sehr weiblich. Das nenne ich Feminismus. Schon nach wenigen Tagen verstaute ich deshalb meinen neu erstandenen Tankini im Schrank und beschloss, meine Polster ab sofort auch nicht mehr zu verstecken.

Und auch hier am Strand war es wieder unübersehbar, das italienische Kuschel-Gen. Von 50 Liegestühlen waren höchstens fünf besetzt. An einem Vormittag suchte ich mir ein Plätzchen am Rand, logisch, jeder deutsche Tourist hätte das so gemacht, man will ja seine Ruhe haben. Eine halbe Stunde später waren noch immer 40 lettini frei, aber alle Strandbesucher, die nach mir kamen, hatten sich unmittelbar um mich herum platziert. Und zwar im Abstand von 50 Zentimetern, sodass ich nicht nur riechen konnte, was die anderen in ihren Plastikdosen an Verpflegung dabeihatten, sondern auch hören und sehen, welche Bambini partout nicht essen wollten, was die »Nonna« (Oma) gekocht hatte. Auffällig viele kleine italienische Jungen sind übrigens übergewichtig. Bis zum Erwachsenenalter wächst sich die Figur hoffentlich wieder zurecht. Kein Wunder, dass auch wir im Lauf der Reise an Gewicht zulegten, das italienische Essen ist einfach zu köstlich.

Abends radelten wir in das nächstgelegene Städtchen Vieste, malerisch und touristisch zugleich, wie übrigens alle Orte, die wir von nun an in Apulien zu Gesicht bekamen. Weil ich unbedingt das berühmte Wahrzeichen des Ortes, den »Pizzomunno« sehen wollte, einen riesigen weißen Felsklotz am Strand, der das Cover fast jeden Apulien-Führers ziert, fuhren wir erst einmal dorthin.

»Das gibt's ja wohl nicht!«, sagte mein Mann empört, als wir vor dem Felsen standen. »Da kann man mal wieder sehen, wie Fotos lügen.« Der Pizzomunno ragte nämlich nicht stolz und völlig freistehend in den apulischen Abendhimmel hinein, nein, er war umstellt von hässlichen Hotels und Restaurants.

Nachdem wir die gut besuchte Altstadt besichtigt und in einem der zahllosen Restaurants gegessen hatten, radelten wir im Dunklen unter Einsatz unseres Lebens wieder auf der Landstraße zurück. Obwohl unsere Fahrräder beleuchtet waren, fuhren die Einheimischen laut hupend so dicht an uns vorbei, dass wir fast ihren Atem spüren konnten. Wir waren die Einzigen, die sich um diese Tageszeit noch aufs Rad trauten. Die Italiener sind zwar eine Radfahrer-Nation, aber offenbar nur bei Tageslicht und vorzugsweise am Wochenende. Dann sind sie gerne in beängstigendem Tempo auf Rennrädern in Giro d'Italia-Montur unterwegs.

Mein Lieblingsmoment in diesen Tagen war immer mein morgendlicher Besuch bei Veronica. Sie war Verkäuferin in dem kleinen Supermarkt, der zum Campingplatz gehörte und sprach weder englisch noch deutsch. Trotzdem verstanden wir uns prächtig. Sie bot mir freundlich lächelnd alles an, was die Lebensmitteltheke zu bieten hatte, und das war ein Menge: Mortadella, Schinken, Salami, diverse Käsesorten, Oliven, eingelegte Tomaten und andere Antipasti, Meeresfrüchte, Focaccia, Pizza – die Auswahl war schon früh am Tag beeindruckend. Radebrechend verständigten wir uns auf Panini und ein bisschen Wurst und Käse, am dritten Tag wusste sie schon, was ich wollte.

Veronica war übrigens kein Einzelfall. Wohin wir auch in Apulien kamen, wir wurden freundlich empfangen und bestens verpflegt. Jeder noch so kleine Campingplatz hatte einen Mini-Markt mit frischer Ware. Trotz Vorsaison standen immer ein paar italienische Mamas im Laden und kauften Zutaten fürs Familienessen ein. Egal ob wir nur eine Nacht lang blieben oder vier, wir fühlten uns immer schnell als Teil der »Famiglia«, obwohl wir uns immer weniger verständlich machen konnten, weil kaum noch jemand Englisch sprach. Je weiter südlich, desto weniger, selbst die jungen Leute waren keiner Femdsprache mächtig. Ich bekam es zwar hin, mir im Internet die wichtigsten Brocken zusammenzusuchen, aber wenn ich dann mal stolz einen Satz wie »Posso appendere una amaca?« (»Darf ich eine Hängematte aufhängen?«) aufgesagt hatte, kam eine Unmenge italienischer Wörter zurück, die ich natürlich nicht verstand. Ich habe die Hängematte dann trotzdem aufgehängt. Und niemand hat sich daran gestört.

Jeden Abend nach Sonnenuntergang füllte sich das Meer mit Fischerbooten, eines nach dem anderen zog vorbei, manche ankerten auch direkt in der Bucht vor uns.

»Das Schlimme ist, dass die das eigentlich gar nicht dürfen«, erklärte uns der Padrone eines Campingplatzes, der überraschend gut Englisch sprach. »Sie holen die ganzen Fische da raus, bevor sie ausgewachsen sind. Eine Katastrophe für die Fortpflanzung, wenn das so weitergeht, gibt's hier in der Gegend bald gar keine Bestände mehr.«

»Werden die denn nicht kontrolliert?«, fragte mein Mann. Der andere schüttelte mit dem Kopf.

»Nur gelegentliche Stichproben«, sagte er, »das reicht natürlich nicht aus.« Schade eigentlich, dass sich hinter den auf dem dunklen Meer glitzernden Booten, die wir für romantisches Lokalkolorit gehalten hatten, eine Umweltsauerei verbarg.

Dass es mit dem Umweltbewusstsein vieler Italiener nicht so weit her ist, mussten wir leider vielerorts feststellen. Trani, Bisceglie, Alberobello, Locorotondo – so wunderschön die Perlen Apuliens auch anzuschauen sind, hinter den blank geputzten Kulissen lauert viel Müll. An den öffentlichen Strandabschnitten, die nicht mit Liegestühlen zugepflastert sind, liegt alles voller Plastik. So idyllisch die Buchten auch sind, niemand fühlt sich offenbar dafür zuständig, etwas wegzuräumen. An vielen Landstraßen bietet sich ebenfalls ein trauriges Bild: Überall liegen aufgeplatzte Mülltüten, die illegal dort entsorgt wurden, und deren Inhalt vom Wind durch die Gegend geblasen wird. Da nützt es wenig, dass in den Städten und auch auf den Campingplätzen überall bunte Container mit Hinweisschildern herumstehen, die einen auffordern, bitte strengstens die Mülltrennung zu beachten.

Ich kann hier bedauerlicherweise nicht jede Station unserer 4500 Kilometer langen Reise beschreiben. Das würde den Rahmen des Buchs sprengen. Aber ein Ort darf auf keinen Fall fehlen: Matera. Diese Stadt, übrigens die Kulturhauptstadt Europas 2019, muss man gesehen haben.

»Die beeindruckenden Ansammlungen von Höhlenwohnungen sind einzigartig in Europa und machen Matera zu einem der interessantesten Reiseziele im Süden Italiens«, las ich meinem Mann vor, während wir von der Küste weg in Richtung Landesinneres fuhren. Leider gab es keinen Campingplatz, von dem aus man die Stadt zu Fuß oder mit dem Fahrrad erreichen konnte, sondern nur ein Agriturismo, also einen Bauernhof, auf dessen Grundstück man über Nacht stehen konnte. Um zum Ort zu gelangen, wurde ein Shuttleservice angeboten.

Als wir ankamen, war gerade ein bezopfter junger Mann dabei, von einer großen Reisegruppe Geld zu kassieren. Eifrig zählte er die Scheine und trug Zahlen in ein kleines Heftchen ein. Neben ihm stand ein Schild, das anzeigte, wann der nächste Transfer geplant war.

»16 Uhr«, sagte ich, »das schaffen wir.« Nachdem wir den Bus geparkt und uns umgezogen hatten, gingen wir zum Treffpunkt, wo sich bereits etliche Paare versammelt hatten. Wir waren mal wieder die Jüngsten. An den Altersschnitt in der Nebensaison habe ich mich wahrscheinlich erst gewöhnt, wenn ich selbst die siebzig überschritten habe. Als zwei Kleinbusse auf den Kiesplatz rollten, stürzten sofort sämtliche Rentner darauf zu, der erste riss die Schiebetür auf und kletterte mit seiner Frau hinein. Aus Angst, womöglich keinen Platz mehr zu finden, stieg eilig einer nach dem anderen in das Auto, das im Nu besetzt war. Wir blieben draußen stehen.

»Die sind ja völlig hysterisch«, sagte der Ingenieur stirnrunzelnd, »zur Not wandere ich den steilen Berg zu Fuß rauf, bevor hier noch jemand eine Schlägerei anfängt.« In diesem Moment stürzte der Zopfmann herbei, machte die Tür des Busses wieder auf und schrie auf Englisch hinein: »Get out of here! At once!« Erschrocken gehorchten sämtliche Insassen. Als alle das Auto verlassen hatten, keifte der Führer weiter. »Was bilden Sie sich ein? Können Sie die Schilder nicht lesen? Es gibt hier zwei Busse und zwei Gruppen. Die eine wird nur zum Ort geshuttled, die andere wird durch Matera geführt. Und zwar von mir. Ich bin hier nämlich der Chef!« Man konnte zusehen, wie er sich in seinen Zorn hineinsteigerte. »Hier macht nicht einfach jeder, was er will«, brüllte er jetzt, »links Führung. Rechts Shuttle. Capito?« Verdutzt taten wir, was er sagte.

»Von dem Psychopathen lasse ich mich auf keinen Fall führen«, sagte mein Mann und zog mich hinter sich her zum rechten Bus.

Von dem anderen Fahrer zum Glück unbehelligt, wurden wir die paar Kilometer bis ins Ortszentrum transportiert. Trotz der vielen Urlauber, die in den engen, teilweise labyrinthartigen Gassen herumwanderten, spürten wir sofort die Magie dieses Ortes. Matera ist eine uralte Höhlenstadt, wie ein Meer aus Steinen stapeln sich die sogenannten »Sassi«, die Felsen aufeinander, die von den Bewohnern im Lauf von Jahrhunderten mühsam ausgehöhlt und bewohnbar gemacht wurden. Wenn man in den steilen Treppenwegen herumkraxelt und sich ansieht, unter welch unfassbar ärmlichen Verhältnissen Menschen dort noch bis in die 50er-Jahre hinein gelebt haben, kommt man ins Grübeln. Süditalien liegt ja schließlich nicht am Ende der Welt. Trotzdem waren die Einheimischen dort offenbar lange Zeit von Fortschritt und Zivilisation abgeschnitten.

Wenn abends in Matera die Lichter angehen, fühlt man sich in ein Märchen hineinversetzt. Die Felsen schimmern geheimnisvoll und man hat das Gefühl, in den dann menschenleeren Gässchen ein leises, unheimliches Wispern zu hören.

Noch ganz erfüllt von unserem Erlebnis suchten wir spätabends nach einem Taxi, denn der letzte Shuttle war schon lange weg.

»No, no«, sagte der Fahrer abwehrend, als wir endlich eins gefunden hatten und ich ihm die Adresse zeigte. »Solo Matera, solo Matera.«

»Der will uns da nicht hinbringen, er fährt anscheinend nur hier im Ort«, sagte ich resigniert zu meinem Mann. Ich sah uns schon im Finstern ohne Taschenlampe zu Fuß zurück zum Agriturismo wandern.

»Zeig ihm doch mal auf Google Maps, wie nah das ist«,

drängte mich der Ingenieur. Manchmal denkt er ja praktisch. Der ängstliche Taxifahrer biss an. Er glaubte dem Handy eher als mir, dass es sich nur um eine zehnminütige Fahrt handelte und fuhr uns zurück zu unserer Unterkunft.

Apulien ist wirklich eine Reise wert, auch wegen der vielen anderen historischen Städte und Bauwerke. Das Einzige, das wir schmerzhaft vermissten, waren Fernseher, auf denen wir die Fußballweltmeisterschaft verfolgen konnten. Sie erinnern sich: 2018 war das WM-Jahr, in dem Italien leider draußen bleiben musste. Womit wir nicht gerechnet hatten: Die sonst fußballverrückten Italiener waren darüber so beleidigt, dass sie dieses Turnier komplett boykottierten. Vor jedem Deutschland-Spiel mussten wir ewig suchen, bis wir einen Fernseher gefunden hatten. Ganz Italien, so schien es, hatte beschlossen zu schmollen. Ich werde nie den Abend in dem ansonsten völlig unbedeutenden Badeort Marina di Ginosa vergessen, als wir verzweifelt versuchten, Deutschland gegen Schweden spielen zu sehen. Bis kurz vor Spielbeginn irrten wir auf unseren Rädern durch die belebten Straßen, auf der Suche nach irgendeinem Bildschirm mit Männern und einem Ball auf grünem Rasen. Erst nach dem Anpfiff entdeckten wir den einzigen öffentlichen Fernseher weit und breit. Er stand bei Benny. Benny hatte einen sehr gut besuchten Kebab-Pizza-Falafel-Gyros-Imbiss mit riesigem Flachbildschirm. Und er war offenbar kein Fußballfan, denn was da auf dem Bildschirm zu sehen war, interessierte ihn nicht die Bohne. Die anderen Gäste übrigens auch nicht. Es war reiner Zufall, dass Müller, Neuer und Co. da herumtoben durften. Wir bestellten Pizza und Bier und pflanzten uns vor den Fernseher. Nach dem ersten Tor musste ich mal. Bennys Imbiss hatte aber leider keine Toilette.

»Toiletta?«, fragte ich Bennys freundliche Tochter, die gerade ein Fladenbrot mit Dönerfleisch füllte. Sie lächelte verständnisvoll, gab das Brot an ihre Schwester weiter, wischte sich die Hände an der Schürze ab und deutete mir an, dass ich ihr folgen solle. Ich lief hinter ihr her in der Hoffnung, dass die nächste Toilette bald kommen möge. So ein großes Bier hat ja Folgen …

An einer Eisdiele machte sie plötzlich halt und deutete auf die Riesenauswahl an Sorten.

»Gelati!«, sagte sie und sah mich zufrieden lächelnd an. Ich begriff. Sie hatte mich missverstanden.

»No Gelati«, sagte ich und konnte kaum noch an mich halten. »Toiletta! Bathroom.« Sie sah mich verständnislos an. »Bagno!« Zum Glück fiel mir dieses italienische Wort noch ein, bevor es zu spät war.

»Aaaah, capito. Bagno«, rief sie und flitzte los, ich hechelnd hinterher. Minuten später enterten wir einen hell erleuchteten Fast-Food-Laden, sie rief dem Barmann laut gestikulierend irgendetwas zu und zeigte mir die Toilette. Mamma mia, selten habe ich einen Toilettenbesuch so genossen. Als ich zurückkam, hatte Deutschland gewonnen. Leider habe ich diesen einzigartigen WM-Moment verpasst.

Irgendwann mussten wir uns allmählich wieder auf den Weg Richtung Norden machen. Unterwegs machten wir mehrfach halt und jeder Campingplatz war ein kleines Universum für sich. Vom lässigen Surfspot über die streng symmetrisch angeordnete Wohnwagenstadt bis hin zum ganzjährig geöffneten Rentner-Retreat war alles dabei. Vor allem Letzteres beeindruckte uns, weil sich dort die italienischen Omis und Opis ganz offensichtlich häuslich niedergelassen hatten. Viele waren nicht mehr gut zu Fuß und mussten mit elektronisch betriebenen Golf-Caddys hin und her gefahren werden, die übrigens zum Equipment jedes größeren Campingplatzes gehören, der etwas auf sich hält. Zunächst ging's zum Abendessen, das fast alle betagten Camper gemeinsam unter Neonröhren an großen Tischen zu sich nahmen. Danach fuhr die Caddy-Kolonne weiter zum Tanzen. Staunend beobachteten wir, wie die Alten sich paarweise zur Musik einer Liveband übers Parkett schoben.

»Laufen können sie nicht mehr«, sagte mein Mann grinsend, »aber ein Tänzchen geht noch.«

Das Schwofen war aber nicht der letzte Programmpunkt. Höhepunkt des Abends war das Frauen-Bocchia-Turnier. In einer mit grünem Filz ausgelegten Halle schleuderten die korpulenten Signoras etwas schwerfällig, aber voller Ehrgeiz und Elan die Kugeln auf die Bahn, während die Männer am Rand standen, Punkte zählten, applaudierten und mit einem Rotwein in der Hand lauthals die Künste ihrer Frauen kommentierten.

»Die haben hier immer alle gute Laune«, sagte ich bewundernd, »da könnten sich die Senioren bei uns zu Hause echt was abgucken.« In Sachen Lebensfreude sind die Italiener uns Deutschen einfach weit überlegen, ganz losgelöst von ihrer wirtschaftlichen Situation.

Als letztes Ziel in Italien hatte ich einen Campingplatz auf einer Halbinsel gegenüber von Venedig ausgesucht, für uns noch mal eine völlig neue Erfahrung. Vom Lido di Jesolo bis zur Punta Sabbioni erstreckt sich eine mindestens 20 Kilometer lange Halbinsel, die in den 60er-Jahren noch ein Geheimtipp für Italienreisende war. Im Laufe der Jahre hat sie sich zu einem gigantischen Ferien-Freizeitpark entwickelt, mit Tausenden von Hotels, einem enormen Vergnügungsangebot und Hunderten von Campingplätzen. Unter anderem befindet sich dort der größte Campingplatz Europas. Er ist 80 Hektar groß, hat 500 Mitarbeiter und 1,2 Millionen Gäste im Jahr, wovon die meisten Deutsche sind.

Auch unser Platz an der Punta Sabbioni, nicht weit vom Venedig-Fähranleger gelegen, hatte die Dimension einer Kleinstadt und war fest in deutscher Hand. Karawanen von Familien mit Kleinkindern zogen mit voll beladenen Bollerwagen an unserer Hängematte vorbei, am Strand verstand man jedes Wort, auch das typische Familiengezänk. (»Wenn du noch einmal das Handtuch mit dem Sand über mir ausschüttelst, lasse ich mich scheiden! Karina, gib sofort dem Max die Schaufel zurück.«) Eben alles, was man im Süden nicht wirklich vermisst hatte.

Wer keine Lust auf Strand hat, braucht das Campingareal im Grunde gar nicht zu verlassen. Ein riesiger Aquapark, Theater- und Musicalbühnen, ein Freiluftkino, Restaurants, Bars, Eisdielen, Sport- und Klamottengeschäfte, Supermärkte, sogar eine Autowaschanlage gab es. Da wird deutlich mehr geboten, als der Bewohner eines durchschnittlichen deutschen Vororts von zu Hause gewohnt ist.

Wir kamen kaum dazu, dieses Überangebot zu nutzen, denn wir blieben nur zwei Nächte. Auf den Trip mit dem Shuttleboot nach Venedig verzichteten wir, weil wir die Stadt schon von früher kannten. Und was auf der Rialtobrücke und dem Markusplatz im Hochsommer los ist, wollten wir lieber nicht mit eigenen Augen ansehen.

Als wir das quirlige Italien hinter uns gelassen hatten und durchs malerische Bayern der Heimat entgegenfuhren, fiel mir wieder mal auf, wie schön ich es finde, ganz entschleunigt nach Hause zu gondeln, die sich allmählich verändernde Landschaft vorüberziehen zu sehen und mich mental auf alles vorzubereiten, was mich nach dem Urlaub erwartet. Wie heißt es so poetisch? Die Seele muss auch ankommen. Im Wohnmobil hat sie Zeit dazu.

Nach dem Spiel ist vor dem Spiel

Ende Oktober ist Schluss. Unser Bus hat ein Saisonkennzeichen, das heißt, wenn seine Zeit abgelaufen ist, muss er in einem Winterquartier untergebracht werden. Natürlich kann man das Auto nicht einfach direkt vom Strand in die Garage fahren, die in unserem Fall eine Scheune in Niedersachsen ist.

Bevor unser Ducato in den Winterschlaf verfallen kann, muss er noch einiges über sich ergehen lassen. Alles, was verschimmeln, klamm werden oder einfrieren kann, wird ausgemistet und ausgeleert. Die Porta Potti, sämtliche Lebensmittel, Frisch- und Abwassertanks, Schlafsäcke und Bettwäsche, Bücher, Kosmetikartikel, Sonnenbrillen, Werkzeug, Geschirr, die Hängematte – was auch immer sich im Laufe unserer Urlaube angesammelt hat, muss entstaubt, entsandet und eingelagert werden. Die Dachbox wird freigeräumt, der Kühlschrank abgeschaltet und geputzt, der ganze Bus von innen und außen gründlich sauber gemacht.

Sie ahnen vielleicht, wer in unserer Familie dafür zuständig ist. Genau. Während der Ingenieur routiniert seinen Job macht, erledige ich meinen. Ich hole mein Schminkzeug aus dem Schrank und verwandele mich äußerlich von der Camping-Tina wieder zurück in Frau Tietjen. Das Rote Sofa ruft. Wat mutt, dat mutt.

Meine letzte Aufgabe bei Saisonende ist es, im Pkw dem Bus hinterherzufahren und meinem Mann beim Unterstellen des Autos in der Scheune zu assistieren. Sie ist riesig und vollgestellt mit Bussen und Wohnmobilen jeglicher Größe. Wer so wie wir auf den letzten Drücker kommt, muss gut rangieren können. Bisher hat das erstaunlicherweise trotz meiner Defizite als Einparkhilfe immer ohne Blechschäden geklappt. Wir checken noch ein letztes Mal, ob wir auch wirklich nichts vergessen haben. (Letztes Jahr haben wir leider die kleinste Kaffeemaschine der Welt übersehen, das Wasser im Minitank fror ein, sie gab den Geist auf und wir mussten im Frühjahr lange bei eBay nach Ersatz suchen.) Dann tätscheln wir unseren vierrädrigen Gefährten zum Abschied liebevoll, bevor die Vermieterin ungerührt das Scheunentor zuknallt.

»Ich weiß nicht, wie es dir geht, aber ich freue mich schon auf die nächste Campingsaison«, sagt der Ingenieur jedes Mal, wenn wir uns auf den Heimweg machen.

»Mir geht's genauso«, erwidere ich dann und werfe im Rückspiegel einen letzten sentimentalen Blick auf die sich langsam entfernende Scheune.

Es gibt Momente im Leben eines Campers, die lassen sich mit Worten nur schwer beschreiben.